国家社会科学基金一般项目成果

（批准号13BJL047）

中国企业对非洲直接投资战略调整与治理研究

Adjustment and Governance
of Chinese Enterprises' Direct Investment Strategies in Africa

田泽　任芳容◎著

人民出版社

策划编辑：郑海燕
责任编辑：李甜甜
封面设计：吴燕妮
责任校对：黎　冉

图书在版编目（CIP）数据

中国企业对非洲直接投资战略调整与治理研究/田泽,任芳容 著. —北京：
　人民出版社,2020.5
ISBN 978－7－01－021980－6

Ⅰ.①中…　Ⅱ.①田…②任…　Ⅲ.①对外投资-直接投资-投资战略-研究-
中国、非洲　Ⅳ.①F832.6

中国版本图书馆 CIP 数据核字（2020）第 051157 号

中国企业对非洲直接投资战略调整与治理研究

ZHONGGUO QIYE DUI FEIZHOU ZHIJIE TOUZI ZHANLÜE TIAOZHENG YU ZHILI YANJIU

田泽　任芳容　著

人民出版社 出版发行
（100706　北京市东城区隆福寺街 99 号）

北京盛通印刷股份有限公司印刷　新华书店经销

2020 年 5 月第 1 版　2020 年 5 月北京第 1 次印刷
开本：710 毫米×1000 毫米 1/16　印张：18.25
字数：260 千字

ISBN 978－7－01－021980－6　定价：75.00 元

邮购地址 100706　北京市东城区隆福寺街 99 号
人民东方图书销售中心　电话（010）65250042　65289539

序 言

做扎根非洲、融入非洲的中国投资企业

非洲日益成为世界新兴市场、国际投资的热土、全球增长新大陆,类似这样的话题或见识,这些年来似乎逐渐在国际上传播开来,也为中国企业家和投资者所关注。那客观的现实究竟是怎样的呢? 非洲值得中国企业去创业置业,做长远布局的投资、建厂吗? 目前中国企业在非洲不同国家、不同行业的投资经营情况究竟如何? 中国企业有什么优势,又存在哪些短板? 到非洲这样文化陌生、地域遥远的发展中国家投资创业,中国企业会面临怎样的海外经营特殊风险与复杂挑战呢?

对于中国学术研究界来说,中国企业在非洲发展中国家从事海外经营,会在政治动荡不定、安全风险难控、理性预期难测等方面面临怎样的特殊挑战,会遭遇到什么样的跨文化经营与本土融入问题? 中国企业可以在非洲这样的遥远大陆扎下根来,融入进去,做成非洲的百年老店吗? 所有这一切,似乎都可以成为一些专门化的经济学、社会学或管理学问题,而由富有开创精神的学者们进行专深系统的研究。

总体上来看,今天的非洲大陆,经济处于世界经济体系的边缘位置,投资风险高、投资环境差,其实是许多人的基本感受,这也是客观事实。长期以来,我们看非洲的经济与民生,总感觉是一块远离繁荣与稳定的大陆。从基础的数据来看,目前非洲54个国家,全部是发展中国家或欠发达国家,在联合国认定的最不发达国家即人均日消费低于1.25美元的国家行列中,全球有45个,非洲占了36个,占非洲国家数的2/3,可见非洲大陆确实是一块欠发达的大陆。

　　不过，这也可能正是非洲的动力与潜力所在。换句话说，非洲的最大优势就是它的欠发达，对发展的渴望与期待最为巨大而持久。非洲目前有12亿人口，整个非洲大陆的国民生产总值大约是2.5万亿美元，其人口规模与GDP的总量大致与印度相当。目前印度人口约12亿人，GDP总量也大约是2.5万亿美元。之所以说大约2.5万亿美元，主要是因为非洲国家的经济多为出口自然资源、大宗商品、矿物材料、初级产品，这类出口商品深受国际市场价格波动影响，变化很大，比如尼日利亚，前些年国际石油价格大涨，它的GDP总量一度跃升至近6000多亿美元，成为非洲第一大经济体，后来石油价格大跌，它的GDP总量又回落到4000多亿美元，这种情况在非洲大多数国家都普遍存在。

　　不过，较之印度、中东、拉美，非洲大陆未来的发展前景与动能，似乎可有另一种更乐观的评估。为何这样说呢？我们来看，虽然目前印度和非洲大陆的人口规模与GDP总量基本相当，但非洲大陆面积达3030万平方公里，是印度298万平方公里的10倍多，约为中国、美国、欧洲三部分相加的总和，可见非洲大陆之广袤无边、潜力巨大。这是就国土面积来说，但就人口规模与潜力来看，非洲人口结构十分年轻，12亿人口中60%是24岁以下的年轻人，有研究认为未来非洲人口可能会达到25亿人到30亿人左右才会稳定下来。也就是说，当未来全世界都面临人口老龄化、劳动力成本上升困局时，非洲大陆可能才开始真正享受它的人口红利，这也是世界普遍看好未来非洲发展前景的一个重要原因。

　　今天的世界各大地区，经济发展水平不一，社会结构形态各异，应该说是各有各的困难，也各有各的优势，关键是如何扬长避短、选择正确的发展模式与道路。总体上看，非洲有其发展的长期障碍，难以短期克服的困难，但也有一些其他大陆和区域不具备的潜力。在某种意义上，非洲最大的优势，可能就是它的欠发达或发展不足，因为欠发达或发展不足，发展必然是非洲大陆相当一个时期的核心主题，它需要巨大而持续的国际投资、国际贸易，需要大规模的基础设施建设及数量庞大的适用技术与人才。是不是可以这样说，相对来看，中东地区虽有丰富的石油资源和便利的交通，但其经济的特殊结构短期内难以改变，更有地缘政治的外部对抗与力量深度介入，这个地区可能会长期处于动荡之中。拉美大陆和加勒比地区，长期处于美国发达经济的阴影下，政治结构高度硬化，国内政治和意识形态极化严重，左右力量持续撕裂，社会发展进程陷入某种"夹生饭形态"，说发达不太发达，说贫困也不太贫困，一时看不出未来发展的前景何在。

　　而非洲的情况，虽然挑战很多，但似乎要简单一些、明了一些。长期以来，阻碍非洲经济发展的障碍，主要有三个：一是缺资金；二是缺人才；三是缺基础设施。也就是储蓄不足、投资短缺，教育落后、人才短缺，交通基础设施不足。这三个问题，其实是一个问题，就是发展内在力量的长期不足，而这又似乎与非洲的政治结构与国家能力不足有很大关系。这些短缺与不足，都非短期内所能克服，本质上也只能靠非洲人民自己的长期努力，自己去探索适合各自国情、区情、社情、民情的解决之道。

　　中国改革开放四十多年来，经历了经济社会的快速发展进程，与非洲国家的经贸关系也随之不断推进，尤其是 2000 年中非合作论坛建立后，中非合作在各领域获得了快速的提升。国际社会普遍认为，作为非洲大陆持续十多年的第一大贸易伙伴、最重要的投资增长来源国，中国的对非洲投资、贸易和基础设施建设已经成为助推非洲大陆发展的最重要外部因素。中国企业对非洲投资的快速增长，就是在这个大时代背景下，因应了非洲国家的内在要求而在近年日益为世界所关注的。

　　河海大学田泽教授主持完成的国家社科基金项目"空间经济学视角下中国企业对非洲海外投资的战略调整、引力集聚和治理研究"，聚焦于中国企业对非洲投资合作的战略调整与治理问题，是中国学者在这方面的重要努力及其成果。本项研究成果的出版，对于中国企业把握中非投资与产能合作的重大机遇、改进和完善对非洲投资效应、调整战略重点与布局、有效规避投资风险、努力提升投资效应，从而助推"一带一路"中非产能合作的全面实施，都具有特殊的理论与实践意义。

　　本项研究系统梳理和借鉴了国内外有关国际产业转移规律和演进机理的研究成果，在此基础上对中国企业在非洲投资的重点国别与案例做了相应的田野调研，分析总结了中国企业对非洲投资的历史进程、演进特点、投资模式、内外动因及面临的风险与机遇。在研究过程中,课题组应用空间计量经济方法揭示中国对非洲投资的空间集聚与区域分布,并就中国与非洲重点国家的经贸网络空间关系进行实证分析,通过空间计量模型,对 2005—2015 年中国投资非洲各国的空间分布进行实证分析,努力揭示中国对非洲多数国家投资空间集聚效应及其特征。

通过上述研究,课题组从政府层面、企业层面和行业层面对中国对非洲投资的战略调整与路径完善提出了相应的对策建议。比如,中国企业要改进对非洲投资的质量与效应,要有战略性的思维与长远布局,要加强对"走出去"对外投资的顶层设计和统筹规划,要重视参与全球价值链的分享与实现,需要选择好非洲重点国家和重点产业,还可通过加快打造中非国际合作园区并形成园区的竞争特色与优势,优化对非洲投资产业集聚组织实现模式,提升对非洲投资产业集聚能力,提高对外投资合作的政府综合服务能力,等等,都是一些重要的研究结果与政策建议。

总体上看,本项研究对于正在快速推进的中非产能合作与投资合作,具有重要的理论与实践意义,相信中国企业家、管理者、研究者,都可以从中获得有益的思维启示、政策建议和行动方案。我们也期待并相信,伴随着中国对非洲投资合作实践的发展,中国学术界也能在此领域作出更多基于观察或参与中非合作实践而产生的原创性成果,从而不断推进当代中国国际经济学研究的进步。

2020 年 1 月于浙江师范大学非洲研究院

目　　录

前　　言

　　"一带一路"倡议的提出与实施,对于提高我国对外开放水平、实现"两个一百年"奋斗目标,具有非常重大的战略意义。非洲大陆自2000年以来GDP增长连续10年保持在9.5%以上,并成为进入21世纪以来世界经济增长的重要力量。非洲作为"一带一路"倡议实施和建设的战略高地,加强中非产能合作潜力巨大。而中国企业作为"走出去"实施海外投资和产能合作的主导力量,应把握"一带一路"中非投资与产能合作的重大机遇,实施中国企业对非洲投资的战略调整与布局,不断提升对非洲直接投资的效率和经营管理水平,对创建我国对外开放新优势、建设制造强国和创新型国家具有重要的战略意义。

　　中国作为世界上最大的发展中国家,非洲又是发展中国家最多的大陆,中非全面合作无疑会对世界经济发展格局产生重大影响。中非双方在生产力与经济发展水平上呈现出梯次差异,两者经济互补性很强,都有实现经济腾飞和工业化的伟大梦想,所以中非均将对方视为重要的经济合作伙伴。在中国经济进入新常态背景下,国内实施供给侧结构性改革和经济增长新旧动能转换,开创对外开放新优势,而"一带一路"倡议与非洲工业化可实现无缝对接,通过中非产能合作和基础设施建设,既满足非洲自身经济发展的需要,有利于改善非洲民生,也大大增强了非洲经济的造血能力,中非开展经贸与投资合作具有巨大的潜力。

　　国际产能合作是"一带一路"倡议实施的重点内容,即依托"一带一路"建设进行产业有序转移和产能合作。今天中国企业紧抓"一带一路"实施机遇,融入国家全面开放合作战略,积极参与非洲国家基础设施联通建设。通过对接产业转移和中非合作，着力促进中非贸易与投资一体化，进一步优化对非洲投资结构，支持大型成套装备出口，促进中国标准、中国技术走进非洲。积极推动中非经贸合作区和产业园区的提挡升级，更有效地促进我国经济转型升级、提升国际竞争优势，为实现中国对外直接投资高质量发展提供有力支撑。

本书深入研究国际产业转移规律和演进机理，系统梳理和借鉴国内外研究成果，为中国企业对非洲直接投资战略调整和全球价值链治理提供理论支撑。基于中国对非洲直接投资的发展现状、存在的问题及特征事实分析，开展"一带一路"中非产能合作的重大机遇与风险研究，剖析中国企业在非洲的投资模式与动因。

本书首先应用空间计量经济方法揭示中国对非洲直接投资的空间集聚与区域分布，并就中国与非洲重点国家的经贸网络空间关系进行实证分析。其次，应用空间四分位图对非洲投资区域进行归类分析，通过空间计量模型对2005—2015年中国投资非洲52个国家的空间分布进行实证分析，揭示中国对非洲多数国家投资空间集聚效应及其特征。实证分析结论及对策对中国在非洲直接投资调整有借鉴价值。

本书较为全面、系统地对中国对非洲直接投资的效率及时空演化进行了综合评价研究。首先，应用数据包络分析（DEA）和超效率等多维度分析方法，以2008—2015年非洲48国数据为实证，系统地研究中国对非洲直接投资的效率评价与时空差异分析，以及聚类分析和收敛分析。整体而言，中国对非洲直接投资效率处于中低水平，且区域与国别效率差异很大，这也反映非洲大陆社会经济发展复杂迥异的实际情况。其次，本书还进行中国对非洲直接投资的加成率评价研究，对不同类型的企业投资加成率进行细分评价，对中资企业实施集群化、专业化投资有借鉴意义。最后，在中国对非洲直接投资效率实证分析基础上，应用引力模型等方法进行中国对非洲直接投资的贸易效应实证研究，结果显示中国对非洲直接投资具有明显的贸易促进效应，并得出重要结论与启示。

本书还开展中国企业对非洲直接投资重点区域与国别研究，选择东非区域、西非区域、南部非洲和几内亚湾区等进行重点研究，以及中国企业对非洲直接投资经验与典型案例分析。

综上研究,基于对欧美发达国家和巴西、俄罗斯等新兴经济体等重点国家对非洲投资战略对比分析,结合中国对非洲直接投资现状、问题与实证结论,提出中国企业对非洲直接投资战略调整的思路、架构和路径安排,提出中国对非洲投资战略调整的相关对策及建议。包括加强中国对非洲直接投资的顶层设计和统筹规划,中国企业对非洲直接投资的全球价值链重构及实现路径,分析中国国际产业转移重点国家和重点产业,谋划"一带一路"产能合作和区位布局。从政府层面、企业层面和行业层面提出中国对非洲直接投资的对策及建议,通过加快打造中非国际合作园区和特色优势,优化对非洲投资产业集聚组织实现模式,提升对非洲投资产业集聚能力,提高对外投资合作的政府综合服务能力,以促进中国对非洲直接投资高质量发展,对实现中非经济贸易持续健康发展具有重要的现实意义。

绪　　论

一、研究背景与研究意义

（一）研究背景

非洲一直是我国重要的战略合作伙伴，具有源远流长的合作历史。中非经济互补性强、合作潜力巨大。自2000年中非合作论坛机制形成以来，中非经贸与投资持续升温，2015年约堡峰会将中非关系提升为全面战略合作伙伴关系。随着中国"一带一路"倡议的推进，中非经贸与投资将迎来前所未有的历史机遇。实际上，非洲作为"一带一路"倡议的战略交会地带，中非双方在基础设施互联互通建设、经贸与投资、能源合作与人文教育交流等领域合作空间巨大，非洲大陆在共商共建共享"一带一路"经济走廊中发挥着特殊重要作用。

近年来，"一带一路"背景下中非投资与产能合作也成为学界关心的重要议题，中国对非洲国家的直接投资正处于上升通道，截至2018年年底，中国对非洲直接投资存量超过460亿美元，几乎遍布非洲各国。2017年以来中央经济工作会议指出，要有重点地推动对外开放，推进"一带一路"建设，提高对外投资质量。而提高对外投资质量，实施我国海外投资由数量型向质量型转变，是我国新时代深化对外开放的重要内容和要求。党的十九大报告更明确提出以全球视野谋划和创新开放模式，加快"走出去"步伐，提高对外投资综合优势和总体效益。

就对非洲投资而言，近10年来中国在非洲的海外投资迅猛增长，规模倍增，中国已成为非洲第二大投资来源国和第一大贸易伙伴。然而在投资快速增长的背后，也存在着日益突出的问题：一是投资缺乏整体规划,产业集中度低,集聚能力弱;二是投资过于分散,产业关联性不强,粗放经营和无序竞争较为突出;三是投资项目与非洲本土经济条件相脱离,投资风险频发。基于此,加强中国对非洲直接投资(简称 OFDI)的战略调整和布局优化,提升国际竞争力,提高海外投资质量,已成为中国管理层和投资经营者的共识。因而,在中国推动"一带一路"建设,深度融入全球价值链和中非新型战略合作伙伴关系背景下,探讨中国对非洲直接投资的战略调整、空间集聚和投资效率提升问题,无疑具有理论意义和实践价值。

(二)研究意义

1. 理论意义

研究应用空间经济计量方法揭示中国对非洲投资的空间集聚与区域分布,并就中国与非洲国家的经济与贸易空间网络关系进行实证分析。应用空间四分位图对非洲投资区域进行归类分析,通过空间计量模型对中国投资非洲 52 个国家的空间分布及集聚效应进行分析,揭示大多数非洲国家投资空间集聚效应及其特征。研究丰富和拓展了非洲直接投资研究领域的理论成果,同时对空间计量经济学在对外直接投资应用研究上作出了一定的贡献,有利于弥补研究领域的"空缺"。

研究较为全面、系统地对中国对非洲直接投资的效率及时空演化进行评价研究。应用超效率和数据包络分析法和倍差法等多维度分析方法的应用:以 2008—2015 年作为考察期、以非洲东道国数据为实证,系统地研究中国对非洲投资的效率问题,在投资效率评价结果分析中采用了时间演进空间差异分析,以及聚类分析和收敛分析。应用倍差法等计量模型研究中国企业对非洲投资的加成率问题,首次从企业加成率视角出发,聚焦中国对非洲直接投资的福利效应,丰富了企业层面对非洲直接投资动机和效应的研究。基于空间经济学视角对中国对非洲直接投资问题及战略调整的理论探索,对新时代中国特色对外直接投资理论体系的构建贡献一分力量。

2. 现实意义

投资是经济增长的发动机,中非投资合作的战略意义已经上升到前所未有的战略高度,在促进中非经贸全面合作和非洲工业化进程中发挥着举足轻重的作用。中非投资合作的战略意义远远超出一般双边、多边经贸关系,聚焦非洲、投资非洲已经成为中国乃至世界关注的热点问题。

近年来,中国在非洲的资源开发、投资合作和基础设施建设及对非援助方面均取得显著成就,对非洲经济发展提供持续增长动力。借助于"一带一路"倡议和中非产能合作的重大机遇,以及非洲自由贸易区的启动建设,在未来非洲还将迎来新一轮对外投资的高潮。中国投资非洲和开展产能合作,既是中国国内产业结构优化升级的重要条件,也是非洲国家实现工业现代化的重要战略机遇。然而,目前中国在非洲直接投资存在的整体规划欠缺、经营方式粗放、投资风险失控等主要问题,在很大程度上影响了中国在非洲直接投资的质量与效益,制约了中国对非洲海外直接投资能力的可持续发展。可见,探索提升中国对非洲直接投资的质量和效益的路径及策略,已经成为具有战略意义的重大课题,然而非洲直接投资问题的真正解决,有赖于通过实施直接投资战略调整,将我国企业海外直接投资的资本优势向产业集群优势转型,培育和形成我国海外直接投资的产业集群优势和国际竞争力。可见,中国企业实施对非洲直接投资战略调整实属必然。

探讨空间经济学视角下的中国对非洲直接投资效率、空间集聚问题,探索中国企业对投资战略调整的总体思路与路径,基于非洲东道国数据和案例实证分析,提出有针对性的对策与政策建议,具有可借鉴价值。本书对于促进中国对非洲直接投资质量提升,促进中非经贸健康持续发展具有重要的现实意义。同时,本书对中国对其他发展中国家海外投资实施战略调整也提供了可借鉴的范式和参考,具有一定的推广应用价值。

二、研究框架和研究方法

(一)研究思路

中国企业对非洲投资战略调整与路径优化研究是一项较大的系统工

程,遵循了理论分析与实证研究、历史演进和逻辑发展、问题导向与精准施策相结合的原则,研究过程既涉及非洲大陆多元化国别与区域差异性,又关系投资国、东道国和中非双方企业以及跨国公司和国际组织等。研究应树立整体全局观和系统思维,需要宏观把握与微观分析相结合、普遍规律与重点领域相结合,规范分析与实证分析有机结合,提出有针对性的政策建议。首先,全面系统梳理相关研究成果,基于丰富扎实的文献研究基础,厘清课题研究思路,谋划课题研究纲要和框架。其次,分析中国对非洲直接投资的现状、模式及存在的问题,总结成功经验与失败教训。再次,应用计量经济学方法等进行整改对非洲直接投资的空间集聚与区域选择进行实证分析。同时,应用数据包络分析法中的标准 DEA 和超效率DEA 方法对中国对非洲直接投资的效率进行全面评价,确定评价对象及评价指标,收集相关数据,使用 MaxDEA 6.6 软件进行数据处理,基于实证分析,探讨中国对非洲直接投资效率并提出相关投资建议。最后,利用投资效率评价聚类结果,将非洲各国分成三类样本,建立引力模型,对总体样本和分类样本进行贸易效应的实证研究。

(二)研究内容与研究框架

依据上述研究思路与研究方法,中国企业对非洲直接投资的研究内容包括以下几个方面:首先是绪论,包括研究背景与意义,研究思路与框架、研究方法与成果创新。第一章是全面系统梳理对外投资及中非产能合作的文献研究成果,揭示国际产能合作与对外直接投资的演化路径和规律,形成理论基础。第二章是关于中国企业对非洲直接投资现状、模式及特征事实进行深入细致的剖析。第三章是中国对非洲直接投资效率评价的实证研究,基于空间经济学视角进行中国对非洲直接投资、对非洲直接投资加成率以及对非洲直接投资的贸易效应分析。第四章是中国企业对非洲直接投资重点区域与国别研究,选择东非区域、西非区域、南部非洲和几内亚湾区等进行重点研究,以及对中国企业对非洲直接投资经验与典型案例进行分析。基于上述研究基础,第五章是重点国家对非洲直接投资战略对比分析,提出中国企业对非洲直接投资战略调整的思路、架构和路径安排,提出战略调整和治理的对策及建议(本书结构框架见图 0-1)。

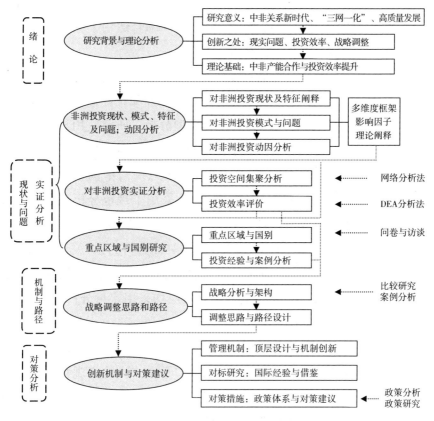

图 0-1　本书结构框架图

（三）研究方法

1.相关文献借鉴与前沿动态结合

通过对有关直接投资和空间计量模型的相关文献研究进行分类整理,以求对与本书主题相关的国内外研究前瞻性动态进行系统梳理和全面把握。包括关于对外直接投资空间集聚和区位选择以及计量经济学方法的应用研究,对外直接投资效率与贸易效应评价研究,关于国际产业转移与产能合作前沿性研究,关于对外直接投资加成率的静态决定和动态演进的相关研究,深化对外直接投资企业异质性的研究,为判断我国企业对非洲投资效果具有较高参考价值。通过应用计量模型揭示中国企业对非洲投资的加成率和贸易效应等问题。这些成果的借鉴意义在于:一方面形成课题研究的理论基础,另一方面也为总结现有研究的不足,针对课题研究的突破点,形成课题自身的研究特色。综合运用了文献研究和实证研究对重要课题进行了细致研究。

2. 规范分析与实证分析相结合

规范分析研究对象"怎么样",重在逻辑推理和论证道理。实证分析研究对象"是什么",重在用统计数据和模型分析。研究应用规范分析研究和揭示国际产能合作与对外投资的演化路径和规律。关于中国企业对非洲直接投资现状、模式及特征事实分析(第二章),中国企业对非洲投资战略调整路径与治理对策建议(第五章)采用了规范分析和经验为主的方法。而基于空间经济学视角对中国对非洲直接投资区位聚集效应和空间网络关系效应(第三章第一节)等采用实证分析为主,关于中国对非洲直接投资效率评价研究、对非洲直接投资的加成率分析(第三章第二节、第三节)以及对非洲直接投资的贸易效应均采用定量分析(第三章第四节)的实证研究方法为主。

3. 宏观把握与微观分析相结合

对非洲直接投资问题研究应树立整体"一盘棋"的宏观视野和系统思维,"既见树木又见森林"。从宏观层面研究中国企业对非洲直接投资问题,对非洲52个国家投资环境的总体态势、投资风险及发展潜力应有总体把握。从微观层面对中国对非洲东道国的直接投资发展现状、投资效率、空间集聚及其演化规律和区域国别进行深入分析,基于实证分析及研究结论提出战略调整思路、实现路径和对策建议,以获得对中国在东道国直接投资绩效与经验的全面感知。

4. 计量经济学方法

在实证分析中,应用大量的计量经济学方法,以解释中国对非洲直接投资的规律及演化特征。应用空间计量方法对中国对非洲直接投资空间集聚进行实证分析,利用 Moran's I 指数和空间杜宾模型(SDM)探究对非洲投资的空间相关性,应用标准 DEA 和超效率 DEA 方法对非洲直接投资的整体效率、国别效率进行实证研究。在中国对非洲直接投资的贸易效应研究中,运用引力模型基于中国对非洲东道国家的总体样本数据进行回归分析等,采用倍差法等中国对非洲直接投资的加成率进行实证分析,以揭示中国企业对非洲直接投资的整体效益演化特征及路径。

三、研究现状与未来前瞻

(一)研究现状

近年来,关于中国对非洲投资问题研究已成为学术界热点,形成的研究成果也较为丰富。黄梅波、范修礼(2010)从中小企业的角度分析,认为无论是企业本身还是政府层面都存在诸多问题,政府应当积极引导,企业也应制定清晰的投资策略,正确认识投资风险,规范投资行为。黎明等(2017)从微观企业的层面研究,分析中国政府在中国企业"走出去"过程中的重要作用,认为近年来非国有企业的作用越来越显著。而且,对非投资呈现出的特征是,聚焦的行业也从资源型行业转向了制造业、租赁和商务服务业,投资逐步向产业链上下游延伸;东道国的属性及其与中国的政治、经济邻近性共同决定了中国在非洲直接投资的空间分布;中国企业往往选择投资不足、政治相对不稳定的国家或地区,以避免与发达国家的投资者正面竞争,并获得更大的利润。高贵现(2015)则认为我国对非洲的投资属于市场寻求型和资源寻求型,在对处于转型期和未转型期国家的投资选择中,我国更倾向于投资政治风险较大且经济开放程度较高的国家;而在对石油等矿产资源丰富的国家,我国更倾向于投资政治风险较大且国外投资不多的国家。我国应该加强对非洲投资风险的观测和预防机制。姚桂梅(2019)发现经过多年的发展,中国在非洲面临的投资环境正在发生变化,中国企业在非洲的投资表现,亦有诸多亟待调整和改进的地方,理应引起中国政府和投资者高度重视,对面临的多种挑战,提出全面的应对战略和解决方案。田泽、董海燕(2015)发现中国对非洲直接投资的大多数东道国存在弱空间集聚效应,而投资规模空间分布呈现由南向北逐次递减的趋势,区位选择是影响企业对非洲投资决策的关键因素之一;中国对非洲东道国直接投资存在较低的空间溢出效应,而企业投资区位选择受东道国购买能力和出口贸易影响较为明显,受东道国能源资源因素影响不明显。黄梅波、唐正明(2016)认为现有中非产能合作过程中的融资存在诸多问题,包括非洲金融业及金融市场发展滞后,中资金融机构、中介机构海外服务网络不足,中资企业的国际信用评级较低,境外融资缺少征信支持,难以利用非洲金融市场融资,中资企业在海外融资时对货币、利率、期限等进行有效管控的能力有限,人民币国际化的进展在非洲也是困境重重,等等。林毅夫(2018)认为中国对非洲投资合作,践行了"互利共赢、共同发展"的造血式的合作新理念,"中国智慧"和"中国道路"将会助力非洲国家实现工业化、现代化,解决就业和贫困问题,最终实现非洲大陆的复兴和繁荣。

关于中国对非洲投资环境与影响因素方面,国内外学者相关研究较多。德赛(Desai,2004)研究发现,制度因素在较大程度上影响了中国对非洲投资,特别是国有企业在非洲的投资,由于有政府政策的支持和保护,在非洲市场上要兼顾自身战略目标和政治目标。赵志磊(2009)从投资贸易效应的基础上,选取并分析了与中国投资及贸易最密切的 10 个非洲经济体。结果显示中国对非洲直接投资与出口和进口都呈现正相关关系。董艳、张大永、蔡栋梁(2011)运用极限边界分析法,实证验证并分析了影响中国对非洲投资的主要因素,包括东道国的经济、市场和能源储量,同时指出政治、外汇风险等方面还需要加强重视程度。克拉森(C. Claassen)、洛茨(E.Loots)和伯泽伊登霍特(H.Bezuidenhout)等在 2012 年通过对面板数据进行建模回归后发现,中国对非洲直接投资的动因不单纯是资源驱动,农业用地、市场规模和石油资源也逐渐成为重要的影响因素。田泽、董海燕(2015)采用非洲 48 国 2003—2013 年的面板数据,并按照非洲各国投资环境进行分类,研究发现,我国对非洲直接投资贸易具有显著的正效应,距离负效应也较为明显,并且投资贸易效应因国别和区域存在明显的差异。王思语、孟庆强(2016)研究发现,国有企业对非洲投资的直接动机是寻求市场,非国有企业在非洲投资的目的是寻求市场和寻求效率,因而非洲东道国的自然资源因素对中国企业在非洲的投资活动没有显著影响。同时还发现,中国企业倾向于在与中国有经济合作关系且宏观经济稳定的东道国进行投资,而不倾向于在制度环境较差的东道国进行投资。陈玮冰、武晋(2019)研究发现,在控制了市场、资源、开放程度和人口等因素后,中国对非洲基础设施援助与直接投资呈显著的正向作用;受援国对基础设施的需求是中国对非洲基础设施援助的主要考虑因素,中国现有的基础设施援助尚不能显著提高受援国的基础设施整体水平。

还有一些学者研究了中国对非洲投资对非洲的影响。维斯布罗德(A.Weisbrod,2011)和惠利(J.Whalley,2011)通过定量分析研究,指出特别是在2005—2010年,受到全球金融危机的影响,中国的直接投资在很大程度上推动了非洲经济的增长。鲁格特(Lugt S.,2011)将中国的投资情况与美国、英国等发达国家做了对比后发现,中国对非洲的投资缺乏透明度;同时该学者重点调研了外国投资对于赞比亚这一国脱贫的影响,指出外国投资对于当地脱贫的贡献大小主要取决于当地政府的管制。雷纳德(Renard,2011)指出,非洲国家在中国与非洲日益紧密的经贸联系中获益匪浅。而要进一步利用好外资,尤其是来自中国的贸易和投资,就需要非洲各国在提升自己的管理能力方面取得实质性的进步。黄梅波等(2012)全面分析了中国企业进入非洲大陆对当地经济社会的积极和消极影响,并针对投资过程中产生的问题提出了相应的对策建议。任培强(2013)肯定了中国的投资在为非洲国家创造大量就业岗位、促进当地社会进步方面的积极作用。而刘爱兰等(2012)认为中国企业在非洲开展对外投资活动对非洲的影响存在双重性。积极的一面在于完善了公路等基础设施和资本、优化产业结构、提升产品附加值、增加就业、促进贸易发展等,同时也存在着在一定程度上限制当地企业发展等消极影响。郑燕霞(2014)在实证研究后发现,中国的直接投资与非洲贫困呈现倒"U"形关系,即中国的直接投资对当地的贫困程度的影响存在临界值。只有达到一定临界值之后,中国的直接投资才能减少非洲国家的贫困。

(二)研究前瞻

目前,关于对外投资的研究成果较为丰富,其中关于对非洲投资的研究也逐渐得以拓展。结合"一带一路"中非投资与经贸合作现实热点问题进行研究,梳理文献,可以发现,现有研究呈现出多元化、特色化态势。

一是主要集中在关于中国对非洲贸易与投资的理论阐释及分析架构

方面。而研究中国企业对非洲基础设施建设和直接投资问题成为热点之一。未来还需要通过深化中国企业对非洲投资的产业和国别细分领域，分析不同企业投资发展现状、投资效率、投资区域的空间集聚及其演化规律等。中非合作新时代呼唤非洲研究领域的理论创新和知识体系的变革。未来，通过推出中国对非洲投资发展报告和标志性成果，必将呼唤一批有影响力的理论成果和精品，形成中国对非洲投资研究的系统集大成与理论体系构建。

二是非洲区域与国别研究成为未来非洲重要的研究方向。尤其以中非合作北京峰会提出的八大行动计划以及中国非洲研究院的成立（2019年4月9日）为标志事件。为积极响应国家"一带一路"中非合作的重大需求，国内高校也纷纷成立非洲研究中心或非洲国别研究机构，开展针对性强、具有特色化多元化的非洲学术研究，其中，"一带一路"中非产能合作与投资领域的区域与国别研究就成为非常重要的研究领域和热点。基于国别和典型个案的分析，从企业层面，丰富对非洲投资的对策措施，可以从企业战略、经营理念、投资方向、人才培育等方面给出对非洲直接投资的具体措施，总结中国企业投资非洲的模式、动因等，进一步归纳吸取中国企业对非洲直接投资的经验及教训，为今后中国企业对非洲直接投资提供参考建议。

三是非洲自由贸易区建设、发展以及对中非合作的影响研究。作为非洲一体化进程中的划时代事件和里程碑标志，非洲自由贸易区的启动建设，未来可能形成世界上最大的自由贸易区，其蕴含的市场潜力和发展前景值得重点关注，也将为中非合作增添新动力和开辟新前景。

四是中欧共同开发第三方市场领域合作研究。2015年以来，中国已同法国、意大利、西班牙、比利时、荷兰等多个欧洲国家签署谅解备忘录，对第三方市场（非洲和拉美等）开展合作。尤其是西班牙和葡萄牙、意大利和法国等地中海沿岸国家，依靠地缘优势长期深耕非洲，与非洲贸易紧密。未来西班牙、意大利、法国将与中国合作开辟非洲第三方市场，实现优势互补，共建"一带一路"合作，创建"1+1+1>3"的互利共赢模式。与非洲第三方市场合作的新路径、新模式及新挑战等前沿问题，需要重点关注和深入探讨。

五是中国对非洲基础设施建设和中非产业园区提质增效与转型升级问题研究。基础设施联通建设是近年来中非共建"一带一路"的重要组成部分,近年来中国在参与非洲"三网一化"基础设施建设方面成效显著,另外中非产业园区和经贸合作示范区作为中非投资合作的新探索和新模式,在经过了10多年规模化增长阶段后,面临追求高质量发展和转型升级的难题,为实现中非投资合作优质高效可持续发展,就需要统筹规划,战略引领,采取有效措施和对策建议。

学术研究应紧随中国企业走进非洲的步伐,开展针对性课题攻关,并提出具有前瞻性和引领性的政策建议及相应措施。同时应用大数据方法等对典型企业、投资模式和典型案例进行比较研究和个案研究。以全球视野和价值链角度,从对非洲投资现状、空间分布规律、投资效率、投资动机、投资模式、中非产业园区及经贸合作区等多个方面系统全面地剖析和总结,形成中国企业在非洲投资的经验、范式及案例,为中国在非洲投资合作高质量发展提供借鉴。

四、研究创新与特色

基于中国对非洲直接投资的现状、问题与特征事实分析,开展大量数据采集、田野调查和典型案例分析,进行投资效率的实证评价研究,以此提出具有前瞻性、针对性的对策建议,本书研究特色和创新之处体现在以下四个方面。

(一)研究视角新颖

空间经济学为中国对非洲直接投资的区位选择和空间集聚提供了一种新的视角与方法。应用空间计量经济方法揭示中国对非洲直接投资的空间集聚与区域分布,并就中国与非洲重点国家投资的空间分布关系进行实证分析。应用空间四分位图对非洲直接投资区域进行归类分析,通过空间计量模型对2005—2015年中国投资非洲52个国家的空间分布进行实证分析,揭示中国对非洲多数国家直接投资空间集聚效应及其特征。丰富和拓展了非洲直接投资研究领域的理论成果。

（二）中国对非洲直接投资效率评价研究有所创新

本书较为全面、系统地对中国对非洲国家直接投资的效率及时空演化进行评价研究。应用数据包络分析法和超效率等多维度分析方法，以2008—2015年作为考察期，基于非洲东道国48个国家数据，系统地研究中国对非洲直接投资的效率问题，在直接投资效率评价结果分析中采用了时间演进空间差异分析，以及聚类分析和收敛分析。基于对非洲直接投资效率实证分析，进一步探索中国对非洲直接投资的贸易效应，应用引力模型进行回归分析，以揭示中国对非洲直接投资是否对其东道国出口贸易有促进作用。实证结果支持中国对非洲直接投资具有明显的贸易效应。

（三）中国企业对非洲直接投资的加成率问题研究上有所创新

本书首次以企业加成率视角聚焦对非洲投资，研究中国对非洲直接投资的加成率问题，其理论贡献在于：在加成率的静态决定和动态演进的相关研究中，深化对外直接投资企业异质性的研究，通过引入不同投资动机对中国对非洲直接投资的加成率效应，进行了深入分析，为判断我国企业对非洲直接投资效果具有较高参考价值。通过应用倍差法等计量模型揭示中国企业对非洲直接投资的加成率问题，以 PSM 法、双重差分法分析对非洲直接投资企业投资的加成率变动，较好地处理了实证内生性问题。引入不同投资动机对中国对非洲直接投资的加成率效应进行实证分析。实证结果较好地揭示了投资当期与滞后期加成率水平、异质性对外直接投资动机下对非洲直接投资的滞后期加成率效应差异，以及国有企业与非国有企业两类企业投资后绩效的显著差异。实证结果及对策建议对提升中国企业对非洲投资绩效具有借鉴意义。

（四）较系统地提出了中国对非洲直接投资战略调整与治理的对策建议

在欧美发达国家和俄罗斯、巴西等新兴经济体对非洲直接投资战略比较分析基础上，基于全球价值链重构角度研究，提出对非洲直接投资战略调整的思路、设计和路径安排。本书的专题研究还集中探讨了非洲自由贸易区启动及对中非合作的影响、中非产业园区建设和"一带一路"倡议下中非基础设施建设三大重要问题。从发展现状与趋势入手，剖析面临的问题与挑战,并提出具体的政策思考及建议。本书针对中国对非洲直接投资现状问题、数据分析、实证结论与案例,开展更细化、专业化和特色化的分析和研究。从政府、企业和行业层面"三位一体"角度,较为系统地提出中国对非洲直接投资战略调整和实现路径及相关对策建议,对促进中国对非洲直接投资高质量发展,进而促进中非经济贸易健康持续发展均具有重要的现实意义。

第一章　对外直接投资相关理论

20世纪90年代以来,国内外学者从不同的视角对国际资本和产业转移进行了深入的研究。进入21世纪以来,中国、印度等新兴经济体对外直接投资引起了国内外学者的关注,2008年全球金融危机爆发以来,全球贸易保护主义抬头,国际资本流动出现新的挑战和变化。随着中国成为全球第二大经济体和全球贸易大国、全球有影响的资本输入大国和对外投资大国,中国企业"走出去"国际化经验以及我国对外开放的伟大实践,为我国社会科学创新和研究提出了更高要求,也为构建中国特色的对外直接投资理论体系提供了丰富的实践素材。本章从对外直接投资空间集聚与产业集群研究、对外直接投资效率与加成率研究、对外直接投资贸易效应以及"一带一路"国际产业转移的机理和理论基础等方面进行文献研究梳理与分析总结。

第一节　对外直接投资的空间集聚
与产业集群研究

国际上,对外直接投资研究较早,美国、日本和欧洲国家经济学家关注国际投资和产业转移问题,形成有影响力的研究成果。弗农(Vernon,1966)认为,国内产品市场随着产品日趋成熟,进入标准化的生产模式,导致产品竞争越来越激烈。产业转移是为了避免国内激烈的市场竞争,谋求较低的生产成本,将产业转移到劳动力成本较低、资源较为丰富的国家和地区。小岛清(Kiyoshi Kojima,1978)认为,产业转移是投资国将本国处于比较劣势的产业转移到国外,这些产业在国外具有比较优势,被投资国获得资金、技术、管理经验等而成为优势产业。邓宁（Dunning，1981）认为，对于产业群体的企业，当外部投资经济效益高于对本国企业内部投资的时候，促使企业对外转移投资。

20世纪90年代以来，以克鲁格曼（Krugman）、藤田昌久（Fujita Masahisa）为代表的新经济地理学派在研究区域经济增长问题时，引入空间因素。克鲁格曼在垄断竞争一般均衡分析的基础上提出"规模报酬与经济地理"概念，构建了著名的"核心—边缘"模型，人们通常将其看作新经济地理学的起点。克鲁格曼认为，产业集聚性转移是因为集聚经济带内的地理接近以及规模经济使交易费用降低，节约了成本，提高了经济效益。

富士田（Fujita）、克鲁格曼认为，空间经济学提供了崭新的经济理论研究平台，形成了独特的视角和方法，可以将国际贸易、经济发展、产业经济、区域经济等问题融合研究，从而使空间经济学跻身主流经济学之列。通过加强实证研究推进空间经济学的发展，克鲁格曼将中心—外围模型理论称为"新经济地理学"（NEG）。

在国内，越来越多的学者关注空间经济学方法在区域经济和投资领域中的应用。邓宏兵（2000）从长江流域空间经济系统构成要素中来分析空间集聚的形成，认为空间集聚影响因素主要有自生型要素、再生型要素、牵动型要素、制动型要素等。杨小凯等（2001）认为，可以通过参与分工，提升自身的专业生产服务水平，获得内生比较优势，提升地区要素的集聚效果。洪国志等（2010）指出，在研究中国区域经济的空间收敛问题上，空间计量分析与一般的回归模型相比具有结果更显著可信的优势。2012—2014年，梁琦、赵伟基、郑长德等学者致力于空间经济学当下研究领域与未来发展方向的研究，指出未来空间经济学将表现出多学科交叉融合、理论与实证研究并进发展等学科特点。

有关对外投资空间分布的研究主要有两种，一是地理位置分布特点研究，二是行业分布特点研究。刘剑剑、姚程飞（2012）认为，对外直接投资的区位选择和产业分布应视为相关的整体来分析。我国企业对外投资在对不同地理分布的东道国进行产业投资选择时，应当考虑地域不同的特点及行业现状。杨志民等（2013）运用引力模型研究发现浙江省外商直接投资的空间联系格局相当稳定,以宁波市和杭州市为中心向四周辐射扩散。王胜(2014)通过划分投资东道国的类型,运用引力模型研究了我国对外直接投资在空间分布上的国别差异。赵俊华(2015)研究表明,中国的对外直接投资逐渐分散开来,趋向于空间均衡化。

有关对外直接投资对产业集聚的影响方面,王英(2013)基于29个省份的面板数据,回归分析发现我国对外直接投资有利于促进国内的产业结构升级。李逢春(2013)运用灰色关联法研究发现,不同区域的对外直接投资对产业升级的促进作用有差异,亚洲第一,欧洲和北美次之,最后是非洲区域。蒋冠宏(2014)采用倍差法研究发现,企业对外直接投资能够在很大程度上提高企业的生产效率。

第二节　中国对非洲直接投资研究

对非洲直接投资已经成为近年来国内外学者研究的热点问题。梳理相关文献发现,理论研究紧随我国对外投资实践发展的"步伐"不断走向深入。2007—2010年,学者关于非洲投资的现状评估的研究较多,主要针对非洲投资的现状、问题、风险进行分析。而从2011年以来,学者开始关注非洲投资的效率评价问题以及投资影响因素,多采用实证分析方法对非洲投资的效率进行定量评价,2013年以来关于"一带一路"中非产能合作的研究成果越加丰富起来,成为学术界关注的前沿问题。

一、中国对非洲投资环境与影响因素研究

在探究对非洲投资环境及内在因素研究方面,兰德尔莫克(Randall-morck,2009)探究了中国对非洲投资的政治、经济方面的问题,认为准备预案对防范潜在的风险具有重要意义。董艳、张大永和蔡栋梁(2011)应用极限边界分析法对我国对非洲各国投资进行实证研究,提出应考虑目标国的资源、市场规模及东道国经济发展潜力等指标因素。科尔斯塔德(Kolstad,2011)以29个非洲国家为样本统计数据,研究中国对其投资问题,得出中国以探求能源为主并集中投资资源丰富国家的结论。黄启学

(2011)采用实证分析方法,研究结果表明我国企业对外直接投资效率受到东道国市场、国情、资源矿藏储量、贸易关系制约,也受文化差异的影响。

关于从多种视角探究中国对非洲投资问题方面。杨立华(2010)研究认为,非洲拥有增长迅速的巨大市场,随着其发展潜力的逐渐显现,中国企业更应基于以往投资的经验和基础,抓住机遇,加大对非洲投资。韦斯布罗等(Weisbrod 等,2011)则是基于东道国视角关注中国对非洲投资与东道国经济增长的关系,结论表明二者存在正相关关系。基于母国视角,李逢春(2012)在研究对外投资水平与国内产业升级的关系时采用了面板回归方法,指出对外投资水平的提高有利于国内的产业升级,二者为正相关关系。而周云亨等(2012)从西方国家第三方视角出发来分析中国对非洲投资问题,得出中国的有效投资带给非洲实惠发展的事实。宋勇超(2013)采用了 2003—2010 年我国境外投资的相关数据进行实证研究,验证了我国资源寻求型投资取得较好成效的结论,并提出相关对策。

现阶段学者们关于非洲投资研究的问题将更加深入,并结合新时代中非经贸与投资发展开展更细化、专业化的分析和研究。

二、中国对非洲投资效率研究

对非洲直接投资成效与质量已经成为近年来国内外学者关注的重点。研究相关文献可知,早期学者关于非洲投资的现状、问题与风险评估的研究较多。中外学者从不同方面进行了讨论研究,而对非洲投资效率评价也越发引起学者关注,所以在梳理非洲投资研究文献过程中,本书还对投资效率研究进行进一步梳理,发现投资效率模型多数基于 DEA 方法模型。安德生和彼得森(Andersen 和 Petersen,1993)提出的超效率 DEA 模型,在原有效率评价基础上,对超效率值进一步进行有效单元的区分。尼科尔·阿德尔(Nicole Adle,2010)、叶卡捷琳娜·雅哲姆斯基(Ekaterina Yazhemsky,2010)和卢扎纳(Ruzanana,2010)通过对环境、经济、社会发展等方面要素建立衡量标准,结合实际衡量发展中国家的经济增长效率,采用 DEA 方法研究发展中国家借助外来资本投资的效率值。

国内研究方面,近年来已有学者开始关注非洲投资的效率评价问题,形成一些研究成果。金波(2011)运用了数据包络分析法对我国直接投资的非洲东道国经济发展的各方面效益进行评估,指出我国对非洲直接投资从整体上来看是日益增加,不过还需要适当对部分国家直接投资进行限制。汪文卿和赵忠秀(2014)应用索洛增长模型探究中国在撒哈拉以南的非洲地区的相关经济活动与该地区各个国家经济增长的相关关系,研究结果表明:我国对非洲直接投资的资金明显推动了非洲各东道国经济的发展,且影响程度相较于其他国家对非洲直接投资更为显著,且中国对非洲直接投资产生了较好的技术溢出效应。田泽(2016)运用超效率 DEA 方法选取 2008—2014 年中国对非洲投资 20 国数据进行实证研究,以反映中国对非洲投资效率的差异和变化趋势,并提出了实施战略调整的相关建议。

三、对非洲直接投资的贸易效应研究

中国对外贸易发展逐渐成熟,国际地位不断提高,关于贸易问题和投资贸易效应的研究成果丰富。国际上经济学家蒙代尔(Mundell R. A.,1957)首次对进出口贸易与对外直接投资的关系进行了研究,并提出了在国际贸易壁垒情况下,对外直接投资与对外贸易呈现相互替代关系的主要观点。丁伯根(Tingbergen,1962)最早在国际贸易领域中应用了引力模型,他提出"两个国家的贸易额同它们的经济规模成正比,与它们的地理距离成反比",这为在对非洲直接投资的贸易效应实证分析中奠定了基础。马库森(Markusen,1983)通过建立简化的要素比例模型,得出商品贸易和要素流动的关系,认为投资产生的根源决定投资和贸易的关系,不能用简单的互补或替代去看。赫斯特(Host,1972)采用回归分析的方法建立模型,分析了投资和出口的关系,得出的结论为:直接投资与出口贸易关系的决定因素在于美国公司投资的动机。

中国学者在此方面的观点大多倾向于投资促进了贸易出口。蔡锐和刘泉(2004)以中国与发达国家、中国与欠发达国家不同视角,研究中国

对外直接投资和外商直接投资的关系,结论证明中国对外投资与贸易为互补关系。项本武(2006)采用引力模型,对中国与非洲49个国家的投资及出口贸易的面板数据进行多元回归,研究表明:中国对外投资与中国出口水平为正相关关系,中国对外直接投资属于出口创造型。

关于中国对非洲直接投资与贸易关系研究方面,许多学者应用引力模型等方法反映两者关系。吕龙女(2013)通过构建PSTR模型探究了中国在非洲农业投资的出口效应,发现二者既互补也相互替代。张伟伟等(2014)运用引力模型实证分析了2003—2011年中非贸易与投资之间的关系,发现后者对前者具有显著的促进作用。陈俊聪(2014)的实证研究揭示了"企业对外投资有利于中间产品出口"这一命题,且这一结论适用于发达国家和发展中国家。田泽等(2015)基于非洲东道国的贸易数据进行回归分析,发现我国对非洲的直接投资有显著的贸易效应。霍忻(2016)基于1996—2013年的时间序列数据,构建向量自回归(VAR)模型,发现我国对非洲直接投资与贸易相互促进,具有很强的互补效应。

总体来看,关于中国对外投资的空间区位选择、对外投资的贸易效应研究成果较为丰富,而基于空间经济学视角研究对非洲投资、聚焦非洲投资与贸易的研究成果相对较少。需要研究者系统梳理中国对欧美等发达国家的投资与对亚非拉发展中国家的投资,进行细致化研究。结合针对中国对非洲投资的现状、问题、风险进行分析,基于数据分析和案例研究,并根据"一带一路"非洲国家区域与国别差异分类进行研究,对学术研究提供有益借鉴和参考。

第三节　产业链整合与对外直接投资战略调整研究

21世纪以来,我国对外投资迅猛发展,中国企业国际化程度不断提升,进入世界500强的企业数量也在逐年增多,加快产业链整合也成为学者的研究热点,纷纷从产业链内涵与外延、形成与运行机制、全球价值链、全球产业布局等角度对产业链及其整合进行相关研究。

一、产业链及其整合的界定

产业链的思想最早来源于古典经济学家的一些论断,但国外研究主要集中在价值链或供应链领域。价值链是现代经济区域分工或国际分工的重要产物,是对传统劳动分工和贸易模式的彻底颠覆。杰夫·凯尔斯(Jeff Cares,2006)提出企业在新形势下应放弃固守的单打独斗竞争模式,依托产业链载体给予的竞争优势在竞争中脱颖而出。中国作为最大的制造品供应国,以其廉价高效的劳动力为世界提供各种各样的商品,虽然从跨国公司和技术转移中获益良多,但应谋求从组装者到设计者的转变与跨越。

郁义鸿(2005)指出,产业链为从最初的原材料到消费者手中的最终产品等产品生产加工各个环节构成的整个生产链条,产业链也随产品特性及技术层次等而呈现不同形态。程宏伟等(2008)则将产业链整合定义为产业链演化的必然路径,并提出基于资本与知识的整合模型,及纵向、横向、侧向三维整合路径。产业链整合是相关企业占据市场优势、提升市场份额的有效途径,企业内部与外部的诸多因素均会在产业链整合进程中发生变化(宋旭琴,2012)。产业链整合要注重供需链、产品链、价值链、技术链等主体,支持促发其整合的生产要素、技术创新、产业管制等(郑大庆等,2011)。

二、全球价值链与产业链整合

波特(Porter)是较早提出价值链分析的专家,他从战略管理角度研究跨国公司竞争优势获取和资源配置。波特指出,跨国企业可以通过价值链活动的拆分和整合来实施其战略。进入21世纪,随着经济和社会全球化,全球价值链分工变化更加明显。基于全球价值链形成新的竞争优势,跨国公司实施对外投资调整和全球价值链(GVC)整合重要作用更加突出。

联合国工业发展组织(UNIDO)曾指出,全球价值链是在世界范围内为商品与服务价值的实现而进行的生产过程的全球跨企业网络,涵盖商品或服务设计、生产、营销、售后及循环利用等各种增值活动。自然资源或劳动力较为丰富的国家面对传统的贸易模式,应打破先进工业产业或技术服务业的技术限制,使国家进入生产链的更高级阶段[皮尔斯基卡林(Piorski Karine,2018)]。我国出口增加值和国内生产总值均低于传统的贸易统计值,全球价值链下存在实际贸易收益的差距,在提供高附加值的中间产品能力方面远远落后于发达国家。格里菲(Gereffi,2005)认为实力较为雄厚的跨国公司利用自身的技术优势和渠道优势,占据全球价值链两端的关键性环节,并攫取大部分利润。

20世纪90年代初,中国台湾宏碁集团董事长施振荣提出了"微笑曲线",用开口向上的抛物线来描述产业链各环节附加值。知识产权作为新一轮贸易规则谈判的核心议题,其对提升一国的全球价值链地位意义重大,尤其是在一些专利密度高、模仿成本低的行业(杨珍增,2018)。从产业层面讲,价值链蕴含产业价值组织及价值创造的结构形态,涵盖生产、流动、消费等覆盖全球的多环节、网络链式结构。地方产业集群升级也是我国积极融入全球价值链、提升产业竞争力的有效途径(刘志彪等,2007),垂直专业化也成为我国制造业参与专业化分工的主要路径(马红旗,2010)。现有由发达国家主导的GVC治理下的中国企业,处于全球价值链低端和"依附"地位,很难实现向全球价值链的高端攀升和产业升级。为此,中国要避免全球价值链低端锁定,积极实施外向型经济战略的调整,重塑全球价值链的治理和创新体系,提升中国企业的国际竞争力。

三、全球价值链与对外投资区位选择

在新贸易理论下,规模经济与聚集效应对于对外直接投资空间区位选择都至关重要,特别是产业链整合对于跨国公司来说,能否有效整合区域产业链直接决定着一个国家或地区吸引投资的能力。通过日韩在华子公司的数据分析,距离和种族因素也在韩国公司对外直接投资决策中发挥着重要作用,集聚、垂直、水平对外直接投资和基础设施变量等对解释近期对外直接投资区位也很显著,但这些因素对日本跨国公司选择作用并不明显。而发展中国家向发达国家的投资则往往出于寻找知识资本的动机,直接导致其企业向拥有相对较强知识资产和较弱知识产权保护的发达国家的外国直接投资,此外东道国知识产权保护不力对区位决策的影响就知识资产存量较高的母国企业而言也有所减弱(吴大顺,2017)。

现代价值链分工是与比较优势、专业经济、规模经济紧密相连的,依靠技术进步使得运输与信息传递成本急剧下降,制度更加开放促使新的国际分工形式形成,比如产业集群协同(殷博乔等,2011),跨国公司能够按照其所在价值链的不同环节选取不同的布局选择来获取区位优势。实践层面,产业价值链的核心在于将区位选择纳入一体化的管理范畴,使其生产、销售、售后等环节的区位布局都可以在企业统一战略下进行,相互配合与促进使得企业获得最大投资收益(胡日东、衣长君,2008)。关于中国企业的对外投资区位选择,其与双边贸易量、文化相似度、东道国资源禀赋等高度正相关,与当地劳动力工资水平、原材料价格呈负相关关系(陈恩等,2015),东道国制度环境对东道国国际创业也有重要作用,在发达国家主要体现在降低创业失败惧怕率与提升东道国吸收能力方面(田毕飞等,2018)。

以上全球价值链与对外直接投资区位等研究具有一定的借鉴价值。现阶段我国对外直接投资区域过于分散,整体投资战略过于模糊,全球价值链分工多处于价值链中低端;但随着我国技术水平和综合经济实力的提升,对外直接投资向高附加值价值链环节移动,我国企业也在不断加快核心技术研发、提升自身品牌,参与全球价值链高端竞争,国内研究也应该着眼于中国企业"走出去"对外直接投资的重大问题攻关,面向国家战略与企业需求进行理论探索、学术创新与政策指导服务,其中"一带一路"中非经贸与投资和产能合作研究,将为构建中国特色对外直接投资理论体系和话语体系建设作出应有的贡献。

第四节　中国国际产业转移机理与动因分析

非洲国家矿产资源储量丰富、品种繁多,而非洲尤其是撒哈拉以南非洲地区许多国家尚处于工业化和城市化初期,需要建立全面的工业化体系与完善的基础设施;而中国已进入工业化中后期,钢铁、水泥、冶金等产能过剩,装备制造业水平也在处于全球领先地位,中非双方可以通过产能合作与基础设施共建提升中非合作水平,共建"一带一路"中非利益共同体。在这方面,可以借鉴国际产业转移理论和相关研究对此给予解释和理论分析。

一、国际产能转移及演化机理分析

(一)产能过剩机理分析

"产能过剩"概念最早由张伯林(E.Chamberlin)提出,是不完全竞争引发的资源配置低效率,是对完全竞争均衡下完全产能水平的背离,是不完全竞争市场下企业生产设备利用率低于平均成本最小化利用率的结果,简单讲,其为企业实际生产能力超过市场负荷的状态。国际产能合作中,中国也将其过剩的工业生产能力作为固定资本投资输出(Kenderdine Tristan,2018)。国际上一般采用产能利用率来衡量产能过剩状态,即实际产出与潜在产出之比,低于79%则认定为存在明显的产能过剩。

近年来,我国经济一直存在结构性失衡,供过于求与产能过剩是其重要表征,也引发质量第一还是生产率第一的争论(白刚等,2018)。产能过剩跟经济周期有关,同时也跟投资层面因素有关,发展中国家的企业容易对产业发展前景形成共识而出现"潮涌"投资(林毅夫等,2010)。也有学者认为,与计划经济时代的"短缺经济"相对,产能过剩也可以理解为市场经济的正常现象,但超过有效需求一定程度会对经济运行带来严重危害(韩国高等,2011)。以水泥产业为例,虽然存在严重生产过剩,但绝大部分水泥企业完成技术升级改造,在装备、技术、环保等层面均较为先进,正切合多数非洲国家大规模建设与水泥严重不足的需要,将成为推动中非间的国际产能合作的重点领域。

(二)产业转移机制与模式

产业间的国际转移是化解国内过剩产能的重要手段,尤其是中非间巨大的产业级差也成为其实施的重要基础。"一带一路"沿线国家工业发展和经济社会消费水平差距较大,这种差距恰好形成一个产业级差,以此为基础形成要素流动、市场利益驱动的产业转移机制,对于中国来讲,国际产业转移也伴随着东中西三大经济带的区际转移(Zhang L. Q., 2017)。关于承接产业转移,一直也存在"污染避难"与"污染光环"两种争论,"逐底竞争"假说(Esty D.C.,1997)则提出,发展中国家或地区会竞相降低环境标准或放宽环境监管以吸引直接投资,而"污染光环"则强调对外直接投资所承载的先进技术与环保理念。

以劳动密集型产业为例,非洲凭借其廉价的劳动力与优惠的税收政策,成为承接中国劳动密集型产业的最佳选择,非洲是产业转移的最后一站,正如中国改革开放以来承接日韩密集型产业的历程(孙亚平,2015)。产能合作也成为带动中非产业合作的非洲新布局,非洲诸多国家实现工业化和现代化离不开产能合作或产业转移,越来越多的中国企业在非洲成功落地,也必将带动中国和非洲在其国家和地区产业链中的发展和定位(伊佳,2016)。

第一次工业革命以来,全球范围内已经历过几次大的产能转移,也形成一些经典理论和模式,如产品生命周期理论和比较优势产业转移模式(庄晋财等,2008),先进国与落后国的技术差距及其自然资源禀赋导致贸易的必然发生,新产品进入成熟模式与生产标准化后,发达国家生产该产品的比较优势就转移到劳动力相对廉价的欠发达国家。此外,还有边际产业扩张理论和比较劣势产业转移模式,小岛清(Kiyoshi Kojima)等认为对外直接投资会从本国劣势或比较劣势产业依次进行,结合比较成本的变化从技术差距较小的产业开始(王鑫,2017)。

(三)双向投资模式

双向投资即将吸收外资与对外投资相结合,两者相互依赖与相互补充,可以有效解决资本短缺与技术不足、拓宽销售渠道与加强国际化接轨,也可以绕开贸易壁垒、寻找战略资源,更好地参与国际竞争。邓宁的国际投资发展周期理论、小泽辉智(Ozawa)的一体化国际投资发展理论、坎特维尔(Cantwell)和托兰惕诺(Tolention)的技术创新产业升级理论、波特(Porter)和格里菲(Griffith)的价值链理论等则分别从经济发展水平、技术创新能力、全球价值链生产体系等层面进行论述。对于中国来讲,双向投资已成为中国对外开放的新业态,成为中国参与国际分工与全球产业链整合的重要路径,应进一步调整双向投资结构,统一双向投资政策,培育跨国公司的国际竞争力(郭里,2012)。

国内学者在双向投资方面主要关注"引进来"与"走出去"的关系、外商直接投资与对外直接投资的比较分析。就中国的对外投资发展阶段而言,其已经进入双向资本流动阶段,但中国"引进来"东道国地位正在逐渐下降,其"走出去"投资国趋势缓慢凸显(朱华,2009)。陈涛涛等(2011)则提出一个国家的对外直接投资是自身经济实力不断增强和吸收、消化外资基础不断衍生而来,二者存在一定的正相关性。但无论是"引进来"还是"走出去",都要坚持维护国家经济安全,这也是我国不断提升对外开放水平的根本利益所在。

学者们已经就中国企业如何定位对外投资阶段,区位选择及产业转移策略等进行了一些研究探索,但重要理论突破和创新还有待拓展,尤其是面对中非投资合作问题的具体实践和政策指导。在上述研究成果基础上,进行中国国际产业转移与双向投资耦合机制的建构,为"一带一路"推进下国际产能转移与中非合作的高质量发展和理论支撑具有重要意义。

二、研究借鉴与未来趋势

通过上述的文献分析,可以发现已有的文献研究具有三个方面的特点,一是对于对外直接投资的问题研究很多,但是非洲作为一个世界投资地的"后起之秀",因而对其研究相对还是比较少见的,尤其是关于中国对非洲直接投资的空间集聚、效益评价和加成率问题的研究更为鲜少。二是尽管由于空间经济学方法与空间计量模型前沿的应用领域十分广泛,成果较为丰富,但是将空间计量应用于中国对非洲直接投资的空间特征的研究仍然存在较大的空白。同样,全球价值链方法应用于中国对非洲直接投资问题的研究也存在一些不足。三是关于非洲研究还存在数据统计与获取难度大、时效性滞后等问题,以及数据来源的准确度与可信度不高等,可见,加强非洲研究的基础数据建设和信息化资源建设是很有必要的。

借鉴已有研究成果,尤其是欧美日学者关注中国对非洲投资研究国际前沿成果,深入了解中国对非洲直接投资的实践及最新动态,进行系统的理论思考,有待进一步拓展的学术前沿包括:中国企业投资非洲的战略调整和谋篇布局,中国对非洲直接投资的产业集聚和空间效应,中国对非洲投资的高质量发展问题、中非工业园转型升级研究和"一带一路"中非产能合作问题等重点课题研究,推动这一研究领域向纵深化发展。

从更广阔视野和更高层次审视新时代中非投资合作重大问题,随着非洲大陆自由贸易区启动建设,"一带一路"倡议同非盟《2063年议程》深度对接,中非共商共建共享发展成果,中国的投资和基建助力非洲经济增长和工业化进程。在深化中非经贸合作关系和共建"一带一路"合作背景下,中国企业如何更好地把握新机遇,如何更好地提高对非洲投资质量和效益,更大程度地规避投资风险是摆在中国投资者面前的难题,也是社会科学研究工作者需要攻克的重大课题。针对国家深化中非经贸合作关系重大需求和对外开放伟大实践进行理论探索和学术创新,聚焦"一带一路"中非经贸与投资和产能合作领域进行课题攻关,必将为中国对外直接投资理论创新和话语体系建设作出应有的贡献。

第二章　中国企业对非洲直接投资现状、模式与特征事实分析

中非双方友好关系源远流长,中国与非洲存在很强的经济互补性,近十年来双边经贸关系快速发展。2015 年中非合作论坛约翰内斯堡峰会将中非新型战略伙伴关系提升为全面战略合作伙伴关系,标志着中非在政治互信、合作共赢、团结协作等方面进入了崭新阶段。2017 年 5 月,习近平主席在"一带一路"国际高峰论坛开幕式的主旨发言中指出,"一带一路"建设根植于丝绸之路的历史土壤,重点面向亚欧非大陆,同时向所有朋友开放。再次为密切中非贸易联系、设施联通、产能合作指明了方向。2018 年中非合作论坛北京峰会于 9 月 3 日至 4 日举行。中非领导人围绕"合作共赢,携手构建更加紧密的中非命运共同体"这一峰会主题,双方发展理念相通,发展战略契合,发展优势互补。在中非"十大合作计划"①基础上,今后重点实施产业促进行动、设施联通行动、贸易便利行动、绿色发展行动、能力建设行动、健康卫生行动、人文交流行动、和平安全行动"八大行动",支持非洲国家加快实现自主可持续发展。以共建"一带一路"为契机,加强全方位、宽领域、深层次合作,实现合作共赢、共同发展。因此,借助于"一带一路"重大倡议的历史机遇,中非经贸投资与产能合作已进入发展"快车道"。中国企业应抓住"一带一路"发展机遇,积极参与中非产能合作,培育全面开放发展新优势、加强中非产能合

---

① 这"十大合作计划"分别是,中非工业化合作计划、中非农业现代化合作计划、中非基础设施合作计划、中非金融合作计划、中非绿色发展合作计划、中非贸易和投资便利化合作计划、中非减贫惠民合作计划、中非公共卫生合作计划、中非人文合作计划、中非和平与安全合作计划。

作与产业对接。未来,中非命运共同体将在共荣共生中发展壮大。

第一节 "一带一路"背景下中非
产能合作机遇与挑战

国际产能合作也早有先例,伴随着经济全球化中的国际贸易投资往来,由此曾带来四次国际产能合作的浪潮。20世纪50年代开始就出现全球性的国际产业转移。随着生产力的提高与英国国内市场趋于饱和,英国开始产业转移与打开主要海外贸易市场。通过对美国、德国等国进行资本与商品输出,带动这些后资本主义国家先后完成工业化革命。在此背景下,西方国家总体产业过剩,并通过对发展中国家投资与产业转移方式来拓展市场。因此,这一阶段基本不存在平等的合作关系。

国际产业的第二次浪潮主要指第二次世界大战后美国主导下的"马歇尔计划",其成功地推动了资本主义国家进入新的经济增长周期,同时也确立了美国的世界霸权地位。这次产业转移使得欧洲国家迅速实现战后重建,日本崛起成为世界第二大经济体。在该阶段,国际合作是以资本主义与社会主义国家阵营内部的合作转移为主,是一种霸权同盟式的合作机制。

第三次转移浪潮是20世纪80年代以后的"劳动密集型产业和低技术型产业转移"。这次产业转移是发达国家和新兴工业化国家借助发展中国家的低廉劳动力抢占潜力市场的重要手段。全球第四次产业转移启动于2008年全球金融危机后,不同于前三次的单方向产业转移,第四次产业转移呈现出"多主体、多层次、注重价值链环节"的新特点。

综合来看,第四次国际产业转移是短期世界经济波动和中国经济发展长期趋势性因素交织作用的结果。此次国际产业转移注重各国不同的生产要素禀赋,在跨国公司的内部产业整合的推动下,在产品生产价值链环节依据比较优势的原则下进行国别和地区的资源配置,是中国从以往的产业承接国角色向产业转出国角色转变的重要机遇和挑战,也是非洲各国展现本国优势,提升本国产业价值链地位的重要机遇。

　　"一带一路"倡导的国际产能合作便是适应第四次国际产业转移浪潮而提出的跨国合作发展道路。与前三次国际转移浪潮不同,我国提出的国际产能合作是带有中国特色的,顺应了和平、发展、合作、共赢的新潮流,是在"十三五"规划提出的创新、协调、绿色、开放和共享新发展理念引导下的新型合作关系。其内容覆盖范围已超越第三次产业转移中的"雁阵模式",涵盖了基础设施、装备制造等多个领域,并最终实现"一带一路"沿线国家工业化、城镇化以及现代化的目标。

　　面对世界经济缓慢复苏和第四次国际产业转移的浪潮,"一带一路"倡议与非洲工业化可以实现无缝对接,通过中非产能合作和基础设施建设,既满足非洲自身经济发展的需要,有利于改善非洲民生,也大大增强了非洲经济的造血能力,非洲国家视中国为最重要的经济合作伙伴。中非开展经贸与投资合作具有巨大的潜力。中非产能合作为中国和世界其他友好国家的互利共赢、共同发展提供了良好范例。

一、中国对非洲投资与产能合作的优势

　　改革开放四十多年的经济高速发展,助推中国成为世界第一制造业大国、第二大经济体的国家地位,并成为全球最大的货物贸易国。2017年1月,习近平主席在瑞士达沃斯论坛上表示,在2022前的5年间,中国预计吸收外资6000亿美元,对外投资7500亿美元,仍将保持资本净输出,中国下一步的投资力度将进一步增大。中国作为工业化后期中高等收入水平的发展中国家,拥有庞大的经济能力和人力资本,经济发展并与非洲国家经济水平形成一定的落差,中国的发展模式与探索经验对非洲国家发展有重要的借鉴意义。

　　非洲国家对于基础设施建设和工业初步建设有着极大的需求,因此中国对非洲国家进行产业转移有其独具特色的优势条件。四十多年来中国不断加大对于基础设施的建设投资,使得中国基础设施建设能力爆发式发展,在通信、交通、电力等各个领域都取得显著成果,通过实施"走出去"战略,不断开拓国际工程承包与建设市场,在交通基础设施、通信建设等多个行业已处于全球领先的水平,部分行业的技术甚至超越了发达

经济体。根据国际产业转移规律与经验,中国这些产能优势正适用于诸如非洲、拉美等发展中国家产业发展需求。现阶段中国对外投资输出产业已经涉及所有行业,其中以制造业、采矿业、租赁和商务服务业、房地产业、金融业及批发零售业6大行业为主,而建筑业、电力燃气及水的生产和供应业、交通运输仓储和邮政业等行业对外投资仍有较大发展空间(见图2-1),并且近年来制造业、金融业、信息传输、软件和信息服务业涨幅较大,恰好与非洲国家的国内建设形成一定的互补缺口。中国企业积极开展对非洲基础设施建设,近年来在轨道交通、港口、电力等领域实施了一大批重大项目,为非洲互联互通发展发挥重要作用,也推动中国技术、装备、标准和服务加快"走出去"步伐。

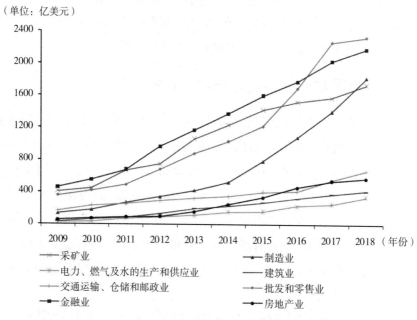

（单位：亿美元）

图 2-1　2009—2018 年中国对外直接投资行业分布情况

资料来源:根据中华人民共和国国家统计局数据绘制。

随着"一带一路"倡议的推进,中国加大了对非洲重点国家的投资力度,非洲国家表示中国的投资是非洲经济发展的增速器。国家主席习近平在会见肯尼亚、几内亚和埃塞俄比亚等非洲国家领导人明确表示要加强合作共赢,推动基础设施建设、矿产开发、农业等领域合作,促进双边贸易发展。中非将迎来"一带一路"产能合作新的历史机遇。

二、中国参与非洲基础设施建设机遇

中国企业在建筑施工、成套设备设计、生产和安装等领域具有相对优势。近年来在"一带一路"沿线国家承接海外工程项目上,主要集中在马来西亚、安哥拉、埃塞俄比亚、肯尼亚、印度、老挝等亚非地区。当前,在非洲基础设施建设领域,中国企业已经成为具有显著优势的主力军。

(一)中国在非洲基础设施建设现状

中非基建合作已突破传统单一承包制的局限,逐步向区域化、一体化的深度合作方式进展。截至 2017 年年底,中国对非洲直接投资存量已达到 432 亿美元,对非洲各类投资已经超过 1000 亿美元,涉及非洲的矿业、制造业、建筑业、金融业、科学研究和技术服务业等诸多领域。中国金融机构在非洲设立了十多家分行。南非等 8 国将人民币纳入外汇储备,中国与赞比亚建立人民币清算安排,与摩洛哥等 4 国签署本币互换协议。

目前,中国的投资已经遍布非洲大陆各个地区,投资覆盖率超过93%,而主要投资又相对集中在赞比亚、尼日利亚、南非、埃塞俄比亚、坦桑尼亚、加纳、肯尼亚、安哥拉、乌干达、埃及等经济基础较好、政治局势平稳的部分国家。随着时间的推移,中国企业对非洲投资行业将着重关注消费导向和服务领域,其投资分布将更加多元与平衡,金融、零售、新兴互联网服务业占比将迅速扩大。

(二)非洲基础设施投资典型国家:肯尼亚和埃塞俄比亚

肯尼亚、埃塞俄比亚和坦桑尼亚等国作为中非产能合作的示范国,在非洲尤其是东非地区具有非常重要的战略地位。肯尼亚是东非地区综合实力最强的国家,地处海陆空交通运输枢纽重要地理位置,近年来该国采取了诸多吸引外资的措施,能源政策和信贷政策的优惠吸引中国电力投资和金融投资的进入。2012 年 7 月,中国路桥为肯尼亚设计、建设了一条全长 480 公里连接首都内罗毕至东非第一大港蒙巴萨的现代化标轨铁路。该铁路于 2017 年 6 月 1 日建成通车,该铁路完全采用中国标准、中国技术、中国装备、中国资金与中国管理,成为东非第一条高标准现代化交通设施。蒙内铁路是中国铁路产业链、中国铁路技术标准全方位走出国门,成功服务于肯尼亚交通基础设施建设的典范。蒙内铁路的开通,终结了东非地区40年没有新增一条铁路的尴尬历史,将为沿线地区进一步发展经济、削减贫苦、解决就业、降低物流成本注入强劲动力。

埃塞俄比亚是众多非洲国家中具有明显区位优势、人口红利和稳定社会环境的典型国家,多年来一直与中国保持友好关系。该国这些资源优势和有利条件使得埃塞俄比亚成为中非产能合作先行先试的示范国家。中国援建的非盟大厦成为亚的斯亚贝巴最显眼的城市建筑,尤其是亚吉铁路的通车标志着埃塞俄比亚第一条环城高速公路,东非第一条现代化轻轨和非洲第一条中国II级电气化标准铁路的建成。该铁路的建成意味着埃塞俄比亚出海通道的打通,将中国装备、中国技术乃至中国标准带入了非洲。

亚吉铁路于2016年10月5日正式建成通车,这是继坦赞铁路之后,中国在非洲修建的又一条跨国铁路,被誉为"新时期的坦赞铁路"。作为亚吉铁路的主要承建商之一中国铁建旗下的中土集团,成功获得亚吉铁路六年运营权,而且成功竞标铁路沿线4个工业园的建设。此次修建电气化铁路的优良契机,对其海外战略转型具有关键意义。随着亚吉铁路的正式投入运营,中土集团将与埃塞俄比亚政府通力合作,通过全方位介入沿线高速公路建设、房地产开发等路径,打造铁路沿线经济带,助力埃塞俄比亚实现"非洲制造业中心"的长远目标。

亚吉铁路是非洲第一条中国标准跨国电气化铁路。这是一条友谊之路、"一带一路"中非合作之路,也是发展之路、繁荣之路。截至2019年3月,亚吉铁路累计开行国际旅客列车403列,发送旅客15.5万人次;累计运送集装箱6.1万个,货物发送量约120万吨。作为埃塞俄比亚经济增长的重要引擎,亚吉铁路为埃塞俄比亚交通现代化发展作出了很大贡献,也对该国经济和社会发展起到了良好的推动作用。

此外,在尼日利亚、赞比亚、莫桑比克、安哥拉、津巴布韦、多哥等国也有重要的基建项目,它们或是"一带一路"建设的重要落脚点,或是"三网一化"的战略支点国家。轨道交通产业作为我国的优势产业,我国高铁"走出去"带动了一批国内轨道交通企业"走出去"。

三、中国对非洲直接投资面临的挑战

国外企业对非洲投资均面临一些重要挑战和风险,非洲各国存在一些阻碍投资的制约因素,这些问题可能来自东道国客观环境或是整个非洲大陆的一些风险,集中体现在:一是政治风险较高,投资者的利益保障的有效性受到挑战;二是中非园区开发理念存在差异,面临社会文化风险;三是非洲各国经济基础非常薄弱,市场体系不健全;四是园区建设面临融资困难、金融支持力度不足;五是中国企业应对东道国社会文化风险的能力和准备不足,许多民营企业对非洲投资存在盲目投资和无序竞争现象;等等。

(一)非洲部分国家政局稳定性、政策连续性欠佳

国际合作经验表明,一个国家吸引外资与该国投资环境和投资政策密切相关。东道国政治风险往往成为跨国公司直接投资和企业"走出去"面临的最大挑战。国际机构评估全球高风险国家中,非洲国家居多,埃及、利比亚、索马里、南苏丹、刚果(金)、中非、安哥拉等国政治风险尤为突出。非洲大陆一些国家除了政局不稳定外,还存在社会安全性和政策连续性差,以及外汇管制、外资限制和劳动用工限制等问题。埃及爆发"1·25"革命,推翻了穆巴拉克政权,埃及政局从此开始陷入动荡不安,中埃泰达苏伊士经贸区的招商等业务处于瘫痪或维持状态,入园企业停工停产,各项业务无法正常推进。同样,埃塞俄比亚的东方工业园曾因工厂部分工人卷入示威活动被捕导致停产损失,影响外商投资活动。另外,政策连续性差的问题也极为突出。在津巴布韦,多年来爆发严重的通货膨胀,引发政局动荡不安,以及实行的本土化政策,对外国投资者来说,该国的投资风险及安全性令人担忧,对津巴布韦开放市场和中津产能合作是极大的阻碍。另外,在美元加息背景下,本就外汇短缺的非洲国家货币贬值严重,一些国家出台新的外汇政策。例如,2016 年 11 月,埃及央行放弃汇率控制,允许自由浮动。埃及汇率新政的出台,使得中国企业的利

润空间变小、持续运营艰难。

（二）大多数非洲国家经济基础非常薄弱

非洲作为新兴的市场，经济发展和消费潜力巨大。然而大部分非洲国家交通不畅，设施陈旧，航空、铁路、港口和码头等基础设施落后，已成为制约经济发展的巨大障碍，大力兴建基础设施是振兴非洲经济的首要任务。虽然目前中国企业已经在非洲国家援建和承建了众多交通基础设施项目，但走向非洲市场的过程并非一帆风顺。借助于"一带一路"中非产能合作的历史机遇，如何让进军非洲基础设施建设的企业更加顺畅地打开非洲市场之门，服务于非洲基础设施建设的发展，无疑是中非双方政府管理部门和建设部门及经营主体共同的责任。

在当前国际大宗商品价格持续低迷的背景下，许多项目成本大幅度提高，对非洲重大基础设施项目的投资均面临重要挑战和考验。如中非经贸合作园区在建设过程中就遇到区外基础设施缺失（道路老化失修、天然气和水电供应不足、通信设施不配套），滞后于区内发展进度与需求的问题。亚吉铁路已举行盛大的通车仪式，却因为埃塞俄比亚电力供应不稳定、供电线路不配套，延迟投入运营。与我国完善配套的具体基础设施不同，非洲"亚吉模式"和蒙内铁路的建设运行还要经受未来各种困难和挑战，铁路运营能否实现预期应有的效应，取决于中埃两国的决策者和建设者能否妥善解决合作中遇到的现实问题。

（三）中国与非洲园区开发理念差异大，面临社会文化诸多风险

许多非洲国家领导人把经济特区和经贸合作区作为非洲学习和借鉴中国成功经验的发展模式，近年来中非合作园区如同雨后春笋般在非洲大陆迅速发展起来。但是，中国与非洲国家在园区开发与建设方面存在重要差异。经济特区和产业园区在我国改革开放初期赋予经济改革和"试验田"的重要意义，其中，各级政府在园区开发建设中扮演了重要角色，如政府主导开发和运营，运营模式大多采用资本大循环模式，通过基础设施开发建设—招商引资—运营—获得企业税收—反哺园区基建及园区运营，以企业税收反哺园区基建，形成资金大循环模式。在中国园区建

设中,政府具有园区的行政管理权,可以充分利用政府力量和资源,协调各部门关系,机构精干、办事高效,对园区项目给予自主的优惠。而在非洲国家的经贸区大都由公司进行市场化运作,且由于非洲国家"小政府、大社会"的特色,不仅基础设施落后,政府治理功能缺失、行政效率低下,而且工会、教会、非政府组织势力强大,在这种背景下,合作区的运营企业往往要在基建方面大量投入,并承载部分政府职能。而实际上,园区运营商在与非洲驻在国政府商谈项目时地位完全不对等,园区管理运行效率难免低下。而非洲政府和民众还存在急功近利思想,急于分享园区发展成果的理念,这与园区运营商筑巢引凤、追求长期回报等开发理念存在明显差异。

(四)园区建设普遍面临融资困难、金融支持力度不足问题

中国在非洲经贸园区的承建单位或多或少都面临着建设资金需求量大、投资周期长的情况,因而融资需求特别迫切。但是,我国商业银行对于国内企业的境外融资,均要求其母公司以其信誉和授信额度为其子公司海外项目提供担保,子公司的海外项目自身资产不具备抵押融资的资格,无法获得相关的贷款支持,导致大部分海外园区在初创阶段面临着持续发展的资金压力。融资困难、资金短缺问题对民营企业尤为突出。江苏永元有限公司全资承建的埃塞俄比亚东方工业园因面临资金短缺的突出问题影响园区的快速发展。而且工业园的入园企业也大多为民营性质的中资企业,他们在投资过程中更是普遍面临着建设资金短缺、融资门槛高、融资诉求更难实现的窘境。为此,如何能够尽快构建起一个灵活、公平、多元的对外投资金融支持促进体系,从根本上解决民营企业融资难、融资成本高的问题是亟待解决的一大难题。

(五)许多企业应对东道国社会文化风险的能力和准备不足

"一带一路"中非产能合作建设大趋势下,我国许多省市和企业将"一带一路"倡议视为重要机遇,纷纷加快"走出去"步伐,而没有慎重考虑是否具备对非洲投资的能力和经验。许多民营企业面对充满机遇和复杂多样的非洲大陆,存在盲目投资和无序竞争现象。企业对投资目的地的市场需求和特点了解不够,对东道国社会文化"功课"准备不够。此外,有些企业虽然走进了非洲,但是面对非洲国别与区域的投资风险、金融风险等准备不足,对当地社会文化风险认知存在偏差,受当地的政策约束、资本短缺和汇率等因素影响,难以应对东道国的各种风险,实现跨国投资的经营目标和投资回报仍然具有较大的困难。

第二节　中国企业对非洲直接投资发展现状、特征及动因分析

从 20 世纪 80 年代初期开始,中国企业对非洲国家开始进行资本投资。截至 20 世纪末,中国对非洲投资的公司仅有十家。但从 2002 年开始,中国对非洲投资的公司数量飞速增长,企业数量开始明显增多。

一、中国企业对非洲直接投资现状分析

如图 2-2 所示,2005—2014 年对非洲投资企业数量规模以稳定的速度增长,而且增长趋势十分明显。2015 年对非洲投资企业数量下降,这可能与 2015 年全球经济复苏疲软和国际大宗商品价格波动有关。虽然受全球经济大环境的影响,但我国对非洲投资整体上升的趋势仍然不可忽视。2016 年中国对非洲投资涉及 52 个非洲国家,在非投资的企业达3200 家,覆盖率为 86.7%,投资企业总数为中国总体境外企业总量的8.8%,主要分布在赞比亚、尼日利亚、埃塞俄比亚、南非、坦桑尼亚、肯尼亚、加纳、安哥拉、乌干达等。

由于中国对非洲投资的时间从 1983 年才开始,历时不长,加上非洲的经济基础薄弱,经济发展时间也较短,所以中国对非洲投资总额所占比重较小,但中国对非洲投资额的增速很快。2003 年中国对非洲投资流量仅为 7481 万美元,但到了 2004 年投资流量已经增长到 31743 万美元,达到了 324.31% 的增长率。截至 2017 年年底,中国对非洲投资流量达410500 万美元,从投资存量上看,从 2003 年年底的 49123 万美元到 2017年年底的 4329650 万美元,中国对非洲投资额(流量及存量)及所占比重如表 2-1 所示。

（单位：家）

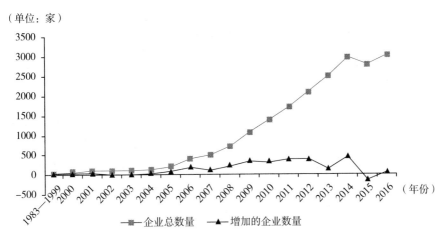

图 2-2　1983—2016 年中国对非洲地区投资企业和机构数量

表 2-1　2003—2017 年中国对非洲投资额及对非洲投资占中国对外投资的比重

年份	对非洲投资存量（万美元）	占中国对外投资存量比重（%）	对非洲投资流量（万美元）	占中国对外投资流量比重（%）
2003	49123	1.48	7481	2.62
2004	89955	2.01	31743	5.77
2005	159525	5.86	39168	3.19
2006	255682	3.41	51986	2.95
2007	446183	3.78	15731	5.94
2008	780383	4.24	549055	9.82
2009	933227	3.80	143887	2.55
2010	1304212	4.11	211199	3.07
2011	1624432	3.82	317314	4.25
2012	2172971	4.08	251666	2.87
2013	2618577	3.96	337064	3.13
2014	3235007	3.67	320192	2.60
2015	3469000	3.22	298000	2.00
2016	3988000	2.90	240000	1.20
2017	4329650	2.39	410500	2.59

资料来源：《中国对外直接投资统计公报》。

二、中国对非洲投资特征事实分析

中国对非洲投资的行业选择范围很广,图2-3是截至2017年年底中国对非洲投资的领域与行业分布。

可以看出中国对非洲地区投资较多的行业依次为建筑业、采矿业、金融业和制造业,近年来中非在"一带一路"产能合作与产能合作加快部署,同时中国的经济开始转型,国内进行供给侧结构性改革,去产能去库存,需求发生变化。所以中国对非洲能源上的投资趋势可能减缓,仍将致力于支持非洲国家基础设施建设和国际产能合作的发展,关注非洲新能源、互联网和电信等其他方面的投资。

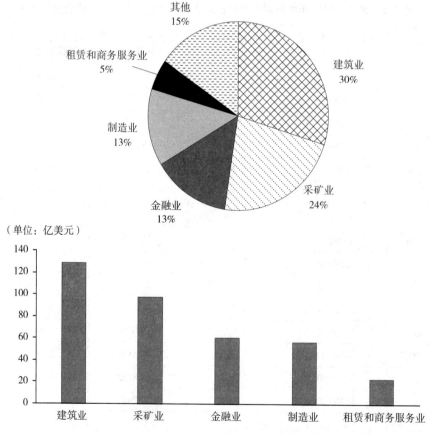

图2-3 中国对非洲投资存量的行业分布图

从时间分布特点来看,中国对非洲直接投资的规模逐渐扩大。中国在非洲的战略布局正呈现出以投资为中心,投资、贸易、工程承包全面发展的特点。截至 2016 年,中国对非洲的直接投资存量已冲破 398 亿美元。非洲国家成为中国海外投资不可或缺的目的地之一,南非是 2016 年年末中国对外直接投资存量前 20 位的国家之一。

据统计,2008 年,中国对非洲直接投资流量一度增长到 54.9 亿美元,全球金融危机过后有所下沉,但从 2010 年起又开始逐步上升,基本稳定在 30 亿美元上下的水平(见图 2-4)。从图中也可以清晰地看到,中国在非洲的直接投资存量呈现持续稳定的增长趋势。由 2007 年的 446183 万美元上升至 2017 年的 4329650 万美元,增加了近 9 倍。从总体规模上看,中国对非洲投资增长很快,上升空间巨大。

（单位：10亿美元）

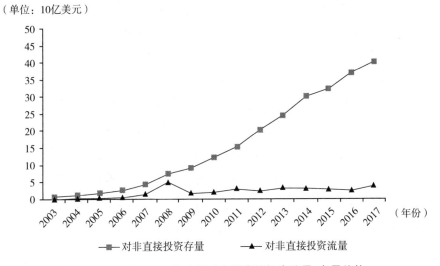

图 2-4　2003—2017 年中国对非洲直接投资流量、存量趋势

从空间的地域流向来看,2017 年,中国有 2.59% 的对外直接投资流向非洲,流量的绝对值达到 41 亿美元。主要流向安哥拉、肯尼亚、刚果(金)、南非、赞比亚、几内亚、刚果(布)、苏丹、埃塞俄比亚、尼日利亚、坦桑尼亚等国家。

截至 2017 年年末,中国境内投资者设立对外直接投资企业 3.92 万家,较 2016 年年末增加 2100 多家,其中非洲占 86.7%。从境外企业的国家(地区)分布情况来看,中国在非洲设立的境外企业超过 3400 家,占 8.7%,投资集中分布在赞比亚、尼日利亚等矿产资源丰富的国家,以及埃塞俄比亚、南非、坦桑尼亚等中非共建产业集聚区和工业园比较集中的国家。

三、存在问题分析

上述对非洲投资的时空特征分析可以发现,中国企业在非洲国家的投资集聚程度有所下降,这主要是因为中非有合作基础的领域更加广泛,越来越多的非洲市场被中国企业所覆盖。随着在非洲各大市场的投资份额的增加,可以预见中国在非洲的直接投资布局将趋于均衡化。在这一趋势之下,也存在着如下问题。

第一,非洲投资风险问题凸显。非洲东道国的政治风险往往成为中国企业直接投资和跨国经营面临的最大挑战。非洲国家属于世界上政治风险高发地区,一些国家如利比亚、索马里、埃及、南苏丹、刚果(金)、安哥拉等国政治风险尤为突出。还有些国家存在一些社会安全和人身安全风险,针对外国企业和投资者的恐怖袭击、绑架和限制人身自由的事件频发,成为影响中资企业直接投资和长期经营的主要因素。

第二,部分行业面临来自西方国家激烈的竞争。欧、美、日等发达国家和地区出于政治、经济和资源动机,近年来日益重视非洲,涉足非洲大陆,通过经济和外交活动扩大在非洲的影响力。尤其是基础设施建设这一重要领域,更是各国必争之处,纷纷加快进入非洲市场的步伐,这就使得中国企业面临更加激烈的国际竞争。

第三,对非洲投资项目选址存在一定的盲目性,经营粗放,投资效益差。很多企业对非洲投资的国别与区位选择并非科学论证和决策,存在一哄而起、盲目跟风现象,对东道国的投资环境缺乏全面的了解和认识。很多民营企业缺乏对投资地和选址的科学决策,项目考察走马观花,决策靠"拍脑袋",轻易选择投资建厂和注资。可能面临市场准入条件趋紧、东道国环境并不适合发展企业所经营行业以及东道国相关法律制度不健全等一系列问题。

第四,对非洲投资方式单一,经营模式简单照搬。很多企业在进入新的投资地时,照搬照抄已有的投资模式,忽视非洲国别差异。一些中国企业面对非洲投资机遇和挑战,功课准备不足,缺乏对于非洲大陆的较为全面的认知和了解。实际上非洲大陆区域与国别差异极大,54 个国家在优势产业、劳动力成本、市场规模等方面存在极大的差异,企业如果忽视这些巨大的国别差异,盲目行事,就容易在投资活动中受阻。

第五,部分企业在非洲的投资经营存在急功近利和目光短视行为,"捞一把"的思想作祟。主要表现为投资行业低端粗放,产业集聚度不高,不注意环境保护等。一些中资企业难以融入当地环境和社区,缺乏长期合作的考虑,缺乏扎根非洲、深入本土的长期打算。在投资经营过程中,部分企业粗放经营、疏于监督,未能很好地承担和履行东道国企业社会责任,一定程度上影响了中国企业在非洲的良好形象。

四、对非洲直接投资动因分析

在中非合作论坛机制的推动下,2016 年开始启动我国在中非合作约堡峰会倡议实施的中非"十大合作计划",再加上"一带一路"中非产能合作的推进,近年来中国企业加快了投资非洲的步伐,中国对非洲国家直接投资正处于上升通道。研究和分析中国企业对非洲投资的战略动因,既有国际经济客观背景,又有其内在动因,与近年来非洲经济的稳定发展、投资环境不断改善、中国企业实力的不断提升,以及"一带一路"倡议和实施带来的重大历史机遇等因素有关,中国企业对非洲投资的战略动因分析,既有一般对外投资动机,也有针对非洲情况的特殊动因。传统的国际投资理论认为外商直接投资的动机主要有 4 种:市场寻求、自然资源寻求、效率寻求、战略资产寻求。结合非洲东道国情况和中国企业"走出去"的特色,本书认为,中国对非洲投资的战略目的和动因综合分析如下。

(一)资源寻求型

随着中国经济的持续快速增长、人民生活水平的迅速提高,必然导致对自然资源的需求不断加大。以石油为例,我国已经成为全球石油消费进口大国,2018年我国超过美国成为全球最大的石油进口国,而我国自身的资源禀赋显然无法满足需求,2/3的石油依靠进口。而非洲不仅拥有石油等能源资源,而且有丰富的矿产资源,资源寻求型直接投资是世界各国投资非洲的重要原因。

非洲是世界上石油资源最丰富的地区之一,现已探明石油储量仅次于中东和拉美地区。如今非洲已探明原油储备达172.49亿吨,占世界已探明储量的10%,天然气储备量达171292.5亿立方米,为总量的7.6%。非洲能源具有储量丰富、开采成本低、产量高的特点。

资源开发合作是"一带一路"中非产能合作的重要领域。中非加强资源合作开发既促进了非洲国家的经济发展,也使中国从与非洲的资源交易中获益,实现了互利共赢。

(二)市场需求驱动型

随着中国经济进入新常态,面临着国内产能过剩和海外市场贸易壁垒的双重压力,积极开展对外直接投资是化解国内产能过剩和规避贸易壁垒的有效措施。一般认为企业"走出去"实施跨国投资,具有较强的市场寻求动机,即对外投资大多倾向于市场规模较大的地区。

近年来,非洲作为世界上不发达国家数量最多的大陆,经济发展持续走强,市场发展潜力巨大。2008年全球金融危机后,非洲经济强劲复苏,且发展速度快于其他大洲。2019年7月非洲自由贸易区的启动建设,意味着世界上最大的自由贸易区的形成,其中蕴藏的巨大市场潜力和发展前景是不言而喻的。非洲现有54个国家、12亿人口,拥有2万亿美元GDP经济规模,且增长潜力很大。随着非洲经济的发展和居民购买力的增加,其巨大的市场潜力必将成为吸引中国投资的重要因素。非洲制造业在整个产业中占比不到5%,而中国制造业强项包括轻工、纺织服装、家电、电子产品、通信等,均可以较好地满足非洲市场的需求;再者,非洲大陆交通基础设施落后,许多国家都有改善该国铁路、公路、港口和航空等交通基础设施的强烈需求。

综上所述,非洲大陆经济发展潜力不可小觑。近年来中国铁路、港口、电网、公路、水电和通信等装备企业纷纷投资非洲,参与"一带一路"

基础设施建设。非洲已经成为中国第三大海外投资市场和第二大海外工程承包市场,共建"一带一路"同非洲联盟《2063年议程》和非洲各国发展战略紧密对接。中国帮助非洲国家实现基础设施互联互通,促进其工业化发展,实现非洲减贫和发展的"非洲梦"。

(三)国际市场竞争型

改革开放四十多年来,中国通过引进国际投资,发展三资企业、"三来一补"①加工贸易,创建经济特区和国际工业园区,实现了中国经济四十多年持续快速增长的奇迹。同时,中国企业早在20年前就进入非洲开拓非洲市场。中国投资者把早期发展"三来一补"、加工贸易和经济特区的中国模式搬到了非洲,在非洲国家投资建厂,开展"三来一补"和加工贸易,充分利用非洲东道国第三国贸易条件和优势,绕开发达国家贸易保护主义壁垒,迅速有效地开拓国际市场,获得在第三方市场销售的机会。

(四)"推拉因素"双驱动型

著名经济学家邓宁提出了国际生产折中理论,指出"推拉因素"双驱才能促使企业开展对外直接投资,即来自跨国企业的"推力"和投资目的国的"拉力",两种力量驱动企业实施对外投资,而实施对外直接投资的企业必须具备所有权、内部化和区位三种优势(形成对外直接投资的"推力"),而东道国的区位优势构成对外直接投资的"吸力"。

就中国企业投资非洲而言,"推拉"双驱动因显著。"推力因素"来自中国企业当前拥有的市场开发优势、技术领先优势和比较竞争优势等。"拉力因素"在于非洲国家拥有的资源禀赋优势、市场需求优势、配额和关税优势等。在"推拉双力"作用下,中国企业加快投资非洲的进程。近年来中国投资既促进了当地资源开发和经济发展,又满足了中国企业的资源需求,实现了双方互利共赢的目标。

第三节　中国企业对非洲直接投资模式分析

传统的对外直接投资的模式,一般分为殖民地模式、美国模式和日本

---

① "三来一补"即来料加工、来料装配、来样加工和补偿贸易的简称。

模式三种。所谓殖民地模式是指近代资本主义国家以坚船利炮等武器打开殖民地的国门，然后在殖民地进行掠夺性的投资。随着第二次世界大战结束，美国模式取代殖民地模式成为新的对外投资模式。美国以跨国公司为载体，利用自身的垄断优势，主要是技术优势，对欧洲和亚洲地区进行投资。这种对外投资模式的实质是美国在全球范围内进行资源配置，从而获取超额利润，最终利润回流母国。美国模式还曾经出现过特殊的带有援助性质的模式，其中以"马歇尔计划"为代表。第二次世界大战后，美国为了平衡美欧之间的贸易逆差，也为了解决美国国内过剩的产能，通过进行对欧洲投资来扶持欧洲经济重建，拉动双方经济的增长。1986—1992年，日本依托贸易顺差积累的外汇储备向亚洲国家放贷，通过回购日本的机械设备促进日本产业转型升级，形成区域产业转移群落。日本模式遵循了日本跨国公司全球价值链的发展逻辑，其实是政府推动下的日本跨国公司参与海外产业投资和区域分工。

进入21世纪以来，中国、印度、巴西和俄罗斯等发展中国家和新兴经济体经济持续走强，逐步走向世界经济舞台的中央，并深刻改变着世界经济格局。有别于发达国家的对外投资方式，一大批后发国家的企业"走出去"，积极参与国际分工，在发展中国家实施直接投资和贸易合作。目前来自发展中国家的对外直接投资已形成全球国际直接投资重要的组成部分。

中国对外投资模式是基于"一带一路"倡议的独具特色的新模式，可以总结为基础设施接入式和合作价值网络式的融合模式，不同于以往由发达国家主导的价值网络，也不同于新兴经济体国家的投资模式，中国模式的对外投资以基础设施建设为入口，且合作条款更包容，符合国际合作双方的共同利益。中国模式通过提供区域公共品，坚持实现共商共建共享，着眼于未来规模性区域市场受益，具有区域专用性，这有别于追求套利的西方跨国公司。中非投资合作的模式和探索具有重要的借鉴价值和示范意义。一是通过开发非洲区域与国别基础设施，联通各国区域边缘，具有极强的包容性特征，有助于帮助后发国家解决贫困问题。二是通过互联互通形成区域性自由贸易区，这一合作的特性是参与者的平等性。中国模式打破了原有的纵向切割，建立了横向的多元合作网络平台，具有分享性与多层次参与性。

一、我国企业对非洲投资合作模式比较

当前,我国对非洲投资合作的模式总体上可分为柔性合作、联合投资、价值链联盟投资等模式,体现出中国特色的对外投资方式。

(一)柔性合作模式

柔性合作模式指与第三国投资商、东道国投资商共同参与项目的投资运营的模式。该模式降低了对控制权的关注,投资合作目标为创新技术、拓展市场和提升品牌价值等,以多方合作的方式与东道国及其他相关国家一同承担利益与风险。通过合资、参股等合作方式,外资企业能够更顺利地融入东道国社会文化。近年来,中国与欧盟、日本等发达国家和地区及印度、巴西等新兴经济体开展国际合作,共同开发第三方市场,尤其在对非洲资源开发、交通基础设施建设和投资合作方面加强合作,创新合作模式,因此柔性合作模式就成为双方优先考虑的投资合作模式。

(二)联合投资模式

联合投资模式指具有资源优势的大企业联合民间资本、中小企业及社会资本等一同开展对外投资的模式。该投资模式能够帮助我国国有企业规避东道国所设的投资障碍,同时对外投资风险也可由多家企业分担。近年来随着中国对非洲投资日益踊跃,中国企业加强与非洲本土企业合作,共同进入非洲市场,顺利开展中非国际合作,探索出有别于西方国家的国际投资合作模式。近年来,中国大型企业参与非洲基础设施建设和产能合作,带动一批中小企业"走出去",形成经营联合体,开展对重大项目的联合投资。

(三)价值链联盟投资模式

价值链联盟投资模式指由龙头企业联合上下游企业,整合装备、标准、产能、管理及技术、资本等资源共同投入海外市场的模式。优势在于能一定程度地降低对外投资风险,增加投资的附加值。就投资领域而言,加快基础设施建设现已成为非洲国家的共识,非洲"三网一化"(即高速铁路网、高速公路网、区域航空网以及工业化)是非洲吸引国际社会投资

的重点领域。近年来中国工程承包企业以非常明显的竞争优势,积极参与和承建非洲基础设施,以价值链联盟投资模式开展非洲能源、交通、跨境水资源等合作,实施产业链一体化投资,成效显著。"中国建造"成为非洲基础设施建设领域一张亮丽的国家名片。

不论以何种投资模式进行对非洲投资,决策都应建立在东道国实际状况的基础上,即要充分调查和了解其国家形势、经济情况、社会文化和发展状况等。资本市场成熟、经济发达的国家一般市场更开放,进入难度较小且融资更为方便,因此我国企业的投资合作方式多为跨国并购。针对发展中国家及地区的投资合作方式多为绿地投资,跨国并购易受东道国地方保护主义的影响,而绿地投资筹建期长、灵活性差且风险较大。因此,投资方式的选择应因地制宜,进行科学决策,在投资前应综合评估东道国的经济、社会、文化、开放政策等,借鉴其他企业的投资经验,以规避投资风险、降低损失。

二、我国企业对非洲投资合作模式及特点

(一)多元化投资合作模式

对外投资企业一般分为独资经营、合资经营和合作经营三种方式,如果便于控制和决策,企业以往多选择独资经营模式开拓国际市场,但独资经营风险较大。近几年,我国企业的对外投资经历了从独资到多方投资、从绿地投资到跨国并购的探索历程,最终探索出多种投资模式并存的多元投资模式。

近年来中国企业通过在欧美国家实施兼并和收购的方式,实现快速进入发达国家市场和跨国经营目标。但是,针对非洲经济水平低、基础设施落后的情况,中国企业在非洲投资兴业,要进入东道国家市场,融入当地社会文化,中国企业宜采取绿地投资方式为主,兼顾与当地经营者进行合资和合作方式,以及"投资+外贸服务""投资+合作+工程承包"等,形成多元化投资合作模式。

(二)产业间合作模式

随着"一带一路"倡议的深入推进,非洲国家的农业、能源矿产资源

都较为丰富,中非开展能源矿产资源的合作,探索产业间合作模式,即发挥双方的优势,通过资源产业开发合作,以实现互利共赢。为此,中国企业发挥技术优势,运用好贸易、投资、援助及技术引进等模式,推进我国农业、制造业、开采业等投资非洲,中国技术融入东道国的农业资源、能源矿产资源开发等,鼓励以收购、参股、合资等多种方式进行合作,构建生产、加工、收购、物流、仓储及贸易的一体化产业链条。在能源资源领域方面,中国企业应充分发挥其管理、人才及技术等领先优势,推进合资合作、股权合作及就地加工装货和绿地投资模式等合作模式,以资金、技术及设备等多元模式入股,与东道国开展长期合作。

中非产业合作方面,中国企业实施技术本土化经营战略,在高科技产业和装备制造业开展合作,参与东道国基础设施互联互通建设和产能合作投资,推动中国装备及高科技产业"走出去",也带动了中国技术和中国标准"走出去",实现生产、研发及渠道的全球运作及布局,为中国企业拓展新的发展空间。在合作方式上,对非洲东道国家来说,中国企业可设立技术、研发中心,以推动我国产业技术本土化发展。另外,中国企业依据东道国的语种资源及劳动力资源,建立科技园区和人才资源开发中心,以及技术推广基地及示范基地等,培养本土化人才,以共同提升双方科技创新能力。

(三)对外工程承包模式及创新

随着我国企业国际化经营战略和创新发展战略决策的深入推进,加上我国制造业装备综合水平的提升,我国更多的装备制造企业"走出去"开展跨国经营,尤其是中国铁路、公路、水电、风电和电网等装备企业的国际竞争优势明显,国际工程承包业务不断增长。在对外工程承包合作方面,要结合东道国的国情和实际,基于传统的合作模式,积极探索新型承包模式,如实行建设—经营—转让的 BOT 模式、建设—移交的 BT 模式、转让—经营—转让的 TOT 模式、"工程总承包+融资"的"EPC+F"模式[①]、

[①]　"EPC+F"模式:EPC 是设计、采购、施工工程总承包,F 为融资投资,此模式是应业主及市场需求而派生出的一种新型项目管理模式,即工程承包方为业主解决部分项目融资款,或者协助业主获取中国甚至国际融资以启动项目。

公私合营模式(PPP)①等,探索"全产业链承包"模式、"中国建造+中国标准"模式、"装备+标准+服务"模式,以及中非工程承包联合体模式等。利用新型承包模式的运营、建设、融资及投资的集合体,有效推动由设计规划、建设管理至运营的整个生产链条,承包工程项目整个生命周期,为合作国提供一个整体而全面的解决方案,推动双方合作的顺利开展和互利共赢。

中国企业在基建领域具有的强大建造能力、融资优势、新型承包模式以及丰富的经验,为中非基础设施建设合作提供了更加广阔的空间。"中国建造"带动了中国装备、中国标准和管理走进非洲,助力非洲经济繁荣发展,提升非洲联合自强发展能力。近年来中国对非洲工程承包占据了非洲市场的最大份额,非洲国家普遍认为中国对非洲基础设施投资是促进非洲经济的内生动力。实践证明,"中国建造"已经成为中非产能合作的"压舱石"和重要引擎。

(四)境外经贸合作区的建设

中非产业园区和经贸合作示范区是中非经贸与投资合作的新模式和新探索,当前,中非产业园区已经步入规模化发展的快车道。我国设立的中非经贸合作区已达一百多个,几乎遍布所有与中国建交的非洲国家,成效显著。可见,作为中国和非洲国家投资合作的重要平台——"企业主体、政府主导及市场化经营"的经贸(境外)合作区模式,利用合作、合资的方式,已经形成了特色化、差异化和产业链式的各类工业园。建立了针对性的工业园区、自由贸易区、开发区、技术示范区、自由港及科技园等经贸合作区等。中非经贸关系进入新时期,中非产业园区发展也迈向提质增效和高质量发展新台阶。为此需要对中非合作双方资源进行有效整合,对经贸合作区运营管理水平和效益进行提挡升级。通过高质量建设境外贸易合作区,真正降低我国企业对外投资风险及成本,且使其形成海外产业优势及集聚效应。对非洲东道国来说,高质量中非产业园区能够

---

① 公私合营模式(Public-Private Partnership,PPP)是指政府及其公共部门与企业之间结成伙伴关系,并以合同形式明确彼此的权利与义务,共同承担公共服务或公共基础设施建设与营运。

增加其税收及就业,扩大出口创汇,加速东道国的国内产业升级及工业化进程。

三、我国企业对非洲投资合作典型模式分析

(一)安哥拉模式

"安哥拉模式"是中国与非洲国家能源援助与开发合作相结合的一种投资模式,就是非洲国家以油气等自然资源作为抵押品向中方获取优惠贷款,日后可以通过出口油气等资源还款的一种模式。这种援助模式最早从 2003 年中国进出口银行向安哥拉提供石油担保贷款开始,因此被称为"安哥拉模式"。

安哥拉是非洲石油资源最为丰富的国家,在与中国签订石油贷款协议前一年,安哥拉反政府武装"争取安哥拉彻底独立全国联盟"领导人若纳斯·萨文比(Jonas Savimbi)战死,这次事件标志着安哥拉内战的结束。此后,安哥拉先是寻求以国际货币基金组织为代表的发达国家的资金援助,但国际货币基金组织开出了减少政府开支、提高进口税、将海关管理权移交西方公司监管、国企私有化等一系列附加条件。安哥拉政府不接受这种条件,而后安哥拉政府转向了中国的官方发展援助,中方提供的第一笔优惠贷款利率为伦敦同业拆借利率上浮 1.5%,还款期长达十七年。中国对安哥拉进行石油资源调整和合作开发,通过这种合作开发方式,中国获得国内经济发展所需要的石油资源,安哥拉获得了经济复苏急需的资金贷款。

中国和安哥拉资源合作开发模式在该国实现战后经济复苏和重建中发挥了重要作用,中国对非洲资源和基础设施建设的开发式援助,具有金融"造血功能",有助于提升东道国的经济自主发展能力。中国对安哥拉石油援助开发使得该国经济获得发展的动力,安哥拉在获取贷款后将资金投入了医院、学校和交通设施的建设中,一跃成为非洲增长最为迅速的国家之一,该模式也因此成为中国与非洲其他国家合作的典范。

安哥拉模式在非洲尤其是资源富集国家具有一定的代表性,尼日利亚、苏丹等国家也相继借鉴安哥拉模式。中国先后设立了中非发展基金、

中非产能合作基金等合作平台,助力对非洲政策性融资。从此,中国对非洲贷款额度显著增长。

当然,安哥拉模式的成功使得西方对中国在非洲影响力的快速扩张产生警惕,批评中国从非洲掠取资源的说法不绝于耳。与西方国家要求东道国私有化、税款改进等附加贷款条件的援助不同,中国的援助合作务实、讲求实效,中国的政策性贷款不附带条件,贷款也更容易获批,在提供经济合作所需资金方面比西方更具有优势。

安哥拉模式是以金融助力贸易投资为主的援助模式,被日本国际经济学家小岛清称为"顺向对外直接投资"。他认为,来自中国等发展中国家的投资,不同于欧美"飞地式投资"①,而是通过对东道国投资带动东道国贸易和经济发展。在能源资源基础设施建设过程中,中国的援助不仅参与发展基础设施"硬件"建设,而且还提供技术援助、员工培训,"授人以渔",注重"软件"建设相结合。这种开发式援助确保了外援在非洲国家落到实处,增强了外援拉动经济增长的能力,贸易的发展有效拉动了非洲国家的经济,同时也满足了中国对于自然资源的需求,实现了互惠共赢。因此,中非合作也是对现有世界多边发展援助体系的有益补充。

安哥拉模式是中国和发展中的非洲国家共同探索出来的合作模式,从一开始就具有能源安全和发展援助双重性质,也必然会随着非洲经济的发展而转型升级。随着中非经贸合作关系进入新时代,安哥拉模式也面临转型升级和创新的挑战,需要进行更多的创新和突破。

(二)中赞(赞比亚)经贸合作区模式

中赞经贸合作区是中国在非洲设立的第一个境外经贸合作区,属于资源开发合作的产业园区模式。该合作区于 2007 年设立,由我国大型国有企业——中国有色矿业集团投资经营,地点位于赞比亚重要的矿山,即谦比希铜矿,在谦比希铜矿的基础上着手建立中国有色工业园。2006 年更名后的中赞经贸合作区已经升级为国家级境外产业园区。

---

① 欧美"飞地式投资":指欧美外资企业采取了独资经营方式,嵌入当地市场,此投资方式易于加剧当地市场竞争,不利于发挥东道国的比较优势。

中赞经贸合作区经过近五年的发展,深化合作关系,不断扩大规模,形成了"一园两区"("一园"指中赞境外合作园,"两区"指谦比希园区和卢萨卡园区)的格局。2008年中赞两国政府签署了《赞比亚中国经济贸易合作区投资促进和保护协议》(IPPA),根据协议,赞比亚政府将为投资者提供长期投资保护、税收和工作许可等优惠政策,并对开发区建设提供资金支持。这是中国首个境外经贸合作区投资促进与保护协议,给入区企业提供了一系列特殊优惠政策,将积极推动园区建设,促进当地经济发展。2009年在原来园区基础上,中赞经贸合作区开始启动建设卢萨卡园区,赞方表示积极支持合作区的开发建设,进一步深化双边经贸合作。至此中赞经贸合作区形成了"一园两区"的结构特色。该园区依托卢萨卡国际机场,面向赞比亚与南部非洲市场,重点发展商贸服务业、现代农业、加工制造业、房地产业、配套服务业,其发展目标是建成具有自由贸易区功能的现代空港产业园区。

自2008年以来,谦比希园区的建设取得了显著进展,投资额和就业人数逐年增长。截至2018年年底,两个园区累计投入基础设施建设资金超过1.9亿美元,已有63家企业入驻,吸引投资近14亿美元,实际完成投资超过16亿美元。涉及矿业、建筑、物流、农业、制酒、制药等行业,区内企业销售收入超过140亿美元,为当地提供8500个就业岗位,成为该国和非洲大陆发展最好的境外经贸合作区之一。

在非洲资源型国家建设经贸合作区,没有现成的经验可以借鉴,而中赞经贸合作区模式是一种中非资源开发合作的新模式。总结该经贸合作区成功的原因,有以下几个方面:作为南部非洲的重要战略支点国家,赞比亚国内的政治经济环境稳定,奉行不结盟和睦邻友好的对外政策,与非洲邻国和其他多国保持友好关系。在经济环境方面,赞比亚法制较健全,环境保护和劳工保护方面已颁布多部法律。从区位优势来看,该国处在南部非洲的重要位置,具有一定的市场潜力和贸易合作优势,该国有进入较大的周边市场辐射潜力。赞比亚是世界贸易组织创始成员,也是东南非共同市场(COMESA)和南部非洲发展共同体(SADC)的成员。

它的发展优势还在于,两国政府均制定了对合作区的保障与激励政策,能够提供全方位"一站式"服务。该区最大的优势是能为入区企业提供一个具有保障的服务平台,打破外界非经营性壁垒,帮助企业迅速开拓市场。仅在2014年卢萨卡园区就通过多样化的活动策划,在国内外举办10余场大型招商活动,有效地丰富了招商资源。

该经贸合作区自2007年成立至今,经过10多年发展,无论是在基础设施建设,还是在招商引资、业务咨询与代理等方面,都取得了明显的成效,是中国运营得最为成功的境外经贸合作区之一。

当然中赞经贸合作区也面临困难与挑战,例如合作区外部基础设施条件差,资金短缺,赞比亚国内法律与政策的变动及安全问题等。另外,还要面对来自西方国家的质疑。

基于此,中国和赞比亚政府应加强沟通,利用双边高层协调、落实园区支持政策,推动优惠政策和配套基础设施到位。加强资金支持,争取中非产能合作基金和国际机构资金的支持,以及加强园区人力资源开发培训,推动中非经贸合作园区的可持续发展。

从中赞经贸合作发展来看,已经积累较成熟的园区管理经验,形成了在东道国资源开发和产能合作的竞争优势,未来要借助于中非共建"一带一路"产能合作机遇,促进合作区迈向高质量发展新阶段。充分发挥赞比亚国家区位优势和贸易优惠条件,积极参与南部非洲发展共同体自由贸易条约和东南部非洲共同市场自由贸易区的实施过程,可为园区企业提供将近3.8亿人口的潜在市场。可以说,中赞经贸合作区模式探索出了"一带一路"中非资源开发合作与产能合作的有效模式,其有益经验和做法值得借鉴。

(三)中埃"泰达模式"

埃及处于欧亚非三大洲交会地,是"一带一路"交会地重要支点国家,中埃·泰达苏伊士经贸合作区建立在中埃多年传统友好关系基础之上,是中国在埃及唯一的国家级境外经贸合作区。早在2008年,中非合作论坛就提出中国要在非洲建立第一批6个经贸合作区,苏伊士经贸合作区就是其中一个,受到两国高层领导人的共同关注。该经贸合作区由天津泰达公司承建和运营,经过近10年的开发建设取得了显著成绩,已成为"一带一路"中埃产能合作的重要平台。

经济特区和开发区模式是中国改革开放过程中形成的独特发展模式,具有改革"试验田"和示范区的意义。中国的经济特区和开发区一般都是由政府主导或国有企业为主建设运营的,这种开发区方式是否适合埃及等非洲国家,能否在非洲取得成功?是摆在中国企业面前的一大难题。天津泰达公司具有建设天津开发区的成功实践,在园区规划、开发建设、招商引资、经营项目开发、融资服务和配套等方面拥有丰富的经验。但在合作区启动建设初期,面对埃及和非洲国家与中国完全不同的投资营运环境和管理理念,该公司就及时意识到转变观念的必要性。该公司认为必须以引领改革开放风气之先的勇气,进行不断探索和尝试,以走出不一样的路径和模式,最终一套完整的海外经贸合作区建设与管理体系——"泰达海外模式"逐步成型。

所谓"泰达海外模式",是以政策为首,产业和金融为两翼,文化建设为尾的飞雁式模型。所谓"政策为首",即政策为龙头,要用足政策,做好顶层设计。在政策方面,中埃苏伊士经贸合作区正是依托中国"一带一路"倡议和埃及苏伊士运河走廊开发计划这两项重要的国家政策,得到快速发展。在"两翼"中,产业强调龙头企业的带动作用,以及在产业之间形成联动,形成产业链。在金融方面则强调以多种形式引进资金和投资,进行多渠道金融支持,实现合作区的做强做大。"一尾"指的是合作区文化适应力建设,加强跨文化沟通,与东道国实现文化融合,从而架起民心相通的"桥梁"。

经过近十年的艰苦创业和不断探索,泰达苏伊士经贸合作区建设取得了重要成就。目前中埃苏伊士经贸合作区一期项目的开发已全部完成,截至 2018 年年底,吸引了 77 家企业入驻,涉及新型建材、石油装备、机械制造等产业领域,吸引协议投资 10 亿美元,销售额超 10 亿美元,直接解决就业 3500 人,并带动相关产业就业约 3 万人。泰达工业园建设很好地抓住"一带一路"中非产能合作的机遇,把国内开发区建设经验、管理理念带到埃及,将自身产能优势和埃及禀赋资源优势相结合、园区开发建设和产城融合相结合,助力埃及城市化和工业化发展,形成了独具特色的中国境外产业园区模式。

　　总结中国对非洲投资和园区合作的经验,从发展历程看,自 2000 年中非合作论坛机制启动以来,到 2018 年中非合作论坛北京峰会倡议实施的中非"八大合作计划",以及"一带一路"中非产能合作的推进,境外产业园区作为中非投资合作先试先行和创新示范的新模式和新探索,取得了明显成效,中非园区合作还将在未来中非经贸关系发展中发挥更大作用。现阶段中国企业对非洲园区合作已步入提质增效和转型升级新阶段。针对新时代深化中非经贸关系面临的新问题、新挑战,中国企业应把握未来非洲经济社会发展以及投资环境发展趋势,深刻总结对非洲投资与园区合作的经验与教训,提高中非产业园区的经济效益和市场竞争力,探索和创新中非投资合作发展的新路径,实现中非经贸合作可持续发展。

第三章　中国企业对非洲直接投资实证研究

对外直接投资区位选择和空间优化是企业对外投资的重大决策之一,关系企业对外投资的质量与效益。而随着中国对非洲投资的覆盖范围不断扩大,中国对非洲投资的效率问题也越来越受关注。加成率反映了企业的盈利水平和竞争力,对外投资加成率则反映了中国企业实施对外投资后的企业盈利水平变动情况。在进行中国对非洲投资效率评价的实证研究后,对外直接投资与贸易的相互影响也是我们进行对非洲直接投资活动的重要考量因素。因此本章对中国企业对非洲投资的区位选择、投资效率、投资加成率和投资贸易效应等做了实证研究。

第一节　区位聚集与空间效应分析

自2000年中非合作论坛成立以来,中非经贸与投资快速发展,尤其近年来中非提升全面战略合作伙伴关系以来,中国在非洲的直接投资覆盖绝大部分国家,且呈现出投资规模化、产业化和多样化态势。中国在非洲的直接投资已在规模与区位选择上形成了一定的特征与格局。通过中国对非洲直接投资的时空演化特征分析,发现其中存在的问题,提出对策建议,对于优化投资布局与结构、提高对非洲投资效率和质量很有必要。

一、研究基础

近年来,空间计量模型凭借自身无可比拟的优势在很多领域得到了广泛的运用,成为空间经济研究的首选。目前,相关研究集中于区域经济、经济增长与环境污染相关性、碳排放等几个方面。

在空间效应评价方面,蔡小伟(Cai Xiaowei,2012)根据1997年至2009年中国各地区的能源消耗数据,采用ArcGIS 9.3和GeoDA 9.5作为技术支持,对能源消耗区域碳排放空间格局变化趋势进行空间自相关分析。吴玉鸣等(2012)利用2008年的截面数据,研究发现省域环境污染受到人均收入、人口规模、城市化水平升级、产业结构、人力资本等多方面的影响。程叶青(2013)等人也应用空间自回归模型,研究证明了中国各省的碳排放空间集聚效应不断加强。丽娜·蒙(Lina Meng,2017)立足于现有文献,使用空间Durbin模型,对中国城市的经济增长和二氧化碳排放关系进行了更为严格的分析。

在区域经济研究方面,洪国志(2010)等人就指出在研究中国区域经济的空间收敛问题上,空间计量分析与一般的回归模型相比具有结果更显著可信的优势。曾晖(2012)也指出在分析住宅小区均价的影响因素时,SLM模型的解释能力要优于特征价格模型。胡宗义等(2013)基于8年的面板数据,建立SLM、SEM和SDM三种空间计量模型,验证了在缩小城乡收入差距的促进作用上,农村非正规金融较正规金融更具影响力。谢兰云(2013)基于我国各省的面板数据,先后用空间滞后模型和空间误差模型回归,发现各省份R&D投入不仅有利于本省经济增长,还对邻省的经济发展存在着影响。刘佳(2013)等人在用Moran's I指数识别中国旅游业的经济增长存在明显的正向空间相关关系后,用SAR和SEM模型证明,其发展在空间上也呈现不平衡的特点。

考虑到一些国家地理和空间分布的特殊性,运用空间计量所研究的国家之多也是少见的。王建岳(Wang Chian-Yue,2017)使用新开发的空间面板模型估计了新经济地理学(NEG)工资方程的参数。结果表明日本各县的工资率变动可以被市场潜力解释。佩林·阿克苏·阿贡(Pelin Akc,Agün,2016)利用一套综合的空间计量经济学模型和两个空间权重矩阵,研究发现1991—2009年土耳其各省之间收入趋同的条件。恩科奇(Nkechi S.Owoo,2015)使用"加纳人口与健康调查(1988—2008年)"数据,并采用各种空间和实证估计技术,结果表明,邻里儿童死亡率冲击也是加纳妇女生育率的决定因素。马西米利亚诺·阿戈维诺(Massimiliano Agovino,2015)考虑到空间效应情况下,意大利在残疾事业上的社会支出和其他社会措施。

在空间回归模型的选择与优化中,朱塞佩·阿比亚(Giuseppe Arbia,2011)专门研究可修改的领域单位问题(MAUP)对线性空间计量经济学模型的影响,特别是对SARAR(1,1)模型的影响。黄秋兰(2013)曾比较分析过四种空间回归模型即SLM、SEM、SDM和GWR,再总结影响因子问题上的模拟效果,得出第四种模型比前三种模型更合适的结论。

综上所述,空间经济学方法应用领域十分广泛,国内外关于对外直接投资区位选择研究较为丰富,但中国对非洲直接投资区位选择与优化的研究较为薄弱,尤其将空间计量方法运用在该领域的更是少之又少,亟须进一步拓展。因此,在借鉴已有研究成果的基础上,结合中国对非洲直接投资的实践,本章将针对中国对非洲直接投资区位的分布特点,从空间计量经济学方法视角研究中国企业对非洲直接投资空间集聚与区位选择,为中国企业投资非洲提供参考和借鉴。

二、对非洲直接投资区位分布分析

以下将针对中国对非洲直接投资展开区位分布和空间相关性分析。

(一)数据来源与研究方法

1. 数据来源

2005—2014年共计10年非洲52个国家的直接投资数据,直接投资流量取算术平均值,使区位分布分析结果更加有代表性和真实性。中国对非洲国家的直接投资流量数据来源于中国商务部《中国对外直接投资统计公报》。

2. 区位分布的研究方法

(1)全局空间自相关分析

全局空间自相关分析是从地理空间整体的视角,利用Moran's I指数和Geary's C指数这两种分析方法来描绘在地理空间范围内研究对象的集聚或者是分散的程度。Moran's I 指数分为全局 Moran's I 指数和局部 Moran's I 指数。Moran's I 指数的整体取值范围为 $[-1,1]$。全局 Moran's I 指数公式如下:

$$I = \frac{n \sum_{i}^{n} \sum_{j \neq 1}^{n} W_{ij} (x_i - \bar{x})(x_j - \bar{x})}{\sum_{i}^{n} \sum_{j \neq 1}^{n} W_{ij} \sum_{i}^{n} (x_i - \bar{x})} \qquad (3.1)$$

在显著性水平给定的情况下,若 Moran's I 指数的数值>0,则研究对象在空间范围内存在正相关关系;若 Moran's I 指数的数值<0,则研究对象在空间范围内存在负相关关系;若 Moran's I 指数的数值=0,则研究对象在空间范围内不存在任何相关关系。

(2)局部空间自相关分析

LISA(Local Indicators of Spatial Association),即局部空间自相关性指数,分为局部 Moran's I 和 Geary's C 指数。局部 Moran's I 指数可以分析并观测出空间聚集的具体局域分布情况,不同区域中每个区域的 Moran's I 指数的数值代表这个区域和相邻的区域空间相关性关系,即相关程度的高低。局域 Moran's I 指数取值分为四种状态:高高集聚状态(HH)、低低集聚状态(LL)、高低集聚状态(HL)和低高集聚状态(LH)。局部 Moran's I 指数公式如下:

$$I = \left[\frac{x_i - \bar{x}}{\sum_{j \neq 1}^{n} \dfrac{x_j^2}{(n-1) - \bar{x}^2}} \right] W_{ij}(x_j - \bar{x}) \qquad (3.2)$$

局部空间自相关情况还可以通过 Moran's I 散点图来呈现,以四个象限表示直接投资的不同空间依赖模式,该图可以展现出各个区域和周边区域的相关性关系。第一象限表示直接投资值高的区域周围都是直接投资值高的区域(高高集聚状态);第二象限表示直接投资值低的区域周围都是直接投资值高的区域(低高集聚状态);第三象限表示直接投资值低的区域周围都是直接投资值低的区域(低低集聚状态);第四象限表示直接投资值高的区域周围都是直接投资值低的区域(高低集聚状态)。同时,第一象限和第二象限内的区域之间呈现正空间相关关系;第二象限和第四象限之间存在负空间相关关系。

（二）中国对非洲直接投资空间分布统计分析

1. 中国对非洲直接投资空间四分位分布图

根据 2005—2015 年度中国对非洲直接投资流量测算 52 个国家的直接投资均值，并依据直接投资均值大小将非洲 52 个国家分为 4 个等级，非洲投资区域的投资量由大到小依次分类如表 3-1 所示。

表 3-1　各类国家占非洲总投资比重

类型	该类国家对外直接投资值占非洲总投资比重（%）	国　家	数量
第一类较高投资量国家	87.8	塞舌尔、毛里求斯、赤道几内亚、津巴布韦、赞比亚、加蓬、卢旺达、科特迪瓦、博茨瓦纳、安哥拉、苏丹、阿尔及利亚、吉布提、纳米比亚	14
第二类高投资量国家	9.2	利比里亚、几内亚、刚果（布）、毛里塔尼亚、尼日尔、莫桑比克、喀麦隆、加纳、马里、塞拉利昂、刚果（金）、肯尼亚、坦桑尼亚、尼日利亚	14
第三类较低投资量国家	2.6	多哥、马达加斯加、利比亚、埃塞俄比亚、南非、埃及、塞内加尔、乍得、贝宁、南苏丹、马拉维、乌干达、佛得角	13
第四类低投资量国家	0.4	圣多美和普林西比、厄立特里亚、莱索托、摩洛哥、赤道几内亚、斯威士兰、冈比亚、中非、索马里、西撒哈拉	10

进一步分析可以看出，中国对非洲直接投资的分布大致呈现出从南到北递减趋势。第三类较低投资量和第四类低投资量国家主要分布于非洲北部，第一类较高投资量国家在非洲南北两端各有分布。如安哥拉、赞比亚等均集中于非洲南部，阿尔及利亚和苏丹等均集中于北非。第二类高投资量国家多集中于非洲中部及西非，如坦桑尼亚、尼日利亚等。

2. 中国对非洲直接投资整体与局部自相关分析

通过 GeoDa 软件计算出我国对非洲 52 个国家直接投资的 Moran's I 系数为 0.032，说明存在较低的空间自相关性。表 3-2 和图 3-1 分别是中国对非洲区域直接投资的空间集聚分析和 Moran's I 散点图。

表 3-2　中国对非洲区域直接投资的空间集聚分析

类型	Moran's I 系数	主要分布	相关分析
弱的空间集聚效应	—	非洲北部:阿尔及利亚、突尼斯、摩洛哥等;非洲南部:赞比亚、安哥拉、纳米比亚、坦桑尼亚、乌干达和刚果(金)等	大多数非洲国家属此类型,局部空间自相关性很低,难以形成溢出效应
低低集聚国家	0.1—0.2	主要分布于北非和东非地区	以苏丹为例,与南苏丹、埃及、利比亚、乍得和埃塞俄比亚等投资量较少的北非邻国间存在弱空间溢出效应
低高集聚国家	<0	主要分布于南非地区和马达加斯加岛国	以南非为例,与周围纳米比亚、博茨瓦纳、津巴布韦等投资量较大的国家不存在显著的空间自相关性
高高集聚类国家	>0.2	—	对这类国家的投资没有形成显著的集聚效应,国家间空间溢出效应微弱,相互影响小
高低集聚类国家	<0		

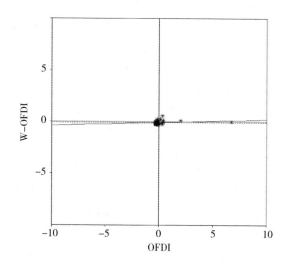

图 3-1　中国对非洲区域直接投资的 Moran's I 散点图

综上可以看出,中国对非洲东道国中投资量多的国家主要分布在非洲南部,对非洲西部和中部的国家的投资量相对减少,而对非洲北部国家投资量最少,投资呈现由南到北递减的趋势。同时,中国对非洲直接投资存在较低的空间自相关性,大多数非洲东道国自相关性也较低且分布广泛,空间溢出效应不明显,空间集聚效应并没有形成。

三、中国对非洲投资空间集聚效应分析

基于以上对于中国直接投资非洲的空间分布分析得出的结论,接下来将应用空间计量经济学方法对中国对非洲直接投资的时空演化特征及时空效应进行分析。首先,通过构建空间权重矩阵验证空间效应的存在与研究的必要性;其次,通过检验选择拟合效果最佳的固定效应下的空间杜宾模型(SDM);最后,通过直接效应与间接效应的分析得出空间效应的传导机制。据此提出对策建议,以利于对非洲投资的布局与结构优化。

(一)模型构建与数据来源

1. 空间效应

传统的线性回归模型也称为 OLS 模型,在不考虑空间异质性与空间相关性的情况下,通常可以用函数形式表示为:

$$y_i = \beta_0 + \sum_{j=1}^{n} X_{ij} \beta_j + \gamma_i \tag{3.3}$$

式中,y_i 表示样本中 i 单位的因变量;x_{ij} 表示 i 单位的解释变量;β_j 是需要估计的参数;y_i 是随机误差项。而在实际中,空间依赖性与排斥性往往是存在的,这是空间效应的两个特征,也是空间计量能够区别于传统计量的根本。空间依赖性是指不同地区的观测值相互联系,用模型表示为:

$$y_i = f(y_i), i = 1, 2, \cdots, n, i \neq j \tag{3.4}$$

这可以表现为以下几种效应:①内生交互效应,即两个地区的因变量相互影响,例如在两个互为相邻司法管辖区的在公共服务上的税收与支出;②外生交互效应,即一个地区的因变量不仅受到本地区自变量的影响,还受到另一个地区自变量的影响,这种效应实际上也是很常见的,例如一个地区的经济情况往往跟相邻地区的人力、资本、技术、土地等因素

有着密切的关联;③误差交互效应,也就是两个观测单位之间的误差项相互影响。空间异质性是指由地理分布导致的不同单位之间的差异性,用模型表示为:

$$y_i = f_i(x_{ij}\beta_j + \gamma_i) \qquad (3.5)$$

2. 空间截面数据模型和空间面板数据模型

关于横截面空间计量模型的分类,可以很直观地用下面的结构图进行展示(见图3-2)。其中,δ 表示空间自回归系数,W 表示空间权重矩阵,l_N 表示 $N\times1$ 阶单位向量,β 和 θ 都是 $K\times1$ 阶需要估计的参数向量,λ 是空间自相关系数。在以往的研究中,用到比较多的模型为空间滞后模型(SAR 或者 SLM)、空间误差模型(SEM)和空间杜宾模型(SDM)。

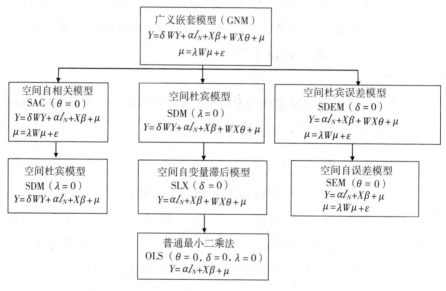

图3-2 横截面数据的不同空间模型之间的关系

与横截面数据相比,空间面板数据模型可以充分考虑到空间和时间的变化特征,从而能够增加更多的有效信息,增加的样本容量有利于研究个体差异,缓解多重共线性。具体公式可表示为:

$$Y_t = \rho WY_t + \alpha l_N + X_t\beta + WX_t\theta + \mu + \varepsilon_t l_N = \mu_t \qquad (3.6)$$

$$\mu_t = \lambda W_{ut} + \varepsilon_t \qquad (3.7)$$

其中,增加的 $\mu = (\mu_1, \cdots, \mu_n)^T$,$\mu$ 和 ε_t 分别表示对空间和时间效应的判定。

3. 空间计量的分析步骤

空间计量遵循由具体到一般,再由一般到具体的方法。第一步,先根据非空间线性回归的检验结果判断是否需要考虑空间交互作用。如果模型需要进行扩展,则进行第二步,即根据一些指标判断需要选择何种空间计量模型。

(1)检验空间相关性的存在

在判断有无空间相关性之前,一般需要先选择好模型的空间权重 W。空间权重在空间计量中起到十分关键的作用,它不仅会影响空间相关程度的判断,还会关系到后面模型的拟合效果,这是因为 W 所包含的空间因素是将空间效应引入计量模型的桥梁。用 W 来描述不同单元位置关系,矩阵样式如下:

$$W = \begin{bmatrix} W_{11} & W_{12} & \cdots & W_{1n} \\ W_{21} & W_{22} & \cdots & W_{2n} \\ \cdots & \cdots & \cdots & \cdots \\ W_{n1} & W_{n2} & \cdots & W_{nn} \end{bmatrix} \qquad (3.8)$$

其中 W_{ij} 表示单位 i 与单位 j 之间的临近关系。空间权重的构造有很多种类,总的来说可以分为两大类,一类是二进制(0-1)矩阵,形式如下:

$$W_{ij} = \begin{cases} 1, i \text{ 和 } j \text{ 相邻} \\ 0, \text{其他} \end{cases} \qquad (3.9)$$

对于上式中 i 和 j 相邻的定义,也没有一个标准说法。有学者认为两个空间单位相邻且二者有相同的边界,称为 Rock 临近;有学者认为两者除了有共同的边界之外还需要有共同的顶点,成为 Queen 相邻;还有学者认为只要两个区域相距小于一个自定义值,即为相邻。另一类是基于经济社会空间距离的权重矩阵,即:

$$W_{ij} = \begin{cases} \dfrac{1}{d^2}, i \neq j \\ 0, i = j \end{cases} \qquad (3.10)$$

$$W_{ij} = a^2 + b^2 = c^2$$

其中,d 表示两地之间的距离。值得一提的是,不同标准计算的两地之间距离是有差异的。在地理距离的基础上,有根据两地经纬度计算的,有根据两地某个指标最突出的城市如首都计算的,也有根据地理中心位置计算的。而如果选择经济距离,那指标的选择也有很多种,例如 GDP、人均 GDP、贸易流动等。通常情况下,由于权重矩阵的选定是外生的,为了缓解这种外在影响,在选择权重矩阵时,要先对其做标准化处理。

进入到空间相关性的查验阶段,迄今主要的途径主要有 Moran's I 和 LM 检验。Moran's I 分为全局和局部。全局 Moran's I 计算公式如下:

$$I = \frac{\sum_1^n \sum_1^n W_{ij}(Y_i - \bar{y})(Y_j - \bar{y})}{S^2 \sum_1^n \sum_1^n W_{ij}} \tag{3.11}$$

式中,$S^2 = \frac{1}{n} \sum_{n=1}^n (Y_i - \bar{y})^2$,$\bar{y} = \frac{1}{n} \sum_{n=1}^n$,$Y_i$ 表示观测值,n 表示样本总量,W_{ij} 表示空间权重矩阵。Moran 指数统计量标准化可以表示为:

$$Z = \frac{I - E(I)}{\sqrt{VAR(I)}} \tag{3.12}$$

其中,$E(I) = -\frac{1}{n-1}$,$VAR(I) = \frac{n^2 W_1 + n W_2 + 3 W_{o^2}}{W_{o^2}(n^2 - 1)} - E^2(I)$,

$W_o = \sum_{i=1}^n \sum_{j=1}^n (W_i + W_j)^2$,$W_1 = \frac{1}{2} \sum_{i=1}^n \sum_{j=1}^n (W_{ij} + W_{ij})^2$,$W_i$ 和 W_j 分别表示权重矩阵中 i 行和 j 列之和。Moran's I 取值在 -1 到 1 之间,负数表示空间负相关关系,越接近 -1,关系越强;正数表示空间正相关关系,越接近 1,关系越强;0 表示没有空间相关性。局部 Moran's I 计算公式如下:

$$I_i = \frac{X_i - \bar{x}}{S^2} \sum_j W_{ij}(X_j - \bar{x}) \tag{3.13}$$

以(w_z,z)为坐标的 Moran 散点图,每个象限都具有不同的统计意义,因而可以表征局部的空间特点。不同象限代表的意义可以通过表 3-3 直观看到。

表 3-3 Moran 散点图的四个象限代表的意义

第二象限(LH) 低值地区被高值地区包围	第一象限(HH) 高值地区被高值地区包围
第三象限(LL) 低值地区被低值地区包围	第四象限(HL) 高值地区被低值地区包围

LM 检验的判别规则有两种情况:一是 LMLAG 的显著水平高于 LMERR,并且 R-LMLAG 通过了显著性检验而 R-LMERR 没有,则采用空间滞后模型(SLM);反之,采用空间误差模型(SEM)。

(2)空间计量模型的比较

即使 LM 检验显示存在空间效应,可以使用 SLM 模型或者 SEM 模型,仍然不能排除空间杜宾模型(SDM)优于前两种模型的可能,仍需要通过 Wald 检验和 LR 检验做进一步的判断。而即使在三个检验的结果不一样的情况下,因为 SDM 能够将 SLM 模型和 SEM 模型包括其中,通常也建议使用 SDM 模型。一般情况下,三者的判定规则可以通过表 3-4 直观地看到。其中,假设一和假设二均满足自由度为 K 的卡方分布。

表 3-4 SDM、SLM、SEM 的判定规则

模型选择	假设一	假设二	LM 检验结果	
			SLM	SEM
SDM	拒绝	拒绝	—	—
SLM	拒绝	接受	接受	拒绝
SEM	接受	拒绝	拒绝	接受

(3)固定效应和随机效应的判定

采用 Hausman 检验时,如果结果通过显著性检验就使用固定效应;反之,如果结果不通过显著性检验,就使用随机效应。

（二）变量选择与数据来源

正如前面所述,一国的对外直接投资往往会考虑东道国的多方因素,因而在选择解释变量时会面临两个问题。一是如果变量选择过多,会造成冗余进而导致多重共线性问题;二是如果变量选择过少,有可能会遗漏影响因素,导致模型模拟结果不佳。

为解决上述问题,基于杜群阳(2015)的研究,本书选择 GDP、人均GDP、人口总数、发电量做自变量,中国对非洲的直接投资存量做因变量。为了数据的平滑性,将各数据进行取对数处理,底数为 10。各变量的数据来源、预期符号如表3-5 所示。考虑到数据的可得性与完整性,本书所选样本容量为33,分别是安哥拉、贝宁、博茨瓦纳、科特迪瓦、喀麦隆、刚果(布)、吉布提、阿尔及利亚、尼日利亚、埃及、埃塞俄比亚、加蓬、加纳、几内亚、肯尼亚、摩洛哥、马达加斯加、马里、莫桑比克、毛里塔尼亚、毛里求斯、马拉维、纳米比亚、尼日尔、卢旺达、塞内加尔、塞舌尔、多哥、突尼斯、乌干达、南非、刚果(金)、赞比亚;时间跨度为 10 年,即 2005—2014 年。

表3-5　变量数据来源、预期符号

变量	变量名	释　义	来　　源	预期符号
自变量	$\log(GDP)$	国内生产总值	联合国数据库	+
	$\log(PGDP)$	人均国内生产总值	联合国数据库	+
	$\log(POP)$	人口总量	历年非洲统计年鉴	+
	$\log(ELE)$	发电总量	世界银行发展指标数据库	+
因变量	$\log(OFDI)$	对外直接投资存量	历年中国对外直接投资公报	−

（三）空间计量实证过程与结果分析

1. 空间相关性检验

空间权重的构建在空间计量模型中起着至关重要的作用,因为许多空间关系的强弱与距离的选择密切相关。有研究证明,权重并非一定跟距离的倒数成正比例关系。为提高计量的准确程度,本书采用上述地理

距离 $\frac{1}{d^2}$ 作为权重,数据来源于法国 CEPII 数据库。2005—2014 年我国对非洲直接投资存量的 Moran's I 指数及其正态统计量的 Z 值如表 3-6 所示。

表 3-6　2005—2014 年我国对非洲直接投资存量的
Moran's I 指数及其正态统计量 Z 值

年份	2005	2006	2007	2008	2009
Moran's I	−0.2599	−0.2956	−0.2757	−0.2618	−0.2709
Z 值	−1.6634	−2.0200	−1.8100	−1.7390	−1.7643
p 值	0.050	0.018	0.037	0.038	0.043
年份	2010	2011	2012	2013	2014
Moran's I	−0.2695	−0.2545	−0.2233	−0.1377	−0.1336
Z 值	−1.7404	−1.6856	−1.4238	−0.8318	−0.7815
p 值	0.049	0.047	0.077	0.206	0.228

由表 3-6 可以看出,十年的中国对非洲直接投资存量 80% 都通过了显著性检验,且 Moran's I 指数均为负,这说明我国对非洲直接投资的存量在空间分布上存在着很强的负相关性,地理位置临近的非洲国家之间在吸引外商直接投资上是相互作用的。2013 年跟 2014 年的 Moran's I 指数未通过检验可能是由于随着中国经济新常态的到来以及"一带一路"倡议的实施,中国的对非洲直接投资政策逐渐转变,但是从 Moran's I 指数的计算结果来看,仍不能排除空间联系。

再以 2006 年和 2007 年直接投资存量的 Moran's I 指数散点图为例,图中横轴为当年中国对非洲直接投资的存量,纵轴为存量的滞后项(见图 3-3),可以看出绝大多数非洲国家都处于第二或第四象限,这说明空间负相关性很显著,如果忽略空间效应,采用一般的计量模型必然会带来模拟结果的偏差。

2. 空间计量模型选择

当采用一个空间面板数据模型且对其结果进行检验以确定 SLM 或

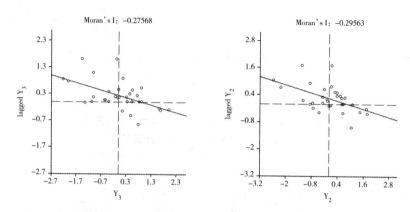

图 3-3 对非洲直接投资存量的 Moran's I 指数散点图（2006 年左,2007 年右）

SEM 哪个更合适时,表 3-7 报告了由 Matlab 统计软件计算的这些估计结果。运用 LM 检验,我们发现,无论是否包括空间固定效应(SF)和(或)时间固定效应(TF),我们都不能拒绝没有空间自相关误差项和没有空间滞后被解释变量的原假设。经典的 OLS 模型的R^2远不及空间固定效应模型下的拟合优度,OLS 模型的 logL 也没有模型(2)和模型(4)的大。

表 3-7 用没有空间交互效应的面板数据模型进行估计的结果

	联合 OLS（1）	空间固定效应（2）	时间固定效应（3）	空间和时间固定效应（4）
$\log(gdp)$	−119.39*** (−3.90)	52.96 (0.23)	−104.25*** (−4.24)	−517.90*** (−2.381)
$\log(pgdp)$	120.46*** (3.94)	−51.51 (−0.22)	104.86*** (4.26)	518.49*** (2.38)
$\log(pop)$	120.43*** (3.94)	−42.66 (−0.18)	104.93*** (4.26)	518.98*** (2.39)
$\log(ele)$	−0.23*** (−2.58)	−0.09 (−0.48)	−0.03 (−0.37)	−0.03*** (−0.18)
截距	−5.92*** (−5.89)	—	—	—
σ^2	0.39	0.06	0.25	0.05
R^2	0.34	0.76	0.34	0.04
logL	−299.93	−3.34	−230.65	35.49

	联合 OLS（1）	空间固定效应（2）	时间固定效应（3）	空间和时间固定效应（4）
LM 空间滞后	60. 08 ***	21. 67 ***	12. 45 ***	0. 23
LM 空间误差	63. 09 ***	0. 02	2. 45 *	0. 58
稳健 LM 空间滞后	1. 16	61. 52 ***	36. 26 ***	5. 56 **
稳健 LM 空间误差	4. 17 **	39. 87 ***	26. 27 ***	5. 90 **

注：*** 、** 、* 分别表示在 1%、5%、10% 的水平下显著；括号内为 t 值。

显然，控制空间固定效应（SF）和时间固定效应（TF）是一个很重要的问题。为了研究 SF 的联合非显著性的原假设，应该进行 LR 检验。检验的结果（估计值 532. 2660，自由度为 32，$p = 0$）说明必须拒绝原假设。同样，也拒绝了时间固定效应的联合非显著性的原假设（估计值为 77. 6587，自由度为 10，$p = 0$）。这些验证证实，可以把模型深化为具有空间固定和时间固定的双向固定效应模型。

Wald 检验（估计值为 16. 4630，$p = 0.0025$）和 LR 检验（估计值为 14. 9968，$p = 0.0047$）说明必须拒绝 SDM 能简化为 SLM 的原假设。类似的，必须拒绝 SDM 能转化为 SEM 的原假设（因为 Wald 检验的估计值为 15. 5101，$p = 0.0038$；LR 检验的估计值为 14. 5686，$p = 0.0057$）。这说明必须拒绝使用空间误差模型和空间滞后模型而采用空间杜宾模型。

同时，Hausman 检验结果（估计值为 22. 8912，自由度为 9，$p = 0.0064$）表明必须拒绝随机效应模型。表 3-8 给出了用空间杜宾模型计算出的相关模型结果。

表 3-8　用具有空间和时间固定效应的空间杜宾模型进行估计的结果

	空间固定效应	时间固定效应	空间和时间固定效应
$\log(GDP)$	−408. 05 * （−1. 81）	−71. 14 *** （−2. 89）	−672. 84 *** −3. 05
$\log(PGDP)$	408. 70 * （1. 81）	71. 91 *** （2. 91）	673. 35 *** 3. 05

	空间固定效应	时间固定效应	空间和时间固定效应
$\log(POP)$	407.75* (1.80)	71.83*** (2.91)	672.49*** 3.05
$\log(ELE)$	−0.10 (−0.60)	−0.07 (−0.91)	0.08 0.45
$W \times \log(GDP)$	−325.08 (−0.32)	−104.52 (−0.84)	−3382.63*** −2.68
$W \times \log(PGDP)$	325.65 (0.32)	103.45 (0.83)	3382.45*** 2.68
$W \times \log(POP)$	335.87 (0.33)	103.17 (0.83)	3384.71*** 2.69
$W \times \log(ELE)$	0.23 (0.95)	0.49*** (3.41)	0.39* 1.65
$W \times dep.var$	0.04 (0.46)	−0.18** (−2.29)	−0.14* −1.77
R^2	0.92	0.64	0.92
$\log L$	32.28	−204.53	43.12

注:***、**、*分别表示在1%、5%、10%的水平下显著;括号内为 t 值。

3. 空间杜宾模型(SDM)实证结果分析

从表3-8的结果中,可以看出以下几点。

(1)人均GDP、人口、发电量都对被解释变量有正向影响

即投资东道国的人均GDP越高、人口越多、发电量供给越充足,越有利于其吸引中国企业进入投资。这说明我国企业在对非洲国家进行直接投资时更偏好于市场规模大且基础设施良好的东道国,以便规避投资风险。

(2)解释变量 $\log(GDP)$ 的符号与预期符号相反

一方面,非洲经济基础较弱,市场有待开发,但潜力较大,因而前期各国政府都会鼓励大量的援助性投资,既帮助东道国改善投资环境,同时为后期的市场开发铺平道路。从长远来看,更早地进入这些国家的市场未必不好,第一进入者优势可能会让中国企业在当中获利颇多。另一方面,

一些投资行业尤其是采矿业等资源类投资项目对于东道国的资源状况有要求。而许多自然资源丰富的非洲国家,其通过 GDP 指标反映的经济状况并不十分可观。这就会使得一段时间内经济基础较好的东道国吸引的外资量很可能反而少于经济水平较低的国家。

(3)空间滞后变量 W×log(ELE)在 10% 的水平下显著

尽管解释变量 log(ELE)未通过显著性检验,但是其空间滞后变量 W×log(ELE)在 10% 的水平下显著,因而并不影响发电量这一因素对于被解释变量的解释作用。四个变量的空间滞后变量都显著,说明中国对非洲的直接投资确实有市场寻求动机,基础设施建设能够吸引外资。

4. 对外直接投资直接效应与间接效应实证分析

在传统的计量模型中,通常会根据自变量的系数大小来分析其对因变量的影响大小。然而,在空间计量模型中,这种比较是没有意义的,空间杜宾模型的参数估计不可以代表解释变量的变化对于中国对非洲直接投资的边际效应。观测 R^2、变量的显著性等指标,可以看出带有空间滞后因变量的空间和时间固定效应模型下的拟合效果最好。该模型下,具体各自变量对于因变量的作用,我们可以在表 3-9 中的直接效应和间接效应看到。

表 3-9 空间和时间固定效应偏误纠正下杜宾模型估计的直接和间接效应

	直接效应	间接效应	总效应
log(GDP)	−567.81 *** (−2.59)	−3067.11 *** (−2.66)	−3634.93 *** (−3.09)
log($PGDP$)	568.32 *** (2.59)	3066.88 *** (2.66)	3635.20 *** (3.09)
log(POP)	567.38 *** (2.59)	3069.05 *** (2.66)	3636.42 *** (3.10)
log(ELE)	0.06 (0.35)	0.35 * (1.67)	0.41 (1.50)

注:***、**、* 分别表示在 1%、5%、10% 的水平下显著;括号内为 t 值。

(1)直接效应分析

通常把自变量对一国对外直接投资的影响传递到邻近国,再把邻近国的影响传回本身的过程叫作反馈效应。这一效应导致了自变量的直接效应与其系数估计的差异。例如,由于 GDP 变量的直接效应是-567.81,其系数的估计值是-672.84,所以其反馈效应的值为 105.03 或者为其直接效应的-18.5%。如果使用没有考虑空间和时间特定效应的传统模型进行估计,那么对于解释变量的弹性估计是有偏差的。以解释变量 log(GDP)、log(PGDP)为例,在具有双向固定效应的空间杜宾模型中,GDP 变量的直接效应为-567.81,人均 GDP 变量的直接效应为 568.32。这表示在非空间模型中 GDP 的弹性 -517.90 被高估了 8.79%,人均 GDP 的弹性 518.49 被低估了 8.78%。

(2)间接效应(溢出效应)分析

间接效应也是通常所说的溢出效应,通过上表可以看出以下几点。

①GDP、人均 GDP、人口总数、发电量的间接效应均显著

这表明,各国吸引外资的行为并不是孤立的,相邻的国家之间确实是存在空间溢出效应的。中国对非洲某国直接投资额的大小不仅取决于该国的市场、基础设施等条件,也会考虑到该国周边国家的这些因素的情况。

②GDP 的间接效应为负

这表明,随着投资商风险规避意识的增强,投资会逐渐向综合经济实力较强的国家迁移,因而邻国较高的 GDP 水平会削弱该国的外资吸引力。

③人均 GDP 和人口总量的间接效应为正且十分显著

这表明,邻近国家的人均国民生产总值越高、人口总量越大,就越会帮助东道国吸纳外来投资。这是因为人均 GDP 往往直接影响到一个国家的居民收入和生活水平,人口总量关系到市场规模,因而邻国人均 GDP 和人口总量巨大,反映出很强的消费能力以及市场潜力,也会使得投资商在周边国家聚集,寻求商机。

④发电量的间接效应为正

这表明,邻国基础设施越完善,越能吸引中国投资商进驻该东道国投资,这主要还是由于公共设施往往能实现区域间共同建设共同享用。事实上,非洲国家之间也一直在积极开展基础设施建设的合作,努力实现基础设施建设的互联互通。以发电设施为例,非洲互联跨国电网已发展成熟。

四、研究结果与政策启示

（一）结果总结

首先，通过对 2005—2014 年中国投资非洲 52 国的空间分布及集聚效应分析，应用空间四分位图对非洲投资区域进行归类分析，结果表明中国对非洲投资空间分布不均衡，且由南向北递减。应用 Moran's I 系数、Moran's I 散点图和局部 LISA 集聚地图对投资空间自相关进行分析，结果显示大多数非洲国家存在弱的空间集聚效应，这些国家空间自相关性较低且分布广泛。

其次，运用空间计量方法进行中国对非洲直接投资的空间效应实证分析。实证结果表明，中国在非洲的直接投资具有明显的空间效应，地理位置临近的非洲国家在外资吸引上互相影响，中国对非洲东道国投资存在空间依赖性和较低的空间溢出效应。空间计量模型较传统的回归模型具有很明显的优势，其中，空间杜宾模型（SDM）对于研究问题的拟合效果更好。作为投资东道国的非洲国家之间，在吸引中国的直接投资上是相互联系的，能通过传递机制影响周边国家对外资的吸引力度，也能反馈回来进一步影响自身对外直接投资的大小。

（二）政策启示

根据我国与非洲重点国家的贸易特征和空间格局分析，综合考虑各国资源、经济和政治因素，推进"一带一路"中非产能合作，实现中非共商共建共同发展。

首先，中国有必要优化贸易结构，优化投资布局，促进中国与非洲整体与区域投资与贸易的便利化，加强非洲大陆基础设施互联互通建设的推进。

其次，非洲实现区域一体化和工业化目标，应加强区域合作，实现互联互通，注重更深层次参与非洲基础设施建设。还需要跨越非洲国别间的社会文化、制度差异和利益樊篱，加强与邻近国家的合作。中国企业在建立中非产业园区、产业集群、基础设施走廊方面加强合作，发挥市场主体作用，促进跨国跨区域基础设施的共建共享。

最后,中国企业积极承担企业社会责任,树立良好的企业形象。要有长远的眼光和规划,避免急功近利、贪图短期利益。企业应积极承担社会责任,为企业员工创造更多实际有效的福利,注意保护当地环境,提升企业本土化适应能力,更好地融入当地社会。同时,企业应该建立起比较完善的投资风险预测、规避和应对系统,及时把握各方面的信息,对风险进行评估,科学决策,作出正确的区位选择,有效规避各种投资风险。

第二节　对非洲直接投资效率评价

随着中国对非洲投资覆盖范围的不断扩大,投资规模和强度的不断增加,中国对非洲投资的成效问题也越发受到关注。为此,本节基于非洲投资环境的实际与风险,就中国对非洲直接投资效率评价进行较为全面系统的研究,以通过实证研究和数据分析,进一步剖析投资成效及影响因素,通过相对客观的研究结论为中国对非洲投资的战略调整提供借鉴与参考。

一、研究方法

对非洲直接投资已经成为近年来国内外学者研究的热门问题。研究相关文献可知,早期学者关于非洲投资的现状与风险评估的研究较多。近年来有些学者关注非洲投资的效率评价问题,但研究成果并不多,更多的是关于非洲投资的影响因素及相关分析,学者多采用了实证分析方法对非洲投资的效率进行定量评价。本书对投资效率研究进一步梳理,发现投资效率模型多数基于数据包络分析法模型。妮科尔·阿德尔、叶卡捷琳娜·雅哲姆斯基和鲁藏那(Nicole Adle、Ekaterina Yazhemsky 和 Ruzanana,2010)通过对环境、经济、社会发展等方面要素建立衡量标准,采用 DEA 方法研究发展中国家外资投资的效率值。金波(2011)较好地运用了 DEA 方法对我国直接投资的非洲东道国经济效益进行评估,提出对策建议。汪文卿和赵忠秀(2014)基于 1991—2011 年的面板数据建立索洛增长模型,探究中国在撒哈拉以南非洲投资与经济增长的相关关系,研究结果表明:中国对非洲投资明显推动了非洲各东道国经济的发展,影响程度相较于其他国家对非洲投资更为显著,此外中国直接投资还产生了明显的技术溢出效应。

借鉴上述研究成果,在改进的标准DEA方法基础上运用超效率DEA方法,以2008—2015年作为考察期,针对中国对非洲48个东道国投资效率进行实证研究,并对评价结果进行时空差异分析、聚类分析和收敛分析,依据地区性差异分类研究。从宏观整体层面和微观区域层面进行细致分析,揭示对非洲直接投资效率水平及分布,研判投资效率的发展阶段。基于研究结论并提出了调整投资规模、优化投资区位选择、采取有效投资风险防控策略的相关建议。

二、中国对非洲直接投资的效率评价分析

以下主要使用超效率DEA方法对中国对非洲直接投资的效率进行实证分析与评价。

(一)模型构建与数据来源

1. 数据包络分析方法模型及模型选取

数据包络分析方法主要通过非参数的数学规划方法,对多投入多产出的多个决策单元(DMU)的效率进行评价。此方法的基本思路是:在评价每个DMU时,利用剩余的其他DMU构成评价群体,构建非参数的生产前沿面,对模型进行求解,确定生产可能集,再依据需要评价的每个评价单元与生产前沿面的距离值,来测定评价单元的有效性。DEA方法可以运用线性规划来判断决策单元间的相对有效性,这种非参数评价方法较之其他评价法的优势在于,不需要计算投入与产出的函数关系,即可以避免预先估计参数、假设权重这些带有较为主观性操作的步骤。以客观数据处理分析得到的评价结果大大减少了主观因素的影响,降低了误差。

在研究中,主要采用了DEA方法模型中的两个基本模型BCC和CRR,其中BCC模型的设立基础是规模收益可变(VRS),所以通过BCC模型求解的效率值是技术效率,可以排除规模的影响,为纯技术效率(PTE)。而与BCC不同的CCR模型建立的基础是规模收益不变(CRS),所以通过CRR模型求解的效率值是综合技术效率(TE)。因此基于这两

个基本模型,规模效率为 SE＝TE/PTE。此外根据效率测算方式的不同,研究选用了投入导向型模型,即在保证产出的条件下,从投入的角度对被评价的 DMU 决策单元进行效率测量,得到要达到技术有效各项投入应该调整的程度。由于标准 DEA 方法模型分析结果中通常会出现多个 DMU 同时为相对有效,所以研究采用了安德森和彼得森(Andersen 和 Petersen,1993)提出的超效率 DEA 方法模型,其不同之处在于在评估某个 DMU 时,将其排除在整个 DMU 的集合之外,即将被评价的 DMU 从参考集合中剔除。通过这样的处理,有效的评价单元的超效率值可以超过1,便于进一步区分有效的评价单元。本书运用了 MaxDEA 6.6 Pro 版软件进行 DEA 方法模型的求解。

2. 标准 DEA 方法模型

(1)投入导向的 CCR 模型

投入导向的 CCR 模型在规模收益不变(CRS)的设立基础上,求解出的效率值为综合技术效率(TE),具体的线性规划表示如下:

$$
\text{s.t.}
\begin{cases}
min\theta \\
\sum_{j=1}^{n} \lambda_j y_{rj} - s_{t^-} = \theta x_{ij0} \\
\sum_{j=1}^{n} \lambda_j y_{rj} - s_{r^+} = y_{rj0} \\
\lambda_j \geq 0, j = 1,2\cdots,n \\
s_{i^-} > 0, s_{r^+} > 0
\end{cases}
\quad (3.14)
$$

DEA 方法模型的评价指标体系由投入指标和产出指标组成,其中定义 x_{ij} 为第 j 个 DMU 的第 i 种投入指标的投入量,y_{rj} 为第 j 个 DMU 的第 r 种产出指标的产出量;s_{i^-} 和 s_{r^+} 为松弛变量,λ_j 是相对 DMU 集合构造的组合比例,即权向量;以第 j_0 个决策单元的效率值为目标 θ 是决策单元的有效值,即投入产出的相对效率值。由此模型得出的 θ 具有以下经济学含义:

①当 $\theta = 1$,且 $s_{i^-} = s_{r^+} = 0$ 时,称决策单元的 DEA 有效,此 DMU 同时达到规模有效和技术有效。

②当 $\theta = 1$,且 $s_{i^-} \neq 0$ 或 $s_{r^+} = 0$ 时,称决策单元的 DEA 为弱有效,可以通过减少冗余量保持产出不变,达到 DEA 有效。

③当 $\theta < 1$ 时,称决策单元的 DEA 为无效,可通过投影在相对有效生产函数的前沿面,由此找出最优状态下的输入输出状况进行改进。

（2）投入导向的 BCC 模型

投入导向的 BCC 模型在规模收益可变（VRS）的设立基础上,不考虑规模对其的影响,求解出的效率值为纯技术效率（PTE）,具体的线性规划表示如下：

$$
s.t.\begin{cases}
min\theta \\
\sum_{j=1}^{n} \lambda_j y_{rj} - s_t \leq \theta x_{ij0} \\
\sum_{j=1}^{n} \lambda_j y_{rj} - s_r \leq y_{rj0} \\
\lambda_j \geq 0, j = 1,2\cdots,n \\
s_i > 0, s_r > 0
\end{cases}
\tag{3.15}
$$

对于投入导向的 BCC 模型,其指标定义与 CCR 模型相同,对于每个 DMU 来说,θ 为效率评价指数。此模型可能出现以下三种情况：

①当 $\sum_{j}^{1} \lambda_j = 1$ 时,说明 DMU 属于规模收益不变；

②当 $\sum_{j}^{1} \lambda_j < 1$ 时,说明 DMU 属于规模收益递增；

③当 $\sum_{j}^{1} \lambda_j > 1$ 时,说明 DMU 属于规模收益递减。

BCC 模型比 CCR 模型多一个约束条件,故可以通过其投影值得到要实现技术有效在输入或输出方面必须完成的目标,再制定相应的调整决策。

（3）超效率 DEA 方法模型

超效率 DEA 方法模型可以很好地比较 DEA 有效的决策单元,其具体的线性规划如下：

$$
s.t.\begin{cases}
min\theta \\
\sum_{j=1,j\neq j_o}^{n} \lambda_j x_{ij} + s_i = y_0 \\
\sum_{j=1}^{n} \lambda_j x_{rj} - s_r = y_0 \\
\lambda_j \geq 0, j = 1,2\cdots,n \\
s_i > 0, s_r > 0
\end{cases}
\tag{3.16}
$$

从超效率 DEA 方法模型与标准 DEA 方法模型的线性规划可看出，对于 DEA 无效的决策单元来说，标准 DEA 方法模型和超效率 DEA 方法模型的求解结果一致；而对于 DEA 有效的决策单元来说，其效率值大于 1，也利于有效 DMU 进行横向或纵向比较。

（二）评价对象、指标选择与数据来源

1. 评价对象及依据

通过查阅《2015 年度中国对外直接投资统计公报》可知，从 2008 年至 2015 年年底中国对非洲持续投资的国家累计有 48 个，如表 3-10 所示。

表 3-10　2008—2015 年中国对非洲持续投资的 48 个东道国

国　家		国　家		国　家	
英文名称	中文名称	英文名称	中文名称	英文名称	中文名称
Algeria	阿尔及利亚	Eritrea	厄立特里亚	Namibia	纳米比亚
Angola	安哥拉	Ethiopia	埃塞俄比亚	Nigeria	尼日利亚
Benin	贝　宁	Gabon	加　蓬	Rwanda	卢旺达
Botswana	博茨瓦纳	Gambia	冈比亚	Senegal	塞内加尔
Burundi	布隆迪	Ghana	加　纳	Seychelles	塞舌尔
Cameroon	喀麦隆	Kenya	肯尼亚	Sierra Leone	塞拉利昂
Cape Verde	佛得角	Lesotho	莱索托	South Africa	南　非
Central Africa	中　非	Liberia	利比里亚	Sudan	苏　丹
Chad	乍　得	Libya	利比亚	Tanzania	坦桑尼亚
Comorin	科摩罗	Madagascar	马达加斯加	Niger	尼日尔
Congo	刚果（布）	Malawi	马拉维	Guinea	几内亚
Congo(Dem.)	刚果（金）	Mali	马　里	Togo	多　哥
Cote d'ivoire	科特迪瓦	Mauritania	毛里塔尼亚	Tunisia	突尼斯
Djibouti	吉布提	Mauritius	毛里求斯	Uganda	乌干达
Egypt	埃　及	Morocco	摩洛哥	Zambia	赞比亚
Equatorial Guinea	赤道几内亚	Mozambique	莫桑比克	Zimbabwe	津巴布韦

根据联合国贸易和发展会议数据库及 2015 年度中国对外直接投资统计公报和相关资料可知，中国对布隆迪、莱索托、科摩罗及冈比亚这四

个国家的投资存量最少,2015 年对这四个国家的投资存量不足 1400 万美元,占比不足 0.05%;而塞舌尔、佛得角这两个国家的经济活动人口不足 30 万人,考虑到国家人口太少或者投资存量太低会影响投资效率评价结果,导致整体非洲投资效率结果产生偏差,所以在此将这六个国家剔除,选取剩余的 42 个非洲国家作为此次数据包络分析法效率评价的评价对象。这 42 个东道国基本涵盖了中国对非洲投资的绝大部分国家,评价的结果也具有一定代表性。其中中国对非洲各个国家直接投资的存量、比重等基本情况如表 3-11 所示。

表 3-11　截至 2015 年中国对非洲 48 个东道国直接投资存量

排名	东道国	对外直接投资存量（万美元）	存量占比（%）	排名	东道国	对外直接投资存量（万美元）	存量占比（%）
1	南非	472297	13.65	25	利比里亚	28899	0.84
2	刚果（金）	323935	9.37	26	马拉维	25815	0.75
3	阿尔及利亚	253155	7.32	27	加蓬	24442	0.71
4	尼日利亚	237676	6.87	28	赤道几内亚	23163	0.67
5	赞比亚	233802	6.76	29	喀麦隆	20734	0.60
6	苏丹	180936	5.23	30	塞拉利昂	19630	0.57
7	津巴布韦	179892	5.20	31	塞舌尔	16011	0.46
8	加纳	127449	3.68	32	摩洛哥	15629	0.45
9	安哥拉	126829	3.67	33	多哥	12882	0.37
10	坦桑尼亚	113887	3.29	34	科特迪瓦	12678	0.37
11	埃塞俄比亚	113013	3.27	35	塞内加尔	12602	0.36
12	肯尼亚	109904	3.18	36	卢旺达	12357	0.36
13	毛里求斯	109658	3.17	37	厄立特里亚	11941	0.35
14	刚果（布）	108867	3.15	38	毛里塔尼亚	10583	0.31
15	莫桑比克	72452	2.09	39	利比亚	10577	0.31
16	乌干达	72215	2.09	40	贝宁	8731	0.25
17	埃及	66315	1.92	41	吉布提	6046	0.17
18	尼日尔	56544	1.63	42	中非	4622	0.13
19	乍得	42272	1.22	43	突尼斯	2084	0.06
20	几内亚	38272	1.11	44	佛得角	1518	0.04

续表

排名	东道国	对外直接投资存量（万美元）	存量占比（%）	排名	东道国	对外直接投资存量（万美元）	存量占比（%）
21	纳米比亚	38044	1.10	45	布隆迪	1237	0.04
22	马达加斯加	34770	1.01	46	莱索托	1115	0.03
23	博茨瓦纳	32108	0.93	47	科摩罗	453	0.01
24	马 里	30733	0.89	48	冈比亚	124	0.003

资料来源：中国商务部《2015 年度中国对外直接投资统计公报》。

2. 评价指标与数据来源

DEA 方法模型中投入指标和产出指标的确定是模型建立的第一步。为了更加科学合理地区分各国投资效率有效程度，模型设定 DMU 的个数应该不少于投入、产出指标数量乘积的两倍。研究的模型指标选取主要基于柯布—道格拉斯生产函数，$Y = A(t) L^\alpha K^\beta \mu$，即产出是基于资本和劳动力的投入的函数。所以研究选取 3 个投入指标和 5 个产出指标来构建函数，分别用 X_1—X_3 和 Y_1—Y_5 表示。而评价的时间序列我们选取 2008—2015 年共 8 年的时间数据。具体指标选取及数据来源如表 3-12 所示。

表 3-12 投入指标与产出指标

指标类型	符号	指标名称	单位	数据来源
投入指标	X_1	中国对东道国直接投资存量	万美元	《中国对外直接投资统计公报》
	X_2	东道国经济活动人口	千人	《非洲统计年鉴》
	X_3	东道国劳动力市场效率指数	—	《全球竞争力报告》
产出指标	Y_1	东道国 GDP	百万美元	世界银行数据库
	Y_2	东道国人均 GDP	美元	世界银行数据库
	Y_3	东道国出口贸易额	百万美元	联合国贸易和发展会议数据库
	Y_4	东道国财政收入	百万美元	据《非洲统计年鉴》数据计算
	Y_5	东道国基础设施发展指数	—	《全球竞争力报告》

（三）实证结果分析

1. 超效率 DEA 方法模型评价结果与分析

将 2008—2015 年各指标数据代入 Max-DEA 6.6 Pro 软件中,运用超效率 DEA 方法模型计算 2008—2015 年中国对各东道国直接投资综合技术效率 TE、纯技术效率 PTE、规模效率 SE 和规模收益 RTS。2008 年、2014 年和 2015 年的投资效率评价结果(以 2015 年投资综合技术效率 TE 值排序)如表 3-13 所示。

表 3-13　中国对非洲各国直接投资效率评价结果(基于超效率 DEA 方法模型)

区域	国家	2008 年			2014 年			2015 年		
		TE	PTE	SE	TE	PTE	SE	TE	PTE	SE
东非	吉布提	2.482	3.647	0.680	0.663	1.000	0.663	1.249	1.253	0.997
中部	赤道几内亚	1.610	1.648	0.977	0.928	1.000	0.928	1.122	1.172	0.957
北非	摩洛哥	1.212	1.621	0.748	0.986	1.034	0.954	1.028	1.040	0.989
西非	科特迪瓦	0.771	0.808	0.955	0.818	0.820	0.997	1.016	1.030	0.986
北非	突尼斯	1.124	3.728	0.300	0.998	1.024	0.975	1.009	1.014	0.995
西非	尼日利亚	1.141	1.617	0.706	1.009	1.371	0.736	1.006	1.305	0.771
南部	南　非	0.998	1.294	0.771	1.024	1.000	1.024	1.002	1.261	0.795
南部	毛里求斯	1.012	1.030	0.982	1.005	1.079	0.931	1.000	1.000	1.000
北非	埃　及	1.235	2.079	0.594	0.980	0.986	0.994	0.950	0.971	0.979
北非	阿尔及利亚	1.053	1.496	0.704	0.938	0.938	0.999	0.858	0.898	0.955
中部	加　蓬	0.852	0.883	0.964	0.992	1.070	0.928	0.842	0.846	0.995
南部	纳米比亚	1.436	6.429	0.223	0.879	0.891	0.987	0.821	0.842	0.974
中部	刚果(布)	0.481	1.000	0.481	0.473	0.999	0.473	0.778	0.935	0.832
中部	中　非	0.504	1.000	0.504	0.468	1.000	0.468	0.773	0.935	0.826
北非	利比亚	1.186	7.182	0.165	0.744	0.826	0.901	0.771	0.935	0.825
东非	厄立特里亚	0.472	1.000	0.472	0.465	1.000	0.465	0.765	0.935	0.818
西非	多　哥	0.468	1.000	0.468	0.464	1.000	0.464	0.763	0.935	0.816
南部	安哥拉	0.862	1.836	0.469	0.739	0.816	0.905	0.756	0.931	0.812
西非	几内亚	0.304	0.651	0.467	0.607	0.694	0.874	0.754	0.934	0.808
西非	尼日尔	0.458	1.000	0.458	0.453	0.999	0.454	0.746	0.933	0.800

区域	国家	2008 年			2014 年			2015 年		
		TE	PTE	SE	TE	PTE	SE	TE	PTE	SE
南部	博茨瓦纳	0.850	0.866	0.981	0.928	1.647	0.563	0.736	0.762	0.967
北非	苏 丹	0.450	0.998	0.451	0.448	0.996	0.450	0.731	0.930	0.786
西非	马 里	0.621	0.756	0.821	0.808	0.809	0.998	0.654	0.744	0.879
西非	塞内加尔	0.725	0.839	0.864	0.819	0.823	0.994	0.650	0.707	0.919
东非	肯尼亚	0.550	0.599	0.918	0.657	0.658	0.998	0.650	0.739	0.880
南部	津巴布韦	0.713	0.809	0.881	0.850	0.869	0.979	0.625	0.829	0.753
西非	毛里塔尼亚	0.587	0.770	0.763	0.759	0.906	0.837	0.614	0.860	0.713
西非	加 纳	0.665	0.694	0.959	0.800	0.805	0.994	0.569	0.661	0.861
西非	利比里亚	0.542	0.701	0.773	0.833	0.846	0.984	0.564	0.684	0.823
西非	塞拉利昂	0.481	0.701	0.686	0.741	0.763	0.972	0.542	0.740	0.733
东非	埃塞俄比亚	0.502	0.566	0.887	0.713	0.714	0.999	0.542	0.659	0.823
东非	卢旺达	0.505	0.617	0.818	0.896	1.000	0.896	0.541	0.541	0.999
南部	赞比亚	0.573	0.708	0.809	0.888	0.894	0.993	0.523	0.700	0.747
南部	莫桑比克	0.568	0.712	0.797	0.666	0.707	0.941	0.515	0.703	0.733
东非	坦桑尼亚	0.480	0.661	0.725	0.662	0.667	0.992	0.512	0.645	0.794
西非	贝 宁	0.541	0.671	0.807	0.733	0.735	0.996	0.437	0.634	0.689
中部	喀麦隆	0.541	0.729	0.742	0.732	0.732	0.999	0.436	0.673	0.648
东非	乌干达	0.468	0.639	0.732	0.615	0.628	0.979	0.432	0.600	0.720
中部	乍 得	0.410	0.692	0.593	0.632	0.734	0.862	0.398	0.738	0.539
南部	马达加斯加	0.515	0.636	0.810	0.589	0.629	0.936	0.373	0.636	0.587
南部	马拉维	0.516	0.708	0.729	0.670	0.671	0.998	0.354	0.618	0.573
中部	刚果(金)	0.445	1.000	0.445	0.445	0.996	0.447	0.324	0.633	0.512

由表 3-13 可以看出,非洲各东道国投资效率值变化,研究将从综合技术效率值、纯技术效率值、规模效率值以及规模效益来分析各东道国的投资效率。

(1)从综合技术效率(TE)变化趋势来看,各国的投资效率有升有降

从 2015 年和 2008 年 TE 效率值的比较来看,几内亚、刚果(布)、尼

日尔、苏丹、中非和科特迪瓦这6个国家的投资效率有显著提高(TE值提高0.2以上),其中几内亚、科特迪瓦综合技术效率的提高,是因为其纯技术效率和规模效率同时提高了,所以这两个国家的投资效率获得较显著的增长。而纳米比亚、利比亚这两个国家的综合技术效率明显下降(TE值下降0.4以上),而这两个国家的效率下降是由于其技术效率呈现大幅下降导致的,但这两个国家的规模效率是提高的,同时规模收益也是处于增长状态。所以在分析数据时,不能单纯考虑综合技术效率值,需要结合规模效率和规模收益来确定相应的投资策略。

(2)从纯技术效率(PTE)来看,各国的PTE数值呈现不同特点

从PTE变化趋势来看,科特迪瓦、几内亚、肯尼亚、津巴布韦、毛里塔尼亚、塞拉利昂、埃塞俄比亚、乍得这8个国家的纯技术效率得到了较大幅度的提升。其中科特迪瓦和几内亚提高程度最为明显(PTE值上升0.2以上),纯技术效率的提高也是其综合技术效率提高的重要因素。而埃塞俄比亚在纯技术效率中的提高很大部分归功于埃塞俄比亚东方工业园的建立,特别是在2015年4月正式成为得到中国财政部和商务部确认的境外经贸合作区,作为发展计划中重要的优先项目引进大量投资和技术必不可少,这也是埃塞俄比亚投资效率提高的原因之一;而埃及、纳米比亚、安哥拉、利比亚的纯技术效率明显下降,这也是这些国家综合技术效率无法得到明显提升甚至是下降的主要原因;剩余的其他东道国投资的纯技术效率变化较不明显,处于波动状态。

(3)从规模效率(SE)来看,大多数东道国的投资规模效率处于较佳或最佳状态

从2008—2015年规模效率的变化来看,绝大部分国家的规模效率获得了提高,可见对外投资的规模把控十分重要。在纯技术效率较为低下的情况下,可以通过提高规模效率进而提高整体综合投资效率获得较好的投资结果。其中突尼斯、埃及、纳米比亚、刚果(布)、中非、利比亚、厄立特里亚、多哥、安哥拉、几内亚、尼日尔、苏丹这12个国家的投资规模效率获得显著提升,而仅有乍得、马达加斯加、马拉维和刚果(金)这4个国家的投资规模效率低于0.5,处于较低水平。

（4）我国对大部分非洲国家的规模效益处在规模效益（RTS）递增的阶段

由表3-14可知，从规模收益（RTS）来看，我国对大部分非洲国家的规模效益处在规模效益（RTS）递增的阶段，可见大部分非洲国家仍然具备很大的发展空间和投资潜力。但吉布提、赤道几内亚、摩洛哥、尼日利亚、南非、毛里求斯和卢旺达这7个国家则是处于规模效益递减阶段，而这类国家有一个共同的特性，即除了卢旺达以外的其他6个国家的综合投资效率都是达到有效水平的，可见这部分投资效率有效的国家的规模收益已处于递减阶段，在直接投资非洲国家的过程中需要充分考虑规模效益问题，不能因为综合投资效率有效而盲目增加投资。

表3-14 2008—2015年中国对非洲各东道国直接投资规模收益

区域	国家	RTS 值							
		2008 年	2009 年	2010 年	2011 年	2012 年	2013 年	2014 年	2015 年
东非	吉布提	↑	↑	↑	↑	↑	↑	↑	↓
中部	赤道几内亚	↑	↓	↑	↑	↓	↑	↑	↓
北非	摩洛哥	↓	↓	↓	↓	↓	↓	↓	↓
西非	科特迪瓦	↑	↑	↑	↑	↑	↑	↑	↑
北非	突尼斯	↓	↓	↓	↑	↑	↑	↑	↑
西非	尼日利亚	↓	↑	↑	↓	↑	↑	↑	↑
南部	南 非	↓	↓	↓	↓	↓	↓	↓	↓
南部	毛里求斯	↓	↑	↑	↑	↑	↑	↑	↑
北非	埃 及	↓	↓	↓	↑	↑	↑	↑	↑
北非	阿尔及利亚	↓	↓	↑	↑	↓	↓	↑	↑
中部	加 蓬	↓	↓	↓	↓	↓	↓	↓	↑
南部	纳米比亚	↓	↑	↑	↑	↑	↑	↑	↑
中部	刚果（布）	↑	↑	↑	↑	↑	↑	↑	↑
中部	中 非	↑	↑	↑	↑	↑	↑	↑	↑
北非	利比亚	↓	↑	↓	↓	↓	↑	↑	↑
东非	厄立特里亚	↑	↑	↑	↑	↑	↑	↑	↑
西非	多 哥	↑	↑	↑	↑	↑	↑	↑	↑

续表

区域	国家	RTS 值							
		2008 年	2009 年	2010 年	2011 年	2012 年	2013 年	2014 年	2015 年
南部	安哥拉	↓	↑	↑	↑	↑	↑	↑	↑
西非	几内亚	↑	↑	↑	↑	↑	↑	↑	↑
西非	尼日尔	↑	↑	↑	↑	↑	↑	↑	↑
南部	博茨瓦纳	↑	↑	↑	↑	↑	↑	↓	↑
北非	苏 丹	↑	↑	↑	↑	↑	↑	↑	↑
西非	马 里	↑	↑	↑	↑	↑	↑	↓	↑
西非	肯尼亚	↑	↑	↑	↑	↑	↑	↑	↑
东非	塞内加尔	↑	↑	↑	↑	↑	↑	↓	↑
南部	津巴布韦	↑	↑	↑	↑	↑	↑	↑	↑
西非	毛里塔尼亚	↑	↑	↑	↑	↑	↑	↑	↑
西非	加 纳	↑	↑	↑	↑	↑	↑	↓	↑
西非	利比里亚	↑	↑	↑	↑	↑	↑	↑	↑
西非	塞拉利昂	↑	↑	↑	↑	↑	↑	↑	↑
东非	埃塞俄比亚	↑	↑	↑	↑	↑	↑	↓	↑
东非	卢旺达	↑	↑	↑	↑	↑	↑	↓	↑
南部	赞比亚	↑	↑	↑	↑	↑	↑	↓	↑
南部	莫桑比克	↑	↑	↑	↑	↑	↑	↑	↑
东非	坦桑尼亚	↑	↑	↑	↑	↑	↑	↑	↑
西非	贝 宁	↑	↑	↑	↑	↑	↑	↑	↑
中部	喀麦隆	↑	↑	↑	↑	↑	↑	↓	↑
东非	乌干达	↑	↑	↑	↑	↑	↑	↑	↑
中部	乍 得	↑	↑	↑	↑	↑	↑	↑	↑
南部	马达加斯加	↑	↑	↑	↑	↑	↑	↑	↑
南部	马拉维	↑	↑	↑	↑	↑	↑	↓	↑
中部	刚果(金)	↑	↑	↑	↑	↑	↑	↑	↑

资料来源：MaxDEA 6.6 软件输出,经笔者汇总整理。

2. 超效率 DEA 方法模型结果时空差异及区域分析

表 3-15 反映出使用超效率 DEA 方法模型,中国对各东道国直接投资效率的具体结果。

表 3-15　基于超效率 DEA 方法模型的中国对各东道国直接投资效率评价结果

区域	国家	2008 年		2009 年		2010 年		2011 年		2012 年		2013 年		2014 年		2015 年	
		超效率值	排名	超效率值	排名	超效率值	排名	超效率值	排名	超效率值	排名	超效率值	排名	超效率值	排名	超效率值	排名
东非	吉布提	2.48	1	0.93	9	0.87	11	0.81	12	0.79	13	0.72	14	0.66	29	1.25	1
中部	赤道几内亚	1.61	2	1.17	2	0.97	7	1.07	4	1.10	1	0.94	7	0.93	9	1.12	2
北非	摩洛哥	1.21	5	0.98	8	1.00	6	0.93	8	0.96	9	0.98	5	0.99	6	1.03	3
西非	科特迪瓦	0.77	15	0.66	14	0.62	16	0.61	18	0.63	18	0.70	15	0.82	17	1.02	4
北非	突尼斯	1.12	8	1.15	3	1.10	2	0.97	6	0.99	4	0.96	6	1.00	4	1.01	5
西非	尼日利亚	1.14	7	0.99	6	1.03	4	1.10	1	0.99	6	0.98	4	1.01	2	1.01	6
南部	南　非	1.00	11	1.18	1	0.96	8	1.08	3	0.99	5	1.10	1	1.02	1	1.00	7
南部	毛里求斯	1.01	10	0.99	7	1.01	5	0.95	7	0.96	8	1.04	2	1.01	3	1.00	8
北非	埃　及	1.24	4	1.00	5	1.03	3	1.02	5	1.00	3	0.97	5	0.98	7	0.95	9
北非	阿尔及利亚	1.05	9	0.83	11	0.89	9	1.09	2	0.97	7	0.87	9	0.94	8	0.86	10
中部	加　蓬	0.85	13	0.82	12	0.80	12	0.80	13	0.83	12	0.81	12	0.99	5	0.84	11
南部	纳米比亚	1.47	3	0.89	10	0.89	10	0.91	10	0.89	10	0.89	8	0.88	13	0.82	12
中部	刚果(布)	0.48	32	0.48	29	0.48	30	0.48	30	0.47	29	0.47	29	0.47	36	0.78	13
中部	中　非	0.50	30	0.48	30	0.47	31	0.47	31	0.47	30	0.47	30	0.47	37	0.77	14
北非	利比亚	1.19	6	1.03	4	1.58	1	0.91	9	1.05	2	0.82	11	0.74	21	0.77	15
东非	厄立特里亚	0.47	35	0.47	31	0.47	32	0.47	32	0.47	32	0.47	31	0.47	38	0.77	16
西非	多　哥	0.47	37	0.47	33	0.47	33	0.47	33	0.46	33	0.46	39	0.46	39	0.76	17
南部	安哥拉	0.86	12	0.54	24	0.60	18	0.82	11	0.86	11	0.89	10	0.74	23	0.76	18
西非	几内亚	0.30	42	0.37	41	0.38	42	0.36	42	0.35	42	0.38	42	0.61	34	0.75	19
西非	尼日尔	0.46	38	0.46	35	0.46	35	0.46	34	0.46	34	0.45	34	0.45	40	0.75	20
南部	博茨瓦纳	0.85	14	0.76	13	0.73	13	0.77	14	0.73	15	0.69	17	0.93	10	0.74	21
北非	苏　丹	0.45	39	0.45	37	0.45	36	0.45	35	0.45	35	0.45	35	0.45	41	0.73	22
西非	马　里	0.62	19	0.59	17	0.64	14	0.66	16	0.67	16	0.70	16	0.81	17	0.65	23
西非	肯尼亚	0.55	21	0.55	20	0.55	21	0.56	22	0.58	21	0.58	22	0.66	31	0.65	24
东非	塞内加尔	0.73	16	0.59	16	0.55	23	0.51	27	0.55	22	0.60	21	0.82	16	0.65	25
南部	津巴布韦	0.71	17	0.57	19	0.60	19	0.60	19	0.65	17	0.66	18	0.85	14	0.63	26
西非	毛里塔尼亚	0.59	20	0.60	15	0.60	15	0.70	15	0.77	14	0.77	13	0.76	20	0.61	27
西非	加　纳	0.67	18	0.58	18	0.56	22	0.59	20	0.61	19	0.64	19	0.80	19	0.57	28
西非	利比里亚	0.54	24	0.52	25	0.57	21	0.57	21	0.50	28	0.62	20	0.83	15	0.56	29

区域	国家	2008年		2009年		2010年		2011年		2012年		2013年		2014年		2015年	
		超效率值	排名	超效率值	排名	超效率值	排名	超效率值	排名	超效率值	排名	超效率值	排名	超效率值	排名	超效率值	排名
西非	塞拉利昂	0.48	33	0.46	33	0.48	29	0.48	29	0.47	31	0.46	33	0.74	22	0.54	30
东非	埃塞俄比亚	0.50	31	0.50	27	0.50	28	0.53	25	0.54	24	0.50	28	0.71	26	0.54	31
东非	卢旺达	0.51	29	0.50	28	0.53	26	0.55	23	0.55	23	0.54	25	0.90	11	0.54	32
南部	赞比亚	0.57	21	0.56	22	0.60	17	0.62	17	0.58	21	0.57	24	0.89	12	0.54	33
南部	莫桑比克	0.57	22	0.57	20	0.58	20	0.54	24	0.52	25	0.51	27	0.67	29	0.52	34
东非	坦桑尼亚	0.48	34	0.46	34	0.46	34	0.41	38	0.43	37	0.43	37	0.66	30	0.51	35
西非	贝宁	0.54	25	0.56	21	0.54	25	0.51	26	0.51	26	0.58	22	0.73	24	0.44	36
中部	喀麦隆	0.54	26	0.52	26	0.52	27	0.48	28	0.51	27	0.51	27	0.73	25	0.43	37
东非	乌干达	0.47	36	0.43	40	0.44	38	0.40	40	0.42	39	0.41	39	0.62	33	0.43	38
中部	乍得	0.41	41	0.38	41	0.43	41	0.40	41	0.39	41	0.39	41	0.63	32	0.40	39
南部	马达加斯加	0.52	28	0.45	36	0.44	39	0.40	39	0.41	40	0.39	40	0.59	35	0.37	40
南部	马拉维	0.52	27	0.43	39	0.42	40	0.42	37	0.42	38	0.41	38	0.55	37	0.35	41
中部	刚果（金）	0.45	40	0.45	38	0.45	37	0.45	36	0.45	36	0.45	36	0.45	42	0.32	42

根据以上超效率 DEA 方法模型对每个东道国进行评价的直接投资效率值,将不同区域的东道国进行区分,测算出北非、东非、非洲南部、非洲中部、西非的区域综合投资效率,结果如表 3-16 所示。

表 3-16　各区域综合投资效率表

区域	TE 综合效率值																
	2008年	排名	2009年	排名	2010年	排名	2011年	排名	2012年	排名	2013年	排名	2014年	排名	2015年	排名	综合	排名
北非	1.04	1	0.91	1	1.01	1	0.90	1	0.90	1	0.84	1	0.85	1	0.89	1	0.92	1
东非	0.78	3	0.55	5	0.55	5	0.53	5	0.54	5	0.52	5	0.67	5	0.67	4	0.60	5
南部	0.80	2	0.69	2	0.68	2	0.71	2	0.70	2	0.71	2	0.82	2	0.67	3	0.72	2
西非	0.61	5	0.57	4	0.58	4	0.59	4	0.58	4	0.61	3	0.74	3	0.69	2	0.62	4
中部	0.69	4	0.61	3	0.59	3	0.59	3	0.60	3	0.58	4	0.67	4	0.67	5	0.63	3
非洲	0.76	—	0.65	—	0.66	—	0.65	—	0.65	—	0.65	—	0.75	—	0.71	—	0.69	—

中国对非洲直接投资效率评价的时空差异及区域分析将从时间演进趋势、空间与区域分布两个方面展开,结合表3-17和图3-4的相关区域效率平均值具体分析如下。

表3-17　2008—2015年非洲各国超效率平均值分布表

超效率均值	北非	东非	非洲南部	西非	非洲中部
超效率值大于等于1	摩洛哥、突尼斯、埃及、利比亚	吉布提	毛里求斯、南非	尼日利亚	赤道几内亚
超效率值小于1大于0.8	阿尔及利亚	—	纳米比亚	—	加蓬
超效率值小于0.8大于0.5	—	埃塞俄比亚、肯尼亚、卢旺达、厄立特里亚	安哥拉、博茨瓦纳、津巴布韦、莫桑比克、赞比亚	贝宁、加纳、科特迪瓦、利比里亚、马里、毛里塔尼亚、塞拉利昂、塞内加尔、多哥	刚果(布)、喀麦隆、中非
超效率值小于0.5	苏丹	坦桑尼亚、乌干达	马达加斯加、马拉维	几内亚、尼日尔	刚果(金)、乍得

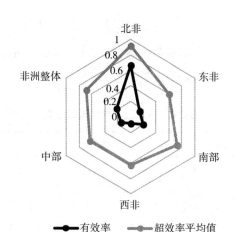

图3-4　2008—2015年各区域超效率平均值和有效率雷达图

注:有效率=超效率值大于1的个数/所属区域的所有样本个数。

(1)时间演进趋势

从2008—2015年各国TE投资效率发展趋势来看:2008—2015年投

资效率曾达到有效水平的东道国有南非、毛里求斯、尼日利亚、摩洛哥、突尼斯、埃及、阿尔及利亚、赤道几内亚、纳米比亚、吉布提、利比亚、科特迪瓦12个国家。而到2015年仍处于有效水平的国家有南非、毛里求斯、赤道几内亚、吉布提、尼日利亚、突尼斯、科特迪瓦、摩洛哥8个国家。由于2008—2015年整体的投资效率数值与全球和非洲经济环境有关,所以我们不仅要看投资效率值的变化,也需借助各国的投资效率水平排名的变化来评价各东道国投资效率整体趋势。

研究的时间演进趋势的分析将从非洲南部、北非、非洲中部、东非和西非五大区域中选取具有代表性的国家进行分析,最后再根据区域综合投资效率对五大区域投资效率趋势展开分析。

①非洲南部国家

首先观察非洲南部各个国家,南非从2008年排名11的国家变成了2014年排名第1位的国家,虽然2015年的投资效率仅排第7位,但仍不可忽视南非投资效率水平较高的事实,相较于其他非洲国家,南非丰富的矿产资源和较为完善的基础设施建设为南非增添了很多投资活力。中国对毛里求斯的投资效率值虽然有变化但幅度不大,较为稳定的投资水平也被外资所看重。同时,毛里求斯全方位对外开放的政策和自由化的贸易机制吸引了很多中国对毛里求斯的直接投资,投资水平的提高也印证了毛里求斯较高的投资潜力。

②北非国家

利比亚近几年的投资效率出现了较为明显的变化,从2008年投资效率有效到2015年投资效率降低了0.4,投资效率排名也落到了第15位,结合利比亚国家的实际国情分析我们可知,2011年开始利比亚国内发生战乱,也是从这时开始中国对利比亚国家的投资效率逐步降低,可见投资效率高低也与东道国国内政治环境是否稳定息息相关。

③非洲中部国家

中非各国中赤道几内亚的投资效率较为突出,8年来几乎都保持着投资效率有效的状态,近年来在中西非经济普遍低迷的情况下赤道几内亚经济仍一枝独秀,石油的发现和开采使得赤道几内亚的国家财政收入猛增,连续10年保持26%以上的经济高速增长,广大人民群众的收入提高,生活水平有所改善,可见投资效率与投资东道国自身的经济发展也存在一定关系。

④东非国家

东非各国中吉布提的投资效率最为突出,通过表3-15可知对吉布提的投资效率从2008—2014年处于逐步下降的状态,而2015年又回到了有效状态。虽然吉布提占据了较为重要的地理位置,但是其国内自然资源贫乏、工农业基础薄弱,加上政局不稳,导致对其投资效率出现波动状态。

⑤西非国家

西非的科特迪瓦是在2014—2015年达到了投资效率有效状态,之前一直处于中等效率水平。结合其实际国情可知,科特迪瓦在冷战时期曾是最繁盛的西非热带国家之一。但是1985年后,由于政治腐败加上缺乏改革,以及国内的骚动(2002—2011年的内战),致使经济一蹶不振。经过几年的调整,在2015年对科特迪瓦的投资效率达到了较高水平。与此类似的还有北非的苏丹,过去几年的政局不稳导致投资效果不理想,但在调整之后2015年的投资效率也获得一定提高。由此可见,稳定的政治环境和开放支持优惠的对外政策是影响投资效率水平的关键因素。

⑥整体效率

从区域综合投资效率可知,2008—2013年各区域都呈现投资效率趋于平缓、略微下降的趋势,而2013—2015年投资效率慢慢提升。随着时间的推移,虽然世界经济大环境并不十分乐观,但是中国对非洲各东道国的投资策略根据实际情况不断调整适时改变,所达到的投资效率值也能慢慢提升。从区域效率投资排名可以看出,近几年对西非的投资排名逐步在提升,可见随着时间和环境的改变,西非的投资潜力慢慢凸显。

(2)空间与区域分布

①2015年非洲各国TE综合投资效率值情况

从对非洲投资的效率评价结果(TE综合技术效率值)来看,我国对非洲投资的多数国家,投资效率处于中低水平,且投资效率的国别差异较大。其中,从 2015 年的 TE 综合投资效率值来看,达到 DEA 有效(TE = 1)的有南非、尼日利亚、毛里求斯、突尼斯、摩洛哥、赤道几内亚、吉布提、科特迪瓦 8 个国家;投资效率达到中等有效水平(TE>0.8)的国家有埃及、阿尔及利亚、加蓬和纳米比亚 4 个国家;剩余的其他非洲国家的投资效率水平处于低效状态(TE<0.8),其中有加纳、利比里亚、塞拉利昂、埃塞俄比亚、卢旺达、赞比亚、莫桑比克、坦桑尼亚、贝宁、喀麦隆、乌干达、乍得、马达加斯加、马拉维、刚果(金)15 个国家处于较低水平(TE<0.6)。

②2015 年投资效率值有效国家分析

从 2015 年的超效率综合投资效率值来看达到 DEA 有效(TE = 1)的有南非、尼日利亚、毛里求斯、吉布提、赤道几内亚、摩洛哥、科特迪瓦、突尼斯 8 个国家。

首先是南非,南非以丰富的矿物资源驰名世界,金融、法律体系完善,通信、交通、能源等基础设施完备,可见较为完备的市场和充分的需求是其投资效率达到有效水平的原因之一;尼日利亚国家是非洲人口最多的国家,且是非洲的第一大经济体,中国对其投资基础设施建设发挥了巨大效用;而毛里求斯虽是位于非洲东部的岛国,但其具有良好的投资环境、政局稳定、政策优惠、设施齐备、市场自由,使得毛里求斯具备极大的投资发展潜力;吉布提虽是一个低收入的国家,但其占据着非常重要的地理位置,因为非洲东部货物进出口基本上都通过吉布提,所以吉布提重要的地理位置也决定了达之路吉布提经济特区在 21 世纪海上丝绸之路中具有重要的意义;而国小民少的赤道几内亚在发展经济和吸引外资方面较有成效,主要受益于稳定的政局、优越的地理位置、丰富的能源和较完善的基础设施等因素。

③2015 年投资效率值较低国家分析

与此同时还有一些非洲东道国的投资效率低于 0.5,如排名最后的刚果(金),由于政局的不稳定和基础设施落后,导致投资效率低下;还有苏丹国内的投资环境也十分不稳定。根据投资效率评价结果分析得出,大部分投资效率低下的东道国的国内政治环境都处于较不稳定的阶段,可见政局稳定与否直接影响了投资环境,对于国家的投资发展至关重要。

④各区域综合投资效率分析

从区域综合投资效率可知,北非相较于非洲的其他地区而言,综合投资效率最高,其超效率平均值和有效率均位于非洲第一,其次是非洲南部、非洲中部和西非、东非。

一是北非的6个国家整体的效率水平较高,从2008—2015年投资效率的平均值来看,其中有四个国家处于投资有效水平,TE值大于1;阿尔及利亚投资效率接近有效水平,TE值大于0.8;而苏丹的效率平均值较低,TE值小于0.5。从2015年TE值和排名来看,北非的国家中,除了苏丹(2011年分裂,政局不稳定)和利比亚(2011年后政局不稳,爆发战争)由于政治因素投资效率水平不高之外,其他国家的投资效率都处于有效水平或接近有效水平,投资效率排名均处于非洲前10。

二是东非整体投资水平较低,不论从2008—2015年投资效率的平均值,还是2015年的综合投资效率值来看,都只有吉布提的投资效率水平达到了有效水平,其他大部分国家的投资效率小于0.8,且投资效率排名均不在非洲前15名单内。

三是西非国家较多,投资效率值处于中等水平或者较低水平,根据投资效率的平均值,西非中只有尼日利亚达到了投资有效水平,但从2015年的投资效率值来看,西非中的科特迪瓦也跻身投资有效国家行列。由此可见,西非国家的投资效率有提高的趋势。

四是非洲南部国家效率水平分布呈现东西两端差异化,从2015年投资效率值来看,南非、纳米比亚这两个国家位于非洲的西南部,投资效率处于有效水平或中等水平(TE>0.8);相比之下位于非洲东南部的马拉维、莫桑比克和马达加斯加这三个国家的投资效率较低(TE<0.6),可见对非洲投资效率呈现一定的区域化差异。而这种差异又体现在国家间的经济水平差异上,非洲南部国家中有南非和毛里求斯这样经济水平较高的国家,也有津巴布韦、莫桑比克这样经济水平较差、基础设施落后的国家,所以这也是导致投资效率差异可能的原因之一。

五是非洲中部国家中投资效率也有较大差异,从2008—2015年投资效率平均值来看,非洲中部有刚果(金)这样的投资效率水平最低的国家,也有赤道几内亚和加蓬这样投资效率水平达到有效水平或接近有效水平的国家。可能的原因是具体各国的政局环境稳定与否会直接导致投资成效的高低,这也是刚果(金)这类国家投资效率低下的原因之一。

虽然非洲各个区域内国家投资效率仍存在一定差异,但是对区域内部的概括和大致分析对于整体投资水平的判断仍有一定帮助,所以在选择直接投资的国家时,也需要考虑相关的区域性。

3.超效率DEA方法模型结果聚类分析

通过SPSS软件对超效率DEA方法模型结果进行聚类分析,采用层次聚类法中的Q型聚类分析,即对样本进行分类处理。在聚类过程中采用了类间平均链锁法(Between-groups Linkage)进行聚类,从而更充分地使用了数据资料,并采用欧氏距离(Squared Euclidean Distance)进行测度。分别使用了2008年和2015年的TE投资效率值和2008—2015年七年内的平均TE投资效率值进行聚类分析。结果如表3-18所示。

表3-18　基于Q型聚类分析法超效率结果分类表

区域	国家	2008年TE值类别	2015年TE值类别	综合TE值类别	区域	国家	2008年TE值类别	2015年TE值类别	综合TE值类别
东非	吉布提	I	I	I	北非	苏丹	III	II	III
中部	赤道几内亚	I	I	I	西非	马里	III	III	III
北非	摩洛哥	II	I	I	东非	肯尼亚	III	III	III
西非	科特迪瓦	III	I	II	西非	塞内加尔	III	III	III
北非	突尼斯	II	I	I	南部	津巴布韦	III	III	III
西非	尼日利亚	II	I	I	西非	毛里塔尼亚	III	III	III
南部	南非	II	I	I	西非	加纳	III	III	III
南部	毛里求斯	II	I	I	西非	利比里亚	III	III	III
北非	埃及	II	I	I	西非	塞拉利昂	III	III	III
北非	阿尔及利亚	II	II	II	东非	埃塞俄比亚	III	III	III
中部	加蓬	III	II	II	东非	卢旺达	III	III	III
南部	纳米比亚	I	II	I	南部	赞比亚	III	III	III
中部	刚果(布)	III	II	III	南部	莫桑比克	III	III	III
中部	中非	III	II	III	东非	坦桑尼亚	III	III	III

续表

区域	国 家	2008 年 TE 值类别	2015 年 TE 值类别	综合 TE 值类别	区域	国 家	2008 年 TE 值类别	2015 年 TE 值类别	综合 TE 值类别
北非	利比亚	II	II	I	西非	贝 宁	III	III	III
东非	厄立特里亚	III	II	III	中部	喀麦隆	III	III	III
西非	多 哥	III	II	III	东非	乌干达	III	III	III
南部	安哥拉	III	II	II	中部	乍 得	III	III	III
西非	几内亚	III	II	III	南部	马达加斯加	III	III	III
西非	尼日尔	III	II	III	南部	马拉维	III	III	III
南部	博茨瓦纳	III	II	II	中部	刚果(金)	III	III	III

注:I、II、III 分别表示三种不同类别,其中类别 I 为最高有效效率,类别 II 为中等有效效率,类别 III 为较低效率水平。

从 2008—2015 年的分类结果可以看出,2008 年非洲东道国直接投资效率为类别 I 的国家有吉布提、赤道几内亚和纳米比亚;而为类别 II 的国家有摩洛哥、突尼斯、尼日利亚、南非、毛里求斯、埃及、阿尔及利亚和利比亚;其他为类别 III 的国家。但到了 2015 年,前三类国家的分类发生了一定变化。类别 I 的国家增多,除了原先的吉布提、赤道几内亚以外,摩洛哥、科特迪瓦、突尼斯、尼日利亚、南非、毛里求斯和埃及这 7 个国家也挤身类别 I 的行列。而纳米比亚由原先的类别 I 变成了类别 II。具体原因上文中也有所提及,良好的投资环境、丰富的资源及稳定的政局是关键因素。

在 2008—2015 年综合 TE 效率聚类结果中被评为类别 I 的国家有吉布提、赤道几内亚、摩洛哥、突尼斯、尼日利亚、南非、毛里求斯、埃及、阿尔及利亚、纳米比亚、利比亚。这些国家的共同点就是基础设施发展指数较高,人均 GDP 水平较高。GDP 水平高的国家消费和投资的活力高,而基础设施的完善则奠定了良好有效投资的基础。两方面因素相辅相成,虽然 GDP 水平的高低并不是能掌控的,但基础设施的建设是可以通过投资大力发展进而完善起来的,所以如今"一带一路"中有很多非洲国家,很大一部分是通过基础设施建设进行直接投资,可设想在完善东道国基础设施建设的过程中及完善后的未来发展中,直接投资效率会获得一定提升。

4. 对非洲投资效率差异收敛分析

接下来,将通过 σ 收敛分析方法分析非洲东道国投资效率差异随时间变化的趋势。σ 收敛方程如下:

$$\sigma^2 = \frac{1}{n} \left[\sum_{i=1}^{n} (\log Y_{it} - \frac{1}{n}) \sum_{i=1}^{n} \log Y_{it} \right]^2 \qquad (3.17)$$

将 2008—2015 年各个国家投资综合效率值以及各区域综合效率值代入上述公式可得到 σ 收敛系数,如图 3-5 所示。

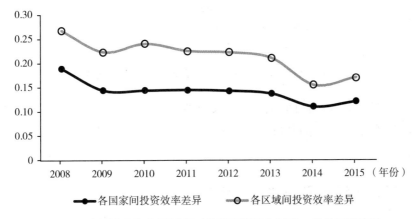

图 3-5 各国家间与各区域间对非洲投资综合效率 σ 收敛系数变化

从图 3-6 可以看出,对非洲投资综合效率差异呈现收敛趋势,其中各区域间的投资差异也逐渐减小,可见中国对非洲投资效率整体水平差异化越来越小。且各区域间投资效率差异可以清楚地看出北非的 σ 收敛系数最小,由上文相关分析可知,北非国家的整体投资效率水平较高,且北非国家也越来越成为外资关注的焦点,投资潜力被看好。所以在优化投资之后,北非区域的投资效率差异就会逐渐减小,趋于收敛。

而剩余的四个区域中,西非的 σ 系数呈现较为稳定略微收敛趋势,这也得益于西非的投资效率逐步提升,区域内各个国家投资效率呈上升趋势,慢慢缩减了区域内国家投资效率的差异。剩余的其他三个区域的投资效率随年份波动较大,总体来说,2008—2014 年整体趋于收敛,但是2015 年出现了投资效率增大的现象,在区域内投资效率差异大的基础

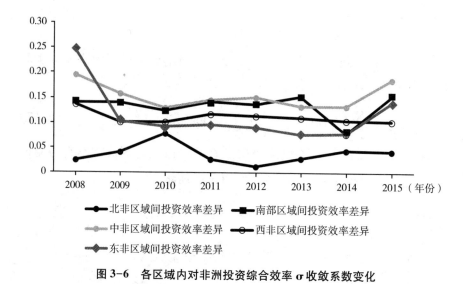

图 3-6　各区域内对非洲投资综合效率 σ 收敛系数变化

上,更多的外资都会偏向选择投资效率高的国家而舍弃投资效率低的国家,所以在差异较大的基础上外资流向选择慢慢地会导致区域内更大的投资差异。

三、实证结果与政策启示

(一)结果总结

根据 2008—2015 年我国对非洲东道国直接投资效率包括技术效率、纯技术效率、规模效率及规模收益的实证研究结果的相关分析,并结合东道国直接投资实际,得出如下结论。

第一,我国对非洲多数国家投资效率尚处于中低水平,且国别投资效率的差异较大。因为此次选取的非洲国家几乎涵盖了中国对非洲直接投资的所有国家,所以数据分析的结果具有很大的代表性。通过数据结果我们分析得知,我国对多数东道国的直接投资效率尚处在较低水平,一方面,是纯技术效率较低,由于大部分东道国基础设施落后、产业配套能力不足及技术管理水平落后,限制了东道国对直接投资的有效利用;另一方面,是由于规模效率不高,我国企业对部分非洲国家的直接投资规模不当、粗放经营和风险意识薄弱及直接投资技术溢出效应有限也影响了直接投资的整体效果。

第二,针对我国在非洲东道国投资效率的变化特征和规律,应因地制宜、因时制宜地采取不同的投资策略和调整政策。从规模效率评价结果来看,近一半的东道国投资规模效率接近较好或最佳状态。从规模收益评价来看,对一部分东道国的直接投资尚处于规模收益递增的阶段,而对另一部分东道国的直接投资已经处于规模收益递减的阶段,所以说对非洲投资需要针对不同国家投资发展周期特点采取不同的投资策略。

第三,通过投资效率结果聚类分析可知,东道国的人均 GDP 和基础设施发展指数与投资效率息息相关,除此之外,东道国拥有稳定的投资环境也是关键因素。所以可以借助"一带一路"倡议,针对非洲各个国家的具体情况,加强发展当地基础设施,能获得较有效的投资成果。

(二)政策启示

根据上述研究结论和特征,给予的政策启示及建议如下。

1.加强与非洲联盟(African Union)贸易协商

非洲大陆自由贸易区协议的签署,为中非合作提供了贸易机遇,非洲也期待与中国展开友好合作。中非加速融入经济全球化进程,不断寻找和扩大利益交汇点,推进"一带一路"中非产能合作步入新的台阶。中国将积极推进中非产业对接和产能合作,鼓励支持中国企业赴非洲投资、合作共建或升级一批工业园区。加强对非洲技术转移力度,助推非洲工业化发展。

2.深化投资体制改革,鼓励和支持国有和非国有各类企业对非洲投资

政府应该在目的地引导、投资便利化和产业基金支持等方面实施功能性政策。恪守竞争中立的投资政策和产业政策,坚持同等对待微观企业主体,提升非国有企业的对非洲直接投资水平,切实用好中非产能合作基金,鼓励中小民营企业参与中非产能合作与投资。

3.改善基础设施建设,促进互联互通

推进"一带一路"非洲基础设施互联互通建设,为构建中非"命运共同体"奠定了坚实基础,为非洲大陆经贸便利化和协同发展注入勃勃生

机。中国秉持互利共赢的原则,发挥中国工程承包与综合建设能力强的优势,推动东非铁路网建设和吉布提、肯尼亚、埃及等国家港口铁路的建设,完善管线运输、电力通信等基础设施,建立安全高效的基础设施网络和互联网,为各国互惠互利、共赢发展带来了新机遇。

第三节　对非洲直接投资加成率分析

一、问题提出

加成率反映企业的盈利水平和竞争力,对外投资加成率反映中国企业实施对外投资后的企业盈利水平变动情况。本书选取中国企业对非洲直接投资的加成率作为研究视角,运用双重差分法等对中国工业企业对非洲直接投资进行了实证分析。这一研究在经济新常态背景下对研究中国企业投资质量和竞争力提升具有一定现实意义。

二、理论机制

关于对外直接投资加成率研究,从理论上分析,对外直接投资影响企业加成率主要通过两个渠道:一是净生产率效应,二是竞争加剧效应。其中净生产率效应可以进一步分解为生产率效应和成本增加效应,净生产率效应是上述两种效应之差。对该类效应的研究主要从实证角度出发,其中大量经验研究表明对外直接投资行为促进了企业生产率提升(Wang等,2012;Cozza 等,2015;陈和唐,2014);一部分研究指出对外投资会带来企业生产成本的显著增加(Latorre,2015;Cozza 等,2015)。竞争加剧效应主要是指企业对外投资后,由于跨国经营带来更多的竞争对手从而使得产品价格下降,进而加成率降低的效应。一系列文献已经从理论和实证两个角度提出并检验了该类效应的存在(Melitz 和 Ottaviano,2008;Bellone 等,2016)。对外直接投资能否促进企业生产率提升取决于上述两种效应的相对大小,当对外直接投资的净生产率效应大于竞争加剧效应时,对外直接投资就能提升企业加成率,反之则会降低加成率。

本书潜在的边际创新有以下几个方面。一是现有文献较少探究对非洲直接投资的"加成率效应",本书首次以企业加成率视角出发研判直接投资的福利效应,丰富了企业层面研究对非洲直接投资动机和效应的文献。二是计量模型首先以 PSM 法获取对非洲直接投资企业的处理组企业,在此基础上通过双重差分法估计对非洲直接投资企业投资前后的加成率变动,较好地处理了实证内生性问题。三是研究通过引入不同投资动机对中国对非洲直接投资的"加成率效应"进行了深入分析,实证结果为判断我国企业对非洲直接投资效果具有较高参考价值。

三、对非洲投资加成率模型及实证分析

(一)数据来源

本书主要的数据来源是 2004—2007 年国家统计局的工业企业数据库。借鉴勃兰特等(Brandt 等,2012)、黄先海等(2016)的做法,进行了调整和企业面板识别。

中国直接投资企业统计数据。该数据库统计了对外直接投资的母公司名称、海外投资分支机构名称、海外分支机构的经营范围、东道国名称、投资年份等信息。研究选择自然实验的年限是 2004—2007 年,2004 年之前中国对外投资的企业数量和投资金额较少,实证代表性较差。2004 年起中国直接投资进入高速增长阶段,该实验年限可以较好地反映中国企业直接投资的效应情况。根据数据显示,有 423 家中国企业在 2004—2007 年进行对非洲直接投资,在此基础上配对工业企业数据库,共匹配上 198 家对非洲直接投资企业数据。

(二)变量调整与测算

1. 企业层面投入产出数据调整

本文企业层面投入产出数据主要包括工业总产值($\ln y_{ijt}$)、工业增加值($\ln a_{ijt}$)、从业人数($\ln l_{ijt}$)、资本存量($\ln k_{ijt}$)、工业中间投入合计($\ln m_{ijt}$)等。除从业人数外,其他数据均需进行价格调整。调整方法借鉴黄先海等(2016)。

2. 企业层面的加成率估计

研究借鉴 DLW 法对中国企业加成率进行估算。DLW 法通过结构方程模型,根据最基本的经济学原理对企业层面加成率进行估计,表达式如下:

$$\mu_{ijt} = \theta_{ijt}^x (\alpha_{ijt}^x)^{-1} \tag{3.18}$$

其中 θ^x 和 α^x 分别为企业某种投入要素 x 的产出弹性和 x 占企业总产出的比重。根据工业企业数据库汇报的现有数据(包括 $\ln y_{ijt}$),本书在此基础上仅需测算 x 的产出弹性。本文选取 $\ln m_{ijt}$ 作为企业可自主决策的投入要素(黄先海等,2016)。研究使用 Translog 生产函数对全样本工业企业做半参数估计,这种设定方式可确保参数测算结果较为可靠(De Loecker 和 Warzynski,2012)。

$$\ln y_{ijt} = \beta_l \ln l_{ijt} + \beta_k \ln k_{ijt} + \beta_m \ln m_{ijt} + \beta_u (\ln k_{ijt})^2 + \beta_{kk} (\ln k_{ijt})^2 +$$
$$\beta_{mm} (\ln m_{ijt})^2 + \beta_{lk} \ln l_{ijt} \ln k_{ijt} + \beta_{lm} \ln l_{ijt} \ln m_{ijt} + \beta_{km} \ln k_{ijt} \ln m_{ijt} +$$
$$\beta_{lkm} \ln l_{ijt} \ln k_{ijt} \ln m_{ijt} + w_{ijt} + \varepsilon_{izt} \tag{3.19}$$

其中 ω 和 ε 分别为异质性生产率冲击的随机偏误。对式(3.19),研究借鉴 DLW 法通过两步回归的方法进行测算。$\ln m_{ijt}$ 产出弹性的表达式为:

$$\theta_{ijt}^m = \beta_m + 2\beta_{mm} \ln m_{ijt} + \beta_{lm} \ln l_{ijt} + \beta_{km} \ln k_{ijt} + \beta_{lkm} \ln l_{ijt} \ln k_{ijt} \tag{3.20}$$

由式(3.18)、式(3.20)可得样本公司加成率 μ_{ij1}。

3. 企业层面的生产率估计

借鉴莱文森和佩特里尼(Levinsohn 和 Petrin,2003)的做法(以下简称"LP 法")测算公司 w(全要素生产率),以 $\ln m_{ijt}$ 作为观测企业潜在生产率的主要变量。生产率可以表示为:$w_{ijt} = f^{-1}(\ln m_{ijt} \ln k_{ijt} \ln l_{ijt})$。

4. 其他控制变量

主要包括出口虚拟变量、企业所有制代理变量、计算各企业实收资本中国有资本占比作为代理变量、行业市场结构代理变量。使用 4 位码行业赫芬达尔—赫希曼指数(Herfindahl-Hirschman Index,HHI)刻画不同行业的市场结构情况,数学表达式如下:

$$hhi_j = \sum_{i=1}^{n} \left(\frac{sale_{ij}}{\sum_{i=1}^{n} sale_{ij}^2} \right)^2 \quad\quad (3.21)$$

依据 DID 模型的回归法则,研究的实证模型具体如下:

$$u_{ijt} = \alpha_i + \delta ofdi_i \times Time_t + x'_{ijt}\beta_1 + x'_{jt}\beta_2 + r_t + \rho_p + \xi_j + \varepsilon_{ijt} \quad (3.22)$$

其中 x'_{ijt} 和 x'_{jt} 分别为企业和行业层面控制变量, α_i 、 γ_t 、 ρ_p 、 ξ_j 分别表示企业、年份、省份和 2 位码行业固定效应, ε_{ijt} 为随机偏误。采用聚类稳健标准差(4 位码行业)。

(三)基准回归结果

表 3-19 显示了基准回归结果,其中第(1)、(2)列是混合截面回归结果,后三列在此基础上进一步考虑了各种固定效应的影响。其中第(1)列仅考虑了最基本的双重差分设定,未纳入企业和行业层面控制变量情况下,核心变量参数估计结果显著为负,这初步论证了企业对非洲直接投资引致加成率水平下降。第(2)列纳入了企业和行业层面的控制变量,核心变量参数值结果仍较为稳健,负向结果仍然成立。后三列固定效应回归中分别纳入企业、年份、行业和省份虚拟变量,核心变量参数估计结果仍稳健为负。全样本结果显示,中国企业对非洲直接投资整体上带来了加成率水平下降。具体来看,当期的直接投资进入行为使得加成率减少 0.0336(0.1603 个标准差)。控制变量的结果基本符合预期。基准回归参数估计结果证实,中国企业当期对非洲直接投资的负向加成率效应大于净生产率效应,总体上呈现当期直接投资带来企业市场势力弱化。

表 3-19 对非洲直接投资对企业加成率的影响(基准回归)

变量	(1)	(2)	(3)	(4)	(5)
$ofdi \times Time$	-0.0428*** (-2.97)	-0.0362*** (-4.51)	-0.0341*** (-2.98)	-0.0338*** (-2.98)	-0.0336*** (-2.82)
lntfp_lp	—	0.1635*** (9.23)	0.2002*** (12.08)	0.2197*** (11.28)	0.2183*** (9.36)
$export$	—	-0.0514*** (-19.04)	-0.0175*** (-14.58)	-0.0185*** (-14.18)	-0.0168*** (-12.88)
ln$scale$	—	-0.0318*** (-12.87)	-0.0416*** (-9.52)	-0.0539*** (-9.62)	-0.0522*** (-8.25)

续表

变 量	(1)	(2)	(3)	(4)	(5)
klratio	—	0.1370 *** (14.01)	0.1653 *** (14.24)	0.1063 *** (14.01)	0.1009 *** (3.12)
soe	—	−0.0419 *** (−4.27)	−0.0028 ** (−1.99)	−0.0072 *** (−3.98)	−0.0085 * (−1.82)
age	—	0.0021 *** (2.91)	0.0088 (0.16)	0.0012 (0.42)	0.0001 (0.84)
hhi	—	0.1022 *** (6.18)	0.1052 *** (2.99)	0.0186 *** (3.54)	0.0095 *** (4.15)
常数项	1.2987 *** (4.08)	0.4122 *** (4.97)	0.1801 *** (17.85)	0.2187 *** (9.05)	0.1808 *** (5.86)
企业固定效应	否	否	是	是	是
年份固定效应	否	否	是	是	是
行业固定效应	否	否	否	是	是
省份固定效应	否	否	否	否	是
观测值	944	944	944	944	944
拟合优度	0.118	0.382	0.452	0.487	0.494

注: ***、**、* 分别表示在 1%、5%、10% 的水平下显著;括号内为 t 统计值。拟合优度为调整后 R^2(固定效应模型汇报组内 R^2)。

(四)全样本滞后效应

除了考虑当期直接投资行为的加成率效应,更为重要的是探究直接投资行为对企业的滞后期影响。一方面,企业对非洲投资需要通过一定时间学习和本土化,从而提高生产率;另一方面,企业对非洲直接投资行为随着进入年限变长,初始投资行为带来的成本在各年内得以分担,会使成本增加效应减弱;同时,随着进入非洲市场的时间变长,境外经营的经验和产品市场竞争力可能得以提升,竞争加剧效应会减弱。综上所述,对非洲直接投资的加成率可能具有正向滞后效应。中国企业对非洲直接投资的滞后期影响汇总在表 3-20 中,因为样本年限较短,所以这部分只对样本进行了一阶和二阶滞后期处理。根据前两列的回归来判断,企业直接投资在滞后期带来了显著正向的加成率效应,其中滞后 2 年的正向效应大于滞后 1 年的值。后两列的回归表明,滞后 1 年的正向加成率效应为 0.0116(0.0553 个标准差),滞后 2 年的正向加成率效应为 0.0133(0.0635 标准差)。经验数据证实中国企业对非洲直接投资后具有正向滞后期加成率效应,投资进入年限增加,该正向效应值也显著提升。从理论上来看,这一结果说明随着投资年限延长,企业对非洲直接投资的净生产率效应大于负向加成率效应,对非洲直接投资行为在滞后期提升了企业市场势力和盈利水平。

表 3-20　对非洲直接投资的滞后效应(全样本)

变　量	(1)滞后 1 年	(2)滞后 2 年	(3)滞后 1 年	(4)滞后 2 年
$ofdi \times Time$	0.0108* (1.77)	0.0132** (2.52)	0.0116* (1.88)	0.0133** (2.09)
lntfp_lp	0.2092*** (4.62)	0.2558*** (3.87)	0.2019*** (3.29)	0.2031*** (5.96)
$export$	-0.0301*** (-6.29)	-0.0295*** (-2.42)	-0.0891*** (-5.12)	-0.0145*** (-2.89)
ln$scale$	-0.0198*** (-5.45)	0.0193 (1.12)	-0.0412*** (-5.40)	0.0096 (1.08)
$klratio$	0.0965*** (16.26)	0.1571*** (3.49)	0.1091*** (16.41)	0.1513*** (3.01)
soe	-0.0109 (-2.72)	0.0558 (1.03)	-0.0042 (-1.09)	0.0132 (1.35)
age	0.0011*** (4.06)	0.0032 (1.13)	0.0031*** (3.12)	0.0016 (1.24)
hhi	0.0342*** (2.88)	-0.0536 (-0.09)	0.0521 (1.32)	-0.0185 (-0.13)
常数项	-0.1092*** (-8.75)	-0.9063*** (-4.79)	-0.1098*** (-2.88)	-0.8075*** (-5.48)
企业固定效应	是	是	是	是
年份固定效应	是	是	是	是
行业固定效应	否	否	是	是
省份固定效应	否	否	是	是
观测值	682	472	682	472
拟合优度	0.521	0.615	0.534	0.641

注: ***、**、* 分别表示在 1%、5%、10%的水平下显著;括号内为 t 统计值。拟合优度为调整后 R^2(固定效应模型汇报组内 R^2)。

（五）不同投资动机的回归结果

企业对非洲直接投资具有不同投资动机，相应的加成率效应也是大为不同的。以下，从几个方面具体动机出发探究不同直接投资动机下的异质性加成率效应。

1. 商务贸易型对非洲直接投资

这类直接投资行为的根本动机是出口导向，以境外投资拉动对目的国的出口。由于这类直接投资有利于促进出口，扩大生产规模，可能引致正向生产率效应。然而，当期直接投资进入因为企业品牌因素、需求不确定性、质量差异程度等局限会遭受严峻的竞争加剧效应。已有相当多国内文献分析中国的低价出口现象（盛丹和王永进，2012；林桂军和何武，2015）。据此，该类直接投资在当期可能有负向加成率效应。

2. 技术研发型对非洲直接投资

其主要目的是通过研发提升技术水平和创新能力，通常表现为设立研发中心和协同创新实验室等机构，此类投资加成率也要一分为二地看待。技术研发行为属于"破坏性创造"，具有相当程度的不确定性，创新成功率低下使技术研发行为较少在短期奏效。另外，从技术创新进入产业创新存在时间差，国内母公司通过直接投资的生产率提升反馈也会受到"学习能力"和"吸收能力"的影响。因为，企业该类投资行为可能带来产品创新和工艺创新，并释放有利信号，攫取一定的市场势力，可能会提升企业加成率水平。

3. 生产加工型对非洲直接投资

该种直接投资的基本动机是利用非洲较为廉价的劳动力成本优势，通常表现为设立生产工厂、境外子公司等机构直接参与东道国当地的生产。这种直接投资一方面可以促进国内企业对东道国出口；另一方面这种直接投资能透过当地子公司的中间品进出口、利润分享和共担成本等渠道提升国内母公司的生产率水平，有研究指出该种直接投资的净生产率效应大于商务贸易类直接投资（蒋冠宏和蒋殿春，2014）。然而，由于该类直接投资需要较大的固定资产投资作为前期准备，所以短期内无法带来显著正向加成率效应。该种直接投资进入国外市场后也可能遭受严峻的负向加成率效应。

4. 资源开发型对非洲直接投资

这类直接投资的基本动机是攫取企业和国家所需的战略性资源,提高国家能源占有率。这类直接投资的主体基本是中央企业,由于潜在的国家战略目的,其市场化盈利动机较弱,也无显著生产率提升动机。然而,这种直接投资一般投资金额巨大,后期维护成本也较高,企业会面临较大的成本增加效应。因为,这种直接投资较少参与东道国本国市场竞争,因此并无明显的竞争加剧效应。

5. 非经营型对非洲直接投资

这种直接投资是一种非生产动机的分类,因而,并无上文所分析的净生产率效应和负向加成率效应。

6. 多种目的型对非洲直接投资

企业对非洲直接投资可能具有上述多重动机,为研究的严谨性,把直接投资事项中具备上面两类或者以上直接投资动机的行为设定为该类投资。

异质性动机直接投资加成率影响结果如表 3-21 所示,根据第(1)列回归表明核心变量参数值显著为负,这证实了商务贸易型对非洲直接投资在当期的负向加成率效应。根据第(2)列回归显示技术研发类对非洲直接投资并无明显的当期加成率效应。第(3)列回归表明生产加工型对非洲直接投资在当期仍然面临严峻的竞争加剧效应,正向加成率效应不显著。第(4)列回归显示资源开发型对非洲直接投资在当期会引致企业加成率减少 0.0213(0.1016 个标准差),由于该类投资巨大的初始成本投入会显著影响企业加成率。第(5)列回归表明,非经营类的对非洲直接投资并未显著提升企业加成率。根据第(6)列回归显示,关键变量参数值为 -0.0218,该结果与上述分析吻合,当企业存在多样化的投资动机时,投资对其加成率的负向效应处于中间水平。总体上,不同投资动机对非洲直接投资(除技术研发和非经营类外)均呈现出相当水平的负向加成率效应,这也说明基准回归在子样本中具有稳健性。

表 3-21　不同投资动机的加成率效应

变　量	(1) 商务贸易	(2) 技术研发	(3) 生产加工	(4) 资源开发	(5) 非经营型	(6) 多种目的
$ofdi \times Time$	-0.0371** (-2.48)	0.0108 (0.98)	-0.0286 (-1.02)	-0.0213** (-2.09)	0.0183 (1.02)	-0.0218** (2.36)
常数项	0.2532*** (6.06)	0.1682*** (12.06)	0.1985*** (19.62)	0.2298*** (17.36)	0.2096*** (8.13)	0.2174*** (12.86)
观测值	89	88	160	239	195	173
拟合优度	0.712	0.736	0.662	0.675	0.642	0.689

注:***、**、*分别表示在1%、5%、10%的水平下显著;括号内为 t 统计值。拟合优度为调整后 R^2(固定效应汇报组内 R^2)。篇幅所限,该表并未汇报控制变量的具体参数估计结果,回归均包含企业、年份、行业和省份固定效应。下表同。

　　这部分主要讨论异质性投资动机下企业对非洲直接投资的滞后期加成率效应。全部6种投资动机的滞后1—2年结果如表3-22所示。前两列回归关键变量参数值显著为负,从负向效应值来看呈现降低趋势,这表明商贸贸易类直接投资正向加成率效应随进入年限增长有所提升,负向效应值逐步减小。中间两列回归表明,技术研发型对非洲直接投资行为在滞后期具有正向加成率效应,其中滞后1年的正向效应值为0.0118(0.0563个标准差),明显超过基准回归的平均水平,滞后2年的该效应值正向加成率效应为0.0225(0.1073个标准差)。这体现技术研发型对非洲直接投资具有正向净生产率效应和负向竞争加剧效应,随着投资进入年份增长,上述正向加成率效应会更为明显。后两列是生产加工型对非洲直接投资的滞后期加成率效应,回归表明该种投资具有明显正向滞后期效应值,从影响程度来看,滞后2年的效应值明显超过滞后1年的数值。这表明该类投资对非洲直接投资具有较好的正向加成率滞后期效应,经营年份增加会强化正向加成率效应,使企业获得更大市场占有率。

表3-22　不同投资动机的滞后效应

变量	商务贸易		技术研发		生产加工	
	（1）滞后1年	（2）滞后2年	（3）滞后1年	（4）滞后2年	（5）滞后1年	（6）滞后2年
ofdi×Time	−0.0102*** （−2.23）	−0.0108*** （−2.03）	0.0118** （2.13）	0.0225** （2.22）	0.0132*** （2.98）	0.0209** （2.36）
常数项	0.0322 （1.35）	−0.1098*** （−3.98）	0.0122 （1.37）	−0.1082*** （−4.23）	0.0176 （1.08）	−0.1893*** （−3.45）
观测值	68	48	66	42	140	118
拟合优度	0.396	0.432	0.893	0.885	0.696	0.731

注：***、**、*分别表示在1%、5%、10%的水平下显著；括号内为t统计值。拟合优度为调整后R^2（固定效应模型汇报组内R^2）。

（六）所有制类型对企业投资效应的影响

中国企业对非洲直接投资，国有企业从投资金额和投资项目数量等方面均占据主导地位，是对非洲直接投资的主体。这部分进一步讨论中希望以不同所有制类型视角审视企业对非洲直接投资的加成率效应差异。表3-23的回归结果显示，对非洲直接投资的当期加成率效应均显著为负，其中国有企业负向效应值大于非国有企业（包括民营企业、外资企业等）；进一步，从滞后期加成率效应来看，相比于非国有企业而言，国有企业滞后期加成率效应并不显著，这也说明了国有企业投资绩效相对较差，非国有企业在滞后期市场势力显著增强。

表3-23　不同所有制类型企业对非洲直接投资加成率效应比较

变量	国有企业			非国有企业		
	（1）当期	（2）滞后1年	（3）滞后2年	（4）当期	（5）滞后1年	（6）滞后2年
ofdi×Time	−0.0410** （−2.61）	0.0128 （0.53）	−0.1283 （−0.72）	−0.0153* （1.87）	0.0168** （2.20）	0.0196** （2.32）
常数项	−0.0048 （−0.05）	−0.0802 （−0.64）	−0.2108 （−1.16）	0.7183*** （6.20）	0.0413* （1.92）	−0.1098*** （−3.12）
观测值	160	132	108	784	550	364
拟合优度	0.886	0.912	0.926	0.463	0.558	0.689

注：***、**、*分别表示在1%、5%、10%的水平下显著；括号内为t统计值。拟合优度为调整后R^2（固定效应模型汇报组内R^2）。

本书通过应用倍差法和双重差分法等计量模型揭示中国企业对非洲投资的加成率问题。实证结果较好地揭示了投资当期与滞后期加成率水平、异质性直接投资动机下对非洲投资的滞后期加成率效应差异,以及国有企业与非国有企业两类企业投资后绩效的显著差异。实证结果及对策建议对中国企业对非洲投资绩效提升具有一定借鉴意义。

第四节　对非洲直接投资贸易效应分析

在进行中国对非洲直接投资效率评价的实证研究后,贸易往来是否会受投资影响、中国对非洲直接投资对贸易是否具有促进作用,也是我们需要考虑的一个重要因素。所以本书将继续研究投资的贸易效应,并根据前文的效率评价值进行分类,对非洲总体样本和分类样本进行回归,深入探究对非洲直接投资的投资效率值与出口贸易额的关系。

一、研究方法

中国对外贸易发展成熟,国际地位显著。贸易效应的研究也成为热点。对进出口贸易与对外直接投资的关系研究始于蒙代尔(1957),蒙代尔认为在存在国际贸易壁垒的情况下,对外直接投资与对外贸易呈现相互替代的关系。马库森(Markusen,1983)通过建立简化的要素比例模型得出商品贸易和要素流动的关系,认为投资产生的根源决定投资和贸易的关系,所以不能用简单的互补或替代去看待。还有很多学者在探究投资与贸易的关系中采用了实证分析,赫斯特(Host,1972)采用回归分析的方法建立模型,分析了投资和出口关系,得出的结论为:对外直接投资与出口贸易关系的决定因素在于美国公司投资的动机。

中国对投资与贸易关系研究结论大多偏向于投资促进了贸易往来。蔡锐和刘泉(2004)基于小岛清的"边际产业理论"建立分析框架,以中国与发达国家、中国与非发达国家两个视角且分别从中国对外直接投资和外商直接投资两个方面进行研究,研究结论证明中国的对外投资与贸易为互补关系。项本武(2005、2006)以非洲 49 个东道国为样本对象,采用引力模型,基于 2000 年到 2001 年中国对非洲 49 个国家的年对外直接投资流量和年末直接投资存量及出口贸易额的面板数据进行多元回归,分析投资与贸易的关系,研究表明:中国对外直接投资与中国出口水平存在正相关关系,中国对外直接投资属于出口创造型。

二、中国对非洲直接投资的贸易效率评价

(一)模型构建与样本选取

在对非洲直接投资的贸易效应实证分析中,主要采用了引力模型。廷伯根(Tingbergen)最早在国际贸易领域中应用了引力模型,他提出"两个国家的贸易额同它们的经济规模成正比,与它们的地理距离成反比"。

主要研究出口额与投资量的关系,所以研究在传统引力模型 $T_{ij} = A \dfrac{Y_i Y_j}{D_{ij}}$

(T_{ij} 为两国的贸易量, Y_t 、 Y_j 为两国的经济总量,A 为常量, D_{ij} 为两国之间的距离)的基础上,重新构建模型如下:

$$ex_{ij} = ofdi_{ij}^a \, gdp_j^\beta \, D_{ij}^\gamma \tag{3.23}$$

其中,因变量 ex_{ij} 表示 i 国对 j 国的出口额; $ofdi_{ij}$ 表示 i 国对 j 国直接投资存量; gdp_j 表示 j 国的年生产总值,代表东道国 j 国的经济发展水平; D_{ij} 表示 i 国和 j 国之间的地理距离。而 α 、 β 、 γ 分别为对外直接投资、国内生产总值和地理距离对出口额 EX 产生作用的程度。在此模型基础上,对两边同时取对数,将常数项 lnA 替换为常数项 c ,并加入随机扰动 μ ,得到计量经济学模型如下:

$$\ln ex_{ij} = c + a \ln ofdi_{ij} + \beta \ln gdp_j + \gamma \ln D_{ij} + \mu \tag{3.24}$$

在本次实证研究中选取了上文研究的 42 个非洲国家作为研究对象,具体数据选择了 2008—2015 年长达 8 年的数据,其中包括中国对非洲各东道国的出口额 EX、对外直接投资存量 OFDI、东道国国内生产总值 GDP,以及各非洲东道国到中国的地理距离 D,作为面板数据模型(见表 3-24)。实证研究的计量软件采用 Eviews 6.0。

表 3-24　相关变量及来源

变量	变量含义及单位	数据来源	预期系数符号
EX	中国对东道国出口额(万美元)	《中国统计年鉴》	-
OFDI	中国对东道国直接投资存量(亿美元)	《中国对外直接投资公报》	+
GDP	东道国国内生产总值(亿美元)	联合国贸易和发展会议数据库	+
D	中国与东道国地理距离(公里)	Google 地图	-

(二)数据处理与检验

1. Hausman 检验

在进行面板数据回归时首先要确定面板数据模型,通常有 3 种,即混合模型、固定效应模型和随机效应模型。Hausman 检验可以帮助确定变量间建立固定效应模型还是随机效应模型。

Hausman 检验结果如表 3-25 和表 3-26 所示,由于截面随机效应检验中 P 值 0.2864>0.05,因此接受原假设,建立个体随机效应模型。由于时点随机效应检验中 P 值 0.0292<0.05,因此拒绝原假设,需进一步进行 F 检验。

表 3-25　Hausman 检验截面随机结果

相关随机效应—Hausman 检验 Pool:无题 试验截面随机效应			
测试结果	卡平方统计	Chi-Sq.d.f.	显著性
随机截面	2.500631	2	0.2864

表 3-26　Hausman 检验时间随机结果

相关随机效应—Hausman 检验 Pool:无题 试验截面随机效应			
测试结果	卡平方统计	Chi-Sq.d.f.	显著性
周期随机	7.063914	2	0.0292

2. F 检验

F 检验的目的在于确定建立固定效应模型还是混合模型,所以在 Hausman 检验中时点随机效应检验拒绝原假设之后,需进行 F 检验进一步确认。

F 检验结果如表 3-27,P 值 0<0.05,因此拒绝原假设建立时点固定效应模型。综上,根据 Hausman 检验和 F 检验结果可得,该面板数据应该采用个体随机时间固定效应模型。

表 3-27　F 检验结果

冗余固定效应试验 Pool:无题 试验周期固定效应			
效果测试	统计量	d.f.	显著性
F 检验	6.240638	(7.326)	0.0000

(三)实证结果分析

1. 总体样本回归结果分析

表 3-28　总体样本回归结果 1

因变量:LNE 方法:合并 EGL(横截面随机效应) 评价软件操作时间:2017 年 实证分析的样本时间:2008 年、2015 年 包括的观察结果:8 包括横截面:42 总池(平衡)观测:336 分量方差的 swamy 和 arora 估计			
变量	系数	标准差	T 值	显著性
C	2.955363	10.22790	0.288951	0.7728
LNF	0.139873	0.04040	3.462167	0.0006
LNG	0.488677	0.07853	6.222762	0.0000
LND	0.230595	1.09566	0.210462	0.8334

由于表 3-28 中变量 LND 的检验没有通过,因此在此模型中变量 D 与因变量 ex 的关系不明显,地理距离的影响因素不显著与当地交通网络发达密不可分,在国际贸易发展的过程中,国家与国家之间的地理距离不是重要的考虑因素。故舍去变量 LND,修正模型得到:

$$\ln ex_{ij} = c + a\ln ofdi_{ij} + \beta \ln gdp_j + \mu \qquad (3.25)$$

得到回归结果如表 3-29 所示。

表 3-29　总体样本回归结果 2

变量	系数	标准差	T 值	显著性
C	5.163098	0.769892	6.706264	0.0000
ln$ofdi$	0.137009	0.040684	3.367668	0.0008
lngdp	0.485049	0.077722	6.240811	0.0000
随机效应(交叉)				
ALGERI—C	0.523272	MADAGA—C	-0.012464	
ANGOLA—C	0.488349	MALAWI—C	-1.051618	
BENIN—C	1.798844	MALI—C	-0.807677	
BOTSWA—C	-1.088585	MAURITA—C	0.175175	
CAMERO—C	0.088572	MAURITI—C	-0.292949	
CENTRA—C	-2.729933	MOROCC—C	0.564024	
CHAD—C	-1.146923	MOZAMB—C	0.154069	
CONGO—C	-0.133034	NAMIBI—C	-0.494115	
CDIVOIRE—C	0.015955	NIGER—C	-0.892163	
DEM—C	-0.492256	NIGERI—C	0.680414	
DJIBOU—C	1.448764	RWANDA—C	-1.557161	
EGYPT—C	0.971929	SENEGA—C	0.309107	
EQUATO—C	-0.732293	SIERRA—C	-0.735141	
ERITRE—C	-1.160727	SOUTH—C	0.903098	
ETHIOP—C	0.288390	SUDAN—C	0.125095	
GABON—C	-0.815261	TOGO—C	1.772802	
GHANA—C	0.920633	TUNISI—C	0.308561	
GUINEA—C	1.110275	UGANDA—C	-0.841376	
KENYA—C	0.671275	UNITED—C	0.443922	

续表

变量	系数	标准差	T 值	显著性
LIBERI—C	2.367380	ZAMBIA—C	−0.821534	
LIBYA—C	0.417177	ZIMBAB—C	−0.741874	
固定效应(周期)				
2008—C	−0.233698	2012—C	0.076427	
2009—C	−0.276316	2013—C	0.098624	
2010—C	−0.113786	2014—C	0.144020	
2011—C	−0.029386	2015—C	0.334115	
加权统计				
R^2		0.668477	因变量均值	11.19786
调整的 R^2		0.656564	S.D.相关变量	0.463494
回归的 S.E.		0.308645	残差平方和	31.05535
F 统计量		47.71822	DW 值	1.610768
F 统计量显著性		0.000000		

由表 3-29 回归的结果可得回归方程:

$$\ln ex_{ij} = D_i + P_t + 5.163 + 0.137\ln ofdi_{it} + 0.485\ln gdp_{it} + \mu \quad (3.26)$$

$$T = \quad (6.71) \quad (3.37) \quad (6.24)$$

$$P = \quad (0) \quad (0) \quad (0)$$

$R^2 = 0.67, Adj.R^2 = 0.66 \ F = 47.2, F = 47.72, DW = 1.61$

$i = 1$—42 国家,$t = 2008$—2015 年,其中虚拟变量 D_i 为每个国家对应的截距项,P_t 为每一年对应的截距项。

分析回归结果可知,F 统计量的值为 47.72,说明模型显著。DW 统计量值为 1.61,说明模型不存在一阶自相关。在 5% 的显著性水平下,各解释变量的 T 值显著,说明东道国的 GDP 和对其直接投资额能显著影响中国对非洲国家的出口额。拟合优度 $R^2 = 0.66$,在面板数据回归的情况下可以接受。所以可得中国对非洲东道国的投资额对其出口额的影响系数为 0.137,东道国的 GDP 对中国对其出口额的影响系数为 0.485,投资对出口的固定影响为 5.163。

由于回归模型是个体随机时间固定效应模型,所以回归结果中还表明各个国家和各个年份存在一定的截距差异,因此可知投资额对出口贸易额的固定影响对于每个国家都不同,对于不同年份也存在一定差异。

截距项的大小意味着直接投资对出口贸易额的固定影响,从个体效应来看,吉布提、南非、尼日利亚、摩洛哥、埃及、利比里亚、贝宁、多哥、几内亚、加纳这10个国家有较强的正向的固定影响。结合前文直接投资评价效率中聚类得出的一类投资效率水平较高的国家结果,大多数国家都在原本模型的基础上另外有一定程度的正向的固定影响,包括吉布提、埃及、南非、尼日利亚、摩洛哥、突尼斯、科特迪瓦这7个国家,而赤道几内亚和毛里求斯这两个国家在原有的基础上另外的正向固定影响不显著。分析其国内经济类型,可知赤道几内亚主要依靠石油开采,属于资源出口型经济,而毛里求斯属于岛国,以旅游业闻名。所以依据回归结果可得出基本结论:投资效率较高的国家其直接投资对出口贸易大多都有一定程度的固定正向影响。

从时间效应来看,从2008年的固定负向影响到2015年的固定正向影响可知,经济环境大趋势随时间的改变慢慢变化,而我国与非洲的贸易往来在近几年也越来越频繁,整体的对外贸易环境在逐步改善。

2. 分类样本回归结果分析

为了更加全面深入地分析中非投资与贸易之间的关系,本书前半部分根据中国对非洲投资效率进行了评价,并依据2015年的评价结果将42个非洲国家的总体样本聚类划分了三类,依次为第一类样本、第二类样本和第三类样本。在分类样本下进行对外直接投资贸易效应的实证研究。

(1)第一类样本回归结果

表3-30 分类样本第一类样本有效投资效率国家回归结果

变量	系数	标准差	T值	显著性
C	5.622243	1.411763	3.982427	0.0002
ln$ofdi$	0.136713	0.077397	2.766382	0.0423

续表

变量	系数	标准差	T 值	显著性
lngdp	0.483031	0.143410	3.368183	0.0013
加权统计				
R^2	0.690565	因变量均值		12.11005
调整的 R^2	0.645647	S.D.相关变量		0.383554
回归的 S.E.	0.228320	残差平方和		3.232065
F 统计量	15.37392	DW 值		1.550334
F 统计量显著性	0.000000			

由表 3-30 回归的结果可得第一类投资最高有效效率国家的回归方程：

$$\ln ex_{ij} = D_i + P_t + 5.622 + 0.137\ln ofdi_{it} + 0.483\ln gdp_{it} \quad (3.27)$$
$$\text{T} = \qquad (3.98) \qquad (2.77) \qquad (3.37)$$
$$\text{P} = \qquad (0) \qquad (0.04) \qquad (0)$$

$R^2 = 0.69$, Adj.$R^2 = 0.65$, F = 15.37, DW = 1.55

$i = 1$—9 国家, $t = 2008$—2015 年,其中虚拟变量 D_i 为每个国家对应的截距项, P_t 为每一年对应的截距项。

由回归结果可得,F 统计量的值为 15.37,模型显著。DW 统计量值为 1.55,说明模型不存在一阶自相关。在 5%的显著性水平下,各解释变量的 T 值显著,说明在投资效率中等的第一类样本中,东道国的 GDP 和对其直接投资额也能显著影响中国对非洲国家的出口额。由回归结果可得,中国对非洲东道国的投资额对其出口额的影响系数为 0.137,东道国的 GDP 对中国对其出口额的影响系数为 0.483,投资对出口的固定影响为 5.622。

(2)第二类样本回归结果

表 3-31 分类样本第二类样本中等投资效率国家回归结果

变量	系数	标准差	T 值	显著性
C	4.682877	1.231193	3.803527	0.0003
ln$ofdi$	0.140584	0.075172	2.310166	0.0416

续表

变量	系数	标准差	T 值	显著性
lngdp	0.508525	0.122256	4.159598	0.0001
加权统计				
R^2	0.624000		因变量均值	10.85388
调整的 R^2	0.618851		S.D.相关变量	0.431861
回归的 S.E.	0.343091		残差平方和	11.06489
F 统计量	7.688259		DW 值	1.580790
F 统计量显著性	0.000000			

由表 3-31 回归的结果可得第二类投资中等有效效率国家的回归方程：

$$\ln ex_{ij} = D_i + P_t + 4.683 + 0.141\ln ofdi_{it} + 0.509\ln gdp_{it} \qquad (3.28)$$

$$T = \qquad (3.80) \qquad (2.31) \qquad (4.16)$$

$$P = \qquad (0) \qquad (0.04) \qquad (0)$$

$$R^2 = 0.62, Adj.R^2 = 0.62, F = 7.69, DW = 1.58$$

$i = 1$—13 国家，$t = 2008$—2015 年，其中虚拟变量 D_i 为每个国家对应的截距项，P_t 为每一年对应的截距项。

由回归结果可得，F 统计量的值为 7.69，模型显著。DW 统计量值为 1.58，说明模型不存在一阶自相关。在 5% 的显著性水平下，各解释变量的 T 值显著，说明在投资效率较高的第二类样本中，东道国的 GDP 和对其直接投资额也能显著影响中国对非洲国家的出口额。由回归结果可得，中国对非洲东道国的投资额对其出口额的影响系数为 0.141，东道国的 GDP 对中国对其出口额的影响系数为 0.509，投资对出口的固定影响为 4.683。

（3）第三类样本回归结果

表 3-32　分类样本第三类样本较低投资效率国家回归结果

变量	系数	标准差	T 值	显著性
C	8.654347	1.684336	5.138136	0.0000
ln$ofdi$	0.103343	0.063433	1.629163	0.1054

续表

变量	系数	标准差	T 值	显著性
lngdp	0.143367	0.173078	0.828336	0.4088
加权统计				
R^2	0.642996		因变量均值	11.01096
调整的 R^2	0.621576		S.D.相关变量	0.507938
回归的 S.E.	0.312464		残差平方和	14.64507
F 统计量	30.01812		DW 值	0.966546
F 统计量显著性	0.000000			

由表 3-32 回归的结果可得第三类投资效率较低的国家的回归方程：

$$\ln ex_{ij} = D_i + P_t + 8.654 + 0.103\ln ofdi_{it} + 0.143\ln gdp_{it} \tag{3.29}$$

T＝　　　　(5.14)　(1.63)　　　(0.83)

P＝　　　　(0)　　(0.10)　　　(0.41)

$R^2 = 0.64, \mathrm{Adj}.R^2 = 0.62, F = 30.02, DW = 0.97$

$i = 1$—20 国家，$t = 2008$—2015 年，其中虚拟变量 D_i 为每个国家对应的截距项，P_t 为每一年对应的截距项。

由回归结果可得，解释变量对外直接投资值和 GDP 值不显著，所以与被解释变量出口额没有明显的关系，说明在投资效率较低的第三类样本中，东道国的 GDP 和对其直接投资额也不能显著影响中国对非洲国家的出口额。

3. 实证研究结果分析

表 3-33 反映出分类样本第三类样本较低投资效率国家回归结果。

表 3-33　第三类分类样本较低投资效率国家回归结果

模型分类	常数项	lnOFDI	lnGDP	是否显著
总体样本模型	5.163	0.137	0.485	显著
第一类样本模型	5.622	0.137	0.483	显著

续表

模型分类	常数项	lnOFDI	lnGDP	是否显著
第二类样本模型	4.683	0.141	0.509	显著
第三类样本模型	—	—	—	不显著

根据投资的贸易效应的实证研究结果可以得到：

第一，从实证回归的方程来看，非洲总体样本数据表明，中国对非洲直接投资对其到东道国的出口贸易有明显的促进作用。而投资效率较高的第一类样本和投资效率中等的第二类样本的实证结果也同样表明中国对非洲直接投资对其到东道国的出口贸易有明显的促进作用。而在投资效率较低的第三类样本中中国对非洲投资与出口额没有显著关系。分析可得投资与贸易的关系在不同类别的区域样本中有一定差别，所以在差异性大的样本中不可一概而论，需要通过分类样本具体分析。

第二，从分类样本的三个类别的回归方程对比分析，第一类样本回归结果中常数项即投资的固定影响值最大，达到5.622；而第二类样本的固定影响值虽然较小，但是其直接投资额的影响系数0.141，比第一类样本直接投资额的影响系数0.137大；而第三类样本的回归结果不理想，解释变量不显著，即投资额与出口额不存在显著关系。分析可知，在投资效率中等及以上的非洲东道国的投资能有效促进中国对其出口贸易，而投资效率高的第一类样本已经获得较高的固定正向影响，但其对外直接投资的直接影响系数不如第二类样本，所以在考虑投资国别时，不能仅仅考虑投资效率高的国家，对于投资效率中等水平但处于投资效率上升趋势的国家也可以有一定偏向性。

第三，从图3-7各类样本回归结果的时间固定效应来看，从2008年投资对出口的固定负向影响到2015年固定正向影响表明，经济环境大趋势随时间的改变慢慢变化，而我国与非洲的贸易往来在近几年也越来越频繁，整体的对外贸易环境在逐步改善。

（单位：差值）

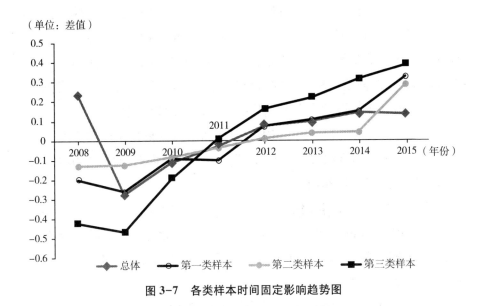

图3-7　各类样本时间固定影响趋势图

三、结论及政策启示

贸易效应实证结果表明,无论是从非洲总体样本数据的实证结果还是根据投资效率分类的第一类和第二类样本数据来看,中国对非洲直接投资对其到东道国的出口贸易有明显的促进作用。

根据不同投资效率的分类区域,对外直接投资值对出口市场的促进效果和强度不同,其中对于有效投资效率的一类国家来说,投资对出口的拉动作用固定影响尤为明显。对于投资效率中等的二类模型来说,其对外直接投资的影响系数最大,达到了0.141。而GDP对出口贸易影响的实证结果与预期一致,对出口贸易有促进作用。但是D(地理距离)对出口贸易的影响与预期不同。一方面,可能是因为本书研究针对非洲区域国家,而这些国家分布集中,与中国的地理距离差距和影响程度较小;另一方面,地理距离在交通网络日渐发达的今天对于国际贸易进出口来说影响程度也日渐缩小,所以这也是地理距离在贸易效应引力模型中变量因果关系不显著的原因。综上所述,可得出以下结论。

第一,投资效率中等及以上的非洲东道国的投资与中国对其出口贸易额存在显著正相关关系。虽然投资效率高的非洲东道国的直接投资额对出口额有较高的固定正向影响，但投资效率中等的东道国的对外直接投资的直接影响系数更大。所以在考虑投资国别时，不能仅仅关注投资效率问题，要根据投资和贸易的综合影响来制定投资策略，对于投资效率中等水平但处于投资效率上升趋势的国家也可优先考虑。

第二，东道国的经济规模与中国对非洲出口贸易存在正相关关系，所以中国对非洲投资在带动非洲东道国经济发展的同时，也对中国对非洲出口贸易起到了促进作用，达到双赢的效果。

第三，中国与非洲各国的地理距离与中国对非洲出口贸易不存在显著关系，随着交通网络的飞速发展，国与国之间的距离越来越近，因此，在考虑投资与贸易问题时，地理距离因素可忽略，更应该关注东道国经济环境和发展潜力这些方面。

通过 DEA 效率评价和贸易效应引力模型的实证研究可知，中国对非洲投资效率还处于中低水平，但中国对非洲投资与东道国的经济发展有相互促进的关系，中国对非洲投资有效地促进了中国对非洲的出口贸易，从而推动了投资与贸易一体化的发展。对此，有以下几点政策启示。

（一）重视投资环境因素进行对外投资区位选择

非洲各东道国的社会和经济环境较为复杂，存在国家政局不稳、社会动荡的情况。所以在对非洲投资的过程中经常要承担较大的风险，投资效率评价的结果也呈现较不稳定的状态。因此在对非洲投资中要密切关注东道国国内实际的投资环境，对地区投资风险进行评估和预测，提早防范风险。

（二）结合投资效率与贸易效应结论选择最优投资策略

结合东道国实际优先选择投资效率较高或者中等水平的国家。一方面，投资于评价效率高的国家有利于获得更好的投资回报，且直接投资对东道国经济发展也有更显著的促进作用，两国可以获得共赢的效果；另一方面，从两国进出口贸易往来上看，投资效率较高或中等水平的国家的直接投资额对出口贸易量的促进作用也较为明显。所以为使得资本的投资效率达到最有效状态，可优先考虑选择投资效率较高或中等水平的国家进行投资。与此同时,针对一些投资效率低的东道国需要综合考虑其实际国情,有一些国家在投资初期显现的投资成果较不显著,但实际上存在一定的投资发展潜力,需要针对实际情况进行策略调整。

(三)对非洲投资结构优化,提升中非经贸合作区运行效率

中国对非洲直接投资存在投资分散、产业聚集能力差、粗放经营风险频发的特点。因此在很多投资效率低的国家中,都存在投资的规模效率和技术效率低下的问题。所以在对非洲直接投资策略选择上,结合"一带一路"建设推进,引导国内企业利用优势互补和资源共享,在非洲境外产业园区中提升管理运行效率,产业结构调整优化升级,得到最优的投资策略,以增强整体的产业集聚能力和规模经济效益。

(四)及时掌握非洲各东道国经济环境动态,适时调整投资规模与策略

根据实际情况调整战略十分关键。在大多数资本流向投资效率高的国家的同时,可能会出现投资规模效应下降的情况。因此,应实时掌握各东道国的经济动态,着重考虑投资效率处于上升趋势的国家。对于投资效率处于上升趋势的国家来说,其投资发展的空间巨大,投资效率回报的潜力也很大,因此在投资选择过程中应该以长远的目光看待这类非洲东道国,在投资过程中建立起风险预警机制,提高投资过程中的抗风险能力。

第四章　中国企业对非洲直接投资
重点区域与国别研究

　　非洲作为全球发展中国家最集中的大陆,近十年来经济持续走强,吸引了中国乃至世界投资者的目光。随着"一带一路"倡议的逐步深度推进,非洲成为中国向西推进"一带一路"建设的重要目的地。尤其是东非和南部非洲,作为海上丝绸之路的历史和自然延伸,埃塞俄比亚、坦桑尼亚等东非国家和南非、赞比亚等非洲南部国家纷纷快速响应对接中国"一带一路"倡议,中非合作迎来了新的发展机遇。

　　为深入探究非洲大陆区域与国别经济发展和社会文化的多样性和差异,需要对重点区域与国家开展针对性分析,为此本章选取了东非、西非、南部非洲和几内亚湾区 4 个重点区域,埃塞俄比亚、坦桑尼亚、尼日利亚、塞内加尔、南非、赞比亚、几内亚和科特迪瓦 8 个重点国家进行分析,并选择中国高铁、东方工业园、中非合作农业示范中心等在非投资的典型案例,以期通过对非洲投资区位的深入分析和案例启示助力中非经贸合作。

第一节　对非洲直接投资区域总体特征

　　改革开放以来,中国坚持"引进来"与"走出去"相结合,经济得到飞速发展,经济实力逐步增强。在发展本国经济的同时,中国也不断加快"走出去"步伐,在世界各国进行投资合作。中非合作论坛自 2000 年成立以来,中国对非洲的直接投资与日俱增,具体呈现出以下特点。

一、中国对非洲直接投资额稳步增长

　　中国商务部统计称,2017 年中国对非洲直接投资 31 亿美元,是 2003

年的近 40 倍,几乎涉及非洲各个国家。截至 2018 年年底,中国对非洲全行业直接投资存量超过 460 亿美元。2019 年 1—4 月,中国新增对非直接投资 12.2 亿美元,同比增长超过 40%,可见非洲市场对中国企业的吸引力。而从投资区域来看,南部非洲区域处于领先地位,远高于其他区域,东、西、中部非洲区域呈逐年上升趋势,北非区域虽从 2016 年有所下降,但总体仍呈现上升状态(见图 4-1)。

（单位：亿美元）

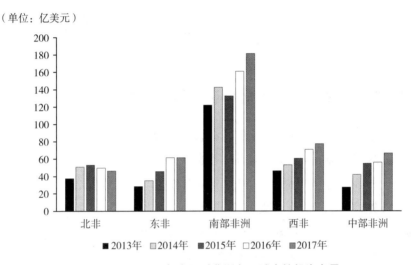

图 4-1　2013—2017 年中国对非洲各区域直接投资存量

从投资具体流向来看,中国对非洲的投资额主要流向南非、刚果(金)、赞比亚、尼日利亚、安哥拉、埃塞俄比亚、阿尔及利亚、津巴布韦、加纳和肯尼亚等国家(见表 4-1)。

表 4-1　2013—2017 年中国对非洲直接投资存量前十位国家

（单位:万美元）

2013 年		2014 年		2015 年		2016 年		2017 年	
国　家	投资存量	国　家	投资存量	国　家	投资存量	国　家	投资存量	国　家	投资存量
南　非	440040	南　非	595402	南　非	472297	南　非	650084	南　非	747277
赞比亚	216432	阿尔及利亚	245157	刚果(金)	323935	刚果(金)	351498	刚果(金)	388411
尼日利亚	214607	尼日利亚	232301	阿尔及利亚	253155	赞比亚	268716	赞比亚	296344
安哥拉	163474	赞比亚	227199	尼日利亚	237676	阿尔及利亚	255248	尼日利亚	286153

2013 年		2014 年		2015 年		2016 年		2017 年	
国　家	投资存量	国　家	投资存量	国　家	投资存量	国　家	投资存量	国　家	投资存量
津巴布韦	152083	刚果(金)	216867	赞比亚	233802	尼日利亚	254168	安哥拉	226016
苏　丹	150704	苏　丹	174712	苏　丹	180936	埃塞俄比亚	200065	埃塞俄比亚	197556
阿尔及利亚	149721	津巴布韦	169558	津巴布韦	179892	加　纳	195827	阿尔及利亚	183366
刚果(金)	109176	安哥拉	121404	加　纳	127449	津巴布韦	183900	津巴布韦	175834
毛里求斯	84959	加　纳	105669	安哥拉	126829	安哥拉	163321	加　纳	157536
加　纳	83484	刚果(布)	98876	坦桑尼亚	113887	坦桑尼亚	119199	肯尼亚	154345

二、中国对非洲直接投资领域广,取得成果多

截至 2018 年年底,中国在非洲设立了 3700 多家企业,覆盖交通、建筑、能源矿产、制造业、信息通信、房地产、金融和电商等多个领域,极大地促进了非洲的经济发展和中非的友好合作。

首先,中国企业重点投资于非洲基础设施建设,包括交通、电力、能源、通信等方面。交通方面,中国企业主要投资于非洲国家铁路、公路、机场、桥梁和港口等领域的基础设施建设,以加快改善非洲交通道路设施,为经济发展奠基。在电力和能源领域,中国承建了非洲许多国家的电力和能源项目。据国际能源署统计,2010 年以来,中国投资承建了非洲国家 1/3 以上的电力设施和能源项目。作为世界上最大的石油和矿产资源进口国,中国对非洲能源方面也进行了大量投资,包括乌干达、尼日利亚、莫桑比克、阿尔及利亚和南非等国的油气以及几内亚、刚果(金)、赞比亚、津巴布韦和坦桑尼亚等国的矿产,带动了非洲国家的大宗商品出口的同时也满足了我国的能源需求。通信方面,中国企业承建了诸多光纤网络,华为和中兴等公司的通信产品也逐步深入非洲,推动了非洲通信的普及。

其次,近几年非洲国家经济以高于世界平均水平的速度增长着,人民生活得到了很大改善,许多中国公司开始投资非洲的商业房地产、住房、商业贸易城和酒店等,比如中信建设有限公司在安哥拉承揽的社会住房

项目 K.K.一期工程。随着互联网、交通和支付方式等有关基础设施的普及和完善,非洲的电子商务和物流也发展了起来,吸引了阿里巴巴等互联网企业前来投资合作。

再次,中国银行走进非洲,开创中非金融合作新模式。中国国家开发银行 2007 年成立中非发展基金,以开发性金融服务中非合作。2008 年中国工商银行投资 55 亿美元收购南非标准银行 20% 的股权,成为其第一大股东。中国进出口银行积极推进中非产能合作,帮助非洲国家增强出口创汇能力。2014 年,中国农业银行与刚果(布)政府共建中刚非洲银行,服务非洲现代化金融体系建设。2018 年,中国银行首次面向非洲国家举办"一带一路"国际金融交流合作研修班,用金融的力量推动中非深层次交流。

最后,由于非洲传统的农业经济和丰富的旅游资源,中国在这两个领域也投资较多。中国企业将先进的农业技术带入非洲,在非洲国家建立农业技术示范中心,帮助非洲国家解决温饱问题,发展现代农业。丰富的旅游资源吸引了大量的中国游客,为非洲国家带来了大量的外汇收入。

三、工业园、自由贸易区等成为投资新形式

随着中非合作的深入,越来越多的中国企业到非洲兴建各类工业园区,以形成规模效应,推动企业和当地经济的发展。最典型的就是江苏永元投资有限公司在埃塞俄比亚的卡杜姆镇投资建设的东方工业园区,是民营企业在非投资的样本。此后,中国企业在埃塞俄比亚继续投资建设了几大工业园区,包括以纺织工业为主的阿瓦萨工业园,以建材家居为主的中交埃塞 ARERTI 工业园和以外向型制造业为主的埃塞俄比亚—湖南工业园等。除此以外,中国企业在非洲其他国家也有投资,包括吉布提国际自由贸易区,尼日利亚莱基自由贸易区以及南非的亚特兰莱斯工业园等。

四、中国民营企业逐步成为对非投资主力军

中非合作初期多以大型的基础设施项目合作为主,国有企业因资金、

人力、技术等优势,占据对非投资的主要地位。随着合作领域日益多元化,民营企业逐步成为中国对非投资的主力军。调查显示,目前中国有一万多家企业分布在各个非洲国家,其中90%属于民营企业,投资占据了中国对非投资数量和金额的70%以上,且覆盖从工业、农业、基础设施到金融、影视、公共卫生等几乎所有行业。民营企业正逐步成为中非投资合作的主要力量,促进非洲经济社会的进步,推动中非合作的深入发展。

五、中非合作面临诸多新机遇

中非一直以来保持着友好的关系,政治互信度很高,中非合作保持着良好进展,中非合作论坛成立以来,中国更是加大了对非洲的投资,希望通过中非合作,促进非洲的经济发展和中国的经济转型。非洲国家虽然资源丰富,但经济水平低,基础设施落后,工农业都处于传统水平,需要引进先进技术推动经济的现代化发展,中国企业的资金、人才、技术和管理经验等正好满足非洲国家的发展需要,中非经济互补性较强。所以在中非合作论坛和"一带一路"倡议的推动下,中国加大了对非洲国家的投资力度,非洲国家也积极加强和中国的合作,中非合作项目日益深入,实现了互利双赢。

第二节　重点区域与国别直接投资研究

南部非洲、东非和西非三大地区作为非洲吸引外国直接投资的前三名,是中国对非投资的重点区域。其中,东非和南部非洲作为海上丝绸之路的历史和自然延伸,埃塞俄比亚、坦桑尼亚等东非国家和南非、赞比亚等非洲南部国家纷纷响应对接中国"一带一路"倡议。西非地区作为当前非洲发展速度最快的地区,对中国企业也有着巨大的吸引力,尤其是非洲最大的海湾——几内亚湾,拥有十分丰富的石油资源,是世界关注的焦点。因此,本节选取东非、西非、南部非洲和几内亚湾区4个重点区域和部分典型国家,从经济发展、投资环境和中国取得的投资成果3个方面进行分析,为中国企业提供一些投资参考。

一、东非区域

(一)总体概述

东非,即非洲东部地区。北起厄立特里亚,南到鲁伍马河,东临印度洋,西至坦噶尼喀湖。包括埃塞俄比亚、布隆迪、吉布提、肯尼亚、卢旺达、塞舌尔、索马里、坦桑尼亚、乌干达、厄立特里亚共 10 个国家(因厄立特里亚数据缺失,本书东非数据仅包括其余 9 个国家)。面积为 370 万平方千米,占非洲总面积的 12%,劳动人口 1.76 亿(2017 年),约占非洲总劳动人口的 37.77%。

东非濒临印度洋,连接非洲内陆,具有陆海通达性,使得中国与东非的合作既可以在印度洋地区形成扩散效应,又能够逐渐推入非洲内陆国家。东非区域合作比较活跃,分别是东非共同体和东南非共同市场两个国际合作组织的发起者,其中坦桑尼亚、肯尼亚、乌干达、布隆迪、卢旺达是东非共同体成员,乌干达、布隆迪、埃塞俄比亚、肯尼亚、卢旺达、吉布提、厄立特里亚同时又是东南非共同市场成员,还有一些国家属于环印度洋联盟成员,区域辐射范围广,经济活力和发展潜力较大,是最受欢迎的非洲投资地区之一。

《2019 年世界经济形势与展望》报告显示,2018 年东非地区的 GDP 增速达 6.2%,远高于非洲平均 3.2%的增长水平,2019 年和 2020 年的增速也预计加快至 6.4%和 6.5%,是非洲大陆经济增长最快的地区。凭借丰富的矿产资源、旅游资源,较快的经济发展速度,重要的战略位置,东非地区逐渐成为中国企业的投资热土,中国对非洲投资的重心也有向东移动的趋势,2013—2017 年,中国对东非的投资存量额增长了 1.6 倍左右(见图 4-2)。在中非产能合作四个先行先试示范国家中,东非占据 3 个,分别是埃塞俄比亚、坦桑尼亚和肯尼亚。

近年来,中国企业对东非的投资主要集中在农业、工业、房地产、矿业、制造业和科研等领域,其中农业、工业和矿业三个领域占据主要投资地位。

（单位：亿美元）

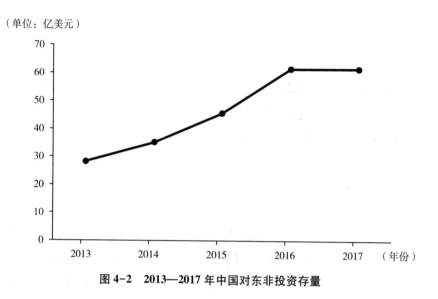

图 4-2　2013—2017 年中国对东非投资存量

1. 农业领域

　　农业是东非国家的经济支柱，主要生产的农产品有玉米、水稻、马铃薯、豆类、蔬菜和小麦等，出口的农产品主要有棉花、咖啡、茶叶、烟草和甘蔗等。埃塞俄比亚作为传统的农业大国，具有丰富的农业资源，有 18 个主要农业生态区和 62 个分区，每一个分区都有自己的特色，包括咖啡、茶叶、棉花、花卉等，创造了巨大的外汇收入，在国民经济发展中具有举足轻重的作用。农业在肯尼亚经济中也占重要地位，占 GDP 的 24%，75% 的人口从事农业，可耕地面积为 48 万平方千米，是非洲茶叶、咖啡和花卉生产的领头羊。坦桑尼亚也是一个农业大国，农产品出口占出口额的 24%，包括咖啡、剑麻、棉花、茶叶等。卢旺达、布隆迪等国家也是以农业为主，卢旺达农牧业人口占全国人口的 92%，咖啡与茶则是布隆迪最重要的外汇来源。

　　东非国家虽然一直以农业为生，但农业发展较为落后，基础设施不完善，农业生产效率及经济效益偏低。以坦桑尼亚为例，坦桑尼亚实际耕地面积为 1056 万公顷，但由于灌溉设施较差，实际灌溉面积只有 45 万公顷，不到实际耕地面积的 5%。除此以外，坦桑尼亚农业还面临农业机械化程度低，新品种、化肥和农药应用程度低，农民农业技术落后，生产经营观念陈旧,农业投入较少等问题,严重限制了该国现代农业的发展。

为了促进东非国家的农业发展,中国先进的农业技术开始走进东非。通过建立农业示范中心,并派遣国内技术人员进行技术交流和培训,中国农业技术人员教东非当地农民掌握了许多更有效的农业生产技术,极大地提高了农业生产效率。2010年坦桑尼亚农业技术示范中心设立以来,不断对当地水稻、玉米等农产品进行创新试验,成功助力坦桑尼亚农业实现了增产增收,如水稻平均单产增长至全国单产的4—6倍,玉米增产了2—3倍等。

中国援助的卢旺达农业技术示范中心从2012年正式开展菌草技术培训班,带动了广大农户脱贫致富。中国地质工程集团有限公司在卢旺达承建的灌溉大坝项目,预计将为1100公顷农田全年提供灌溉,提高了卢旺达的农业生产力,改善了农民收入和生活水平。中国企业对东非国家的农业投资不仅解决了其温饱问题,更促进了其现代农业的发展,带动了其经济的飞速增长。

2. 工业领域

东非国家在发展现代农业的同时,也积极发展工业,进行产业结构的转型升级,以早日实现现代化和工业化,进一步提高国民收入,促进经济的可持续发展。

东非国家市场广阔,资源丰富,劳动力充足且成本低,但工业化水平相对落后,工业在经济中所占的比重较小。产业结构单一,基础设施落后,资金和技术缺乏,没有完整的工业体系等问题都严重阻碍了东非工业的发展。如埃塞俄比亚,工业门类不齐全,工业材料依靠进口,2013年工业增加值占GDP的比重仅为10.94%。不过,随着"一带一路"的实施和中非合作的加深,中国的投资使得该国基础设施不断完善,工业逐步发展,2018年工业增加值占GDP的比重增长至27.26%。东非地区工业走在前头的国家是肯尼亚,以食品加工业等制造产业为主。目前,肯尼亚积极制定目标计划引导工业发展,包括发展经济特区、建立工业园区及工业制造业集群等,吸引外国直接投资;但因工业区基础设施落后、高电价、原材料税等问题,肯尼亚近年来制造业发展缓慢,2017年制造业萎缩了

3%,占肯尼亚 GDP 的比重从 2017 年的 9.2% 下降到 2018 年的 8.4%。由此可见,肯尼亚到 2030 年建成新兴工业化国家的目标仍任重道远。

目前,中国对东非国家的工业投资主要集中在基础设施的建设上,尤其是铁路、公路、电力等制约工业发展的领域。如肯尼亚境内著名的蒙内铁路就是中国路桥工程有限责任公司承担建设,中国企业还承建了埃塞俄比亚和吉布提的亚吉铁路、肯尼亚的锡卡公路、莫桑比克的马普托大桥、毛里求斯的拉姆古兰机场等一系列道路交通,以及埃塞俄比亚境内的特克泽水电站和阿达马风电场,还有卢旺达的商业及办公楼项目、坦桑尼亚酒店大楼等其他工业投资项目。德勤公司发布的《2016 非洲基础设施趋势报告》显示,中国是东非地区基础设施建设的最大承建方及融资方。在建的基础设施项目中,41.9% 由中国公司承建;项目融资方面,中国的金融机构投资约 23.3% 的项目,与非洲的金融机构并列首位。

3. 矿业领域

东非国家矿产资源丰富,煤、铁、石油和天然气等产量较大,黄金、钛、铌、稀土等矿产产量虽小但具有战略性。埃塞俄比亚的绿岩带是世界上质地最好的金矿区之一,已探明的金矿有 500 多立方米。另外,埃塞俄比亚的装饰、建筑和工业矿物也蕴藏丰富,有大理石、花岗石、石灰石、黏土、生石膏、猫眼石、钻石及各种宝石。坦桑尼亚的矿产资源也比较丰富,特别是金矿和宝石资源,是世界上唯一生产坦桑黝帘石(一种蓝宝石)的国家,也是非洲第三大金矿生产国。肯尼亚北部因油田的发现也吸引了大量投资者。

中国企业对东非国家油气和金矿的投资开采比较集中,如河南省地矿局等一些中国企业在坦桑尼亚投资金矿开采,中海油公司和保利协鑫石油天然气集团分别在乌干达和埃塞俄比亚投资石油天然气区块。最为典型的是中国有色集团投资的赞比亚谦比希(Chambishi)铜矿开采项目,是非洲首座数字化矿山开采项目。该项目利用先进的信息技术对生产过程进行实时监控,还可以快速响应生产调度,极大地提升了矿业自动化水平,提高了矿业开采安全度,促进了赞比亚采矿工业的技术升级。

（二）重点国家分析

1. 坦桑尼亚

坦桑尼亚位于非洲东南部,东临印度洋,西接刚果(金),北接乌干达和肯尼亚,南接莫桑比克,是非洲重要的出海口,拥有多个优良港口。国土面积约94.5万平方千米,国家总人口达5910万人(2018年)。坦桑尼亚是非洲第四大资源国,拥有金矿、砖石、煤、石油、天然气等丰富的矿产资源,同时,也拥有维多利亚湖、坦噶尼喀湖和尼亚萨湖、乞力马扎罗山等丰富的自然旅游资源,境内近1/3国土都是国家公园、动物和森林保护区。

（1）经济发展总况

坦桑尼亚经济增速较快,2017年经济增长率达6.9%,已经连续十年保持7%左右的增长率,在2017年东非经济增速排名中位居第二;但产业结构比较单一,以农牧业为主,工业技术水平低下。近年来,农牧业在GDP中所占比重有逐渐下降趋势,第三产业对GDP的贡献越来越大,高于第一、二产业,逐步成为国民经济的重要组成部分,具体如表4-2所示。

表4-2　坦桑尼亚经济发展概况

指标		数值
经济发展关键指标(2017年)	人口(千人)	57310
	GDP(百万美元)	53748
	人均GDP(美元)	945
各行业附加值占GDP比重(2016年)	农业(%)	31.5
	工业(%)	27.3
	制造业(%)	5.5
	服务业(%)	41.2
2018年全球竞争力指数4.0排名		116

资料来源:《非洲统计年鉴2018》和《全球竞争力报告2018》。

（2）投资环境评价

①优越的地理位置

坦桑尼亚既是东非共同体成员,又是南部非洲共同体成员,市场腹地广阔。作为"一带一路"倡议的重要支点,它是海上丝绸之路的桥头堡,是刚果(金)、卢旺达、布隆迪、赞比亚、马拉维等邻国进出口物资的集散地,具有明显的地缘优势和辐射能力。

②政治社会稳定

坦桑尼亚稳定的政治环境相对利于投资。因为坦桑尼亚政局稳定,法律不断完善,新上任总统近年来大力反腐,取得了很大成效,为投资者创造了一个稳定的商业环境。同时,坦桑尼亚大力发展睦邻友好关系,境内基督教徒和伊斯兰教徒总体和睦相处,是非洲国家少有的政局长期稳定的国家之一。

③投资政策相对完善

目前,坦桑尼亚政府实行多项优惠政策吸引外商投资,涉及农业及农产品加工业、出口导向型工业、制造业、采矿业、基础设施建设和能源投资、旅游等领域。比如,部分进口商品以及用于出口的商品和服务免交增值税,农业项目除建筑物外免征原材料和资本货物进口关税,入驻坦桑尼亚园区的企业可以另外享受园区优惠政策,等等。《坦桑尼亚投资法》还规定,达到一定投资规模并且给当地带来巨大的经济社会效益的投资项目,可以申请战略投资者地位。申请成功后,战略投资者可就优惠政策和坦桑尼亚政府直接进行谈判,申请符合自身利益的政策,从而保障投资利益。

④基础设施建设仍待完善

坦桑尼亚的坦赞铁路、中央铁路和东非铁路,为本国经济发展提供了很大便利。但因铁路经营时间长、老旧严重,运输能力下降,港口吞吐能力也不足。水、电、通信供应不稳定,且费用较高,统计数据显示,2016年坦桑尼亚国内只有36.6%的居民有电可用。基础设施的不健全成为该国经济发展的制约因素,目前坦桑尼亚政府正在加快国内基础设施建设。

⑤劳动力教育水平仍待提高

坦桑尼亚政府比较重视教育的发展,教育的投入占GDP总量的7%左右,在整个非洲地区都属于高水平。其推行十年免费义务教育,扫盲率高达90%,是非洲文盲率最低的国家之一。但是由于教学设施不完善,父母思想观念陈旧,受教育成本高昂,坦桑尼亚的高层次人才仍较缺乏,使得最终劳动力水平得不到提高,进而影响了生产效率和经济发展。

（3）中国在坦桑尼亚投资成果

《2018年世界投资报告》显示,坦桑尼亚自2014年以来,利用外国直接投资位居东非国家首位,是非洲地区最具投资潜力的国家之一,我国也是坦桑尼亚重要投资来源国。截至2017年,中国在坦桑尼亚投资了723个项目,价值59.6亿美元,共有四十多家公司在坦桑尼亚开展劳务承包业务,是坦桑尼亚最大工程承包方。2018年中国商务部公布的《对外投资合作国别（地区）指南 ——坦桑尼亚》显示,目前中国在坦桑尼亚的投资主要以经营或跟踪多年的项目为主,涉及矿业、制造业、加工业、基础设施建设和房地产开发、农业、贸易、物流等领域,最主要的投资项目仍然是中国的优势领域——基础设施的建设,几乎占据了整个坦桑尼亚基建市场的70%。表4-3是近年来我国在坦桑尼亚投资的部分代表性投资项目。

表4-3　中国企业在坦桑尼亚投资项目一览表

领域	项目名称	简　介
道路交通及桥梁	甘博尼大桥	中国中铁建工集团和中国中铁大桥局组成联合体承建,于2012年开工,2016年通车,被称为"东非第一大桥"
	坦桑尼亚108千米道路升级	由中铁七局负责建设
	中央铁路线修复和改造的一期和二期	中土集团2018年新中标的项目,2018年4月,一期签约成功
通信	坦桑尼亚国家骨干光纤传输网项目	该项目由中国通信建设集团有限公司建造,帮助坦桑尼亚实现了网络应用从无到世界高端的跨越
工业园	江苏—新阳嘎农工贸现代产业园	坦桑尼亚最大的纺纱生产基地,实现了棉花种植、棉籽加工、纺纱织布一系列较为完整的产业链条
	仕达威轻工业制造产业园	首个在坦桑尼亚的中国民企工业园,主要从事塑料制品、轻钢结构制造、新型环保建材等产业
电力	K-Ⅲ和K-Ⅳ天然气电站	仍处于跟踪进行阶段

领域	项目名称	简 介
矿产	Mchuchuma 煤矿与 Liganga 铁矿	由坦中国际矿产资源有限公司以 BOO 模式（建设—拥有—运营）开发
农业	中非农业投资有限责任公司坦桑尼亚公司	该公司是中农发集团与中非基金于 2010 年合作成立的,主要投资剑麻项目
渔业	远洋捕捞项目	泉州天海远洋渔业公司和江苏和谐彩虹远洋渔业开发公司都在坦桑尼亚从事远洋捕捞项目
制造业	基鲁瓦轧钢厂	由中坦合资建设,2017 年建成投产

2. 埃塞俄比亚

埃塞俄比亚是非洲东北部内陆地区,国土面积约 110.36 万平方千米,2015 年总人口突破 1 亿,2018 年达 1.09 亿人,是非洲第二人口大国。境内矿产资源丰富,已探明的金属矿产主要有金、铂、铌、钽、铁等。河流及湖泊众多,素有"东非水塔"之称,但是水资源开发利用不足。旅游资源也比较丰富,埃塞俄比亚有 3000 年的文明史,文物古迹以及野生动物公园较多,其中有 7 处遗迹被联合国教科文组织列入《世界遗产名录》。

埃塞俄比亚经济以农业为主导,2017 年农业增加值约占 GDP 的 36.7%,农牧业从业人员占就业总人数的 85% 以上,近几年随着国家工业化发展战略的推进,工业和服务业对 GDP 的贡献度也有所上升。

（1）经济发展总况

埃塞俄比亚近十年来经济增速都保持在 10% 左右,是东非第一大经济体。但是因人口众多,该国人均 GDP 极低,2018 年人均 GDP 仅有 772 美元,位居世界第 186 名,国内贫困率较高。埃塞俄比亚一直仿照中国经济发展模式,大力发展工业,进行基础设施建设,制定经济发展计划,工业得到了快速发展,2018 年工业体量增加至 70 亿美元。《非洲发展报告（2017—2018）》写道,埃塞俄比亚是撒哈拉以南非洲地区经济增长率较高的国家,且其全球竞争力指数已经超过东南亚国家的平均水平。世界经济论坛《全球竞争力报告 2018》显示,埃塞俄比亚在全球最具竞争力的 140 个国家和地区中排在第 122 位（见表 4-4）。

表 4-4 埃塞俄比亚经济发展概况

指 标		数值
经济发展关键指标(2017 年)	人口(千人)	104957
	GDP(百万美元)	78726
	人均 GDP(美元)	754
各行业附加值占 GDP 比重(2016 年)	农业(%)	37.7
	工业(%)	24.0
	制造业(%)	6.0
	服务业(%)	38.3
2018 年全球竞争力指数 4.0 排名		122

资料来源:《非洲统计年鉴 2018》和《全球竞争力报告 2018》。

(2)投资环境评价

①优越的地理位置

埃塞俄比亚地处东非高原,水力资源丰富;境内海拔从-148 米到 4620 米,拥有 18 个生态区,生物多样性特征明显。此外,埃塞俄比亚是东南非共同市场和非洲联盟的组织成员,可以享受组织内部出口优惠政策。作为最不发达国家,埃塞俄比亚还可享受美国《非洲增长与机遇法案》和欧盟"武器除外的全面优惠安排"等关于非洲产品免关税、免配额的政策,对周边及美欧国家出口具有一定的便利。

②国内基础设施不断完善

近几年,埃塞俄比亚不断加大本国基础设施的建设,平均每年基础设施建设投入超过 10 亿美元。在埃塞俄比亚增长与转型计划(GTP)中,埃塞俄比亚政府将修建全国铁路网和亚的斯亚贝巴轻轨项目,总长超过 2000 千米,物流运输将得到极大改善。此外,埃塞俄比亚加大与周边国家开展基础设施互联互通合作的力度。如拟将埃塞俄比亚 50% 的进出口货物通过苏丹港口进行转运,希望修建连接南苏丹与埃塞俄比亚的石油管道等计划。

③优惠的投资政策

埃塞俄比亚为了更好地吸引外商投资,曾先后4次修改投资政策。通过增加投资优惠政策、降低投资门槛、扩大投资领域、实行减免税优惠等措施为外国投资者提供保护和服务,比如制造业、农业、农产品加工业、发电、输供电、信息通信技术(ICT)、旅游业、工程承包等领域投资者建设新厂或扩大既有企业规模可享受免税;制造业投资可享受1—6年的所得税减免;除少数产品(如半成品兽皮加工)外,所有出口产品不征收出口税等。

④ 劳动力资源丰富

作为非洲第二人口大国,埃塞俄比亚人口众多,劳动力充足且成本相对廉价,人口结构趋于年轻化,而且埃塞俄比亚政府非常重视教育,大部分劳动人员都接受过基础教育,因此劳动力素质相对非洲其他国家较高。除此以外,埃塞俄比亚的劳动力成本仅为中国劳动力成本的1/4,是众多企业投资建厂较好的区位。

(3)中国在埃塞俄比亚投资成果

目前,中国已成为埃塞俄比亚第一大投资来源地和第一大工程承包方。截至2018年年底,已有400多家中国公司在埃塞俄比亚投资,总投资额达40亿美元(见表4-5)。

表4-5　中国企业在埃塞俄比亚投资项目一览表

领域	项目名称	简　介
道路交通及桥梁	亚吉铁路	东非第一条电气化铁路,由中国中铁和中国铁道建筑总公司旗下子公司中国土木工程集团有限公司(简称"中土集团")建设,全长752.7千米,设计时速120公里,总投资约40亿美元
	亚的斯亚贝巴轻轨	由中国中铁承建,合同价值总额为4.75亿美元
	埃塞俄比亚 Mota 公路工程项目	由江西交通工程集团与江西中煤集团联合中标,该项目是交通工程集团第一个海外项目,全长约63千米
	埃塞 ADDIS ABABA - ADAMA 高速公路	中国对埃塞俄比亚的优惠贷款项目,全长约为78.255千米,其土建部分是由中交一公局海外分公司承建,交通工程部分由中交一公局交通工程有限公司承建

续表

领域	项目名称	简　介
通信	埃塞俄比亚全国电信网项目	中兴通讯股份有限公司独家承建
工业园	东方工业园	2008年由江苏永元投资有限公司全资设立,已入园的企业从事水泥生产、制鞋、汽车组装等制造业
	阿瓦萨工业园	由埃塞俄比亚政府主导投资,中国土木工程集团埃塞公司承建,是埃塞俄比亚首个国家工业园
	埃塞华坚轻工业城	由华坚集团投资建设,以轻工业制造为主,集出口加工、商贸、服务等功能为一体的产城整合智慧园区
电力	埃塞俄比亚城市中低压配网项目	中国国家电网承建
	埃塞戈巴水电站项目	中国水电国际公司承建
矿产	埃塞天然气集输及处理项目	该项目投资方为保利协鑫天然气集团有限公司,中国企业华油惠博普科技股份有限公司中标
农业	援埃塞农业技术示范中心项目	由中国广西八桂农业科技有限公司承建,项目地点位于埃塞奥罗莫州津奇地区,占地面积52公顷,包括15座主要单体建筑
制造业	JP纺织(埃塞俄比亚)有限公司	无锡金茂公司于2016在埃塞俄比亚投资建设
	埃塞莫焦电缆厂和比绍夫图卡车装配厂	中国保利集团公司于2012年投资建设

二、西非区域

(一)总体概述

西非,通常指非洲大陆南北分界线和向西凸起部分的大片地区,东至乍得湖,西濒大西洋,南濒几内亚湾,北为撒哈拉沙漠。西非通常包括毛里塔尼亚、塞内加尔、冈比亚、马里、布基纳法索、几内亚、几内亚比绍、佛得角、塞拉利昂、利比里亚、科特迪瓦、加纳、多哥、贝宁、尼日尔和尼日利亚16个国家。除了毛里塔尼亚,其余15个国家均是西非国家经济共同体(简称"西共体")的成员。

西非面积 638 万平方千米,人口总数占非洲总人口的 30%,西非各国国内生产总值之和也占整个非洲国内生产总值的 30%。全境地势低平,一般海拔 200—500 米,富铝土、金刚石、石油、金、锰、铁、铜、铌、铀矿等矿产资源丰富。经济以农矿业为主,农产品有油棕、蜀黍、可可、棕榈仁、花生、咖啡、橡胶等,其中可可、花生等占有世界重要地位。

2015—2016 年原材料价格下跌,尼日利亚经济增速放缓,导致西非地区的经济增长率在 2016 年仅为 0.5%(尼日利亚 GDP 占西非地区的 70%),远低于 2014 年 6.9% 的增长率。2017 年开始,大宗商品价格有所回升,尼日利亚经济开始回暖,2018 年非洲开发银行发布的《非洲经济展望》预测西非 2019 年的经济增长率将增至 3.9%。

近年来,随着世界经济的加速增长和更加开放,非洲大陆在全球经济中成为日益重要的角色,西非国家抓住这一机遇,发挥自身资源优势,改善基础设施建设,完善投资环境,经济得到快速发展的同时吸引了众多外商投资。随着"一带一路"的推进和中非合作的深入,中国成为西非国家的最大投资者,投资涉及基础设施、能源、农业、矿业和医疗等诸多领域。如图 4-3 所示,2013—2017 年,中国对西非国家的投资逐步上升,投资存量 5 年间增长了 1.67 倍,2017 年投资达 6.6 亿美元,占中国对非洲总投资额的 20%。

（单位：万美元）

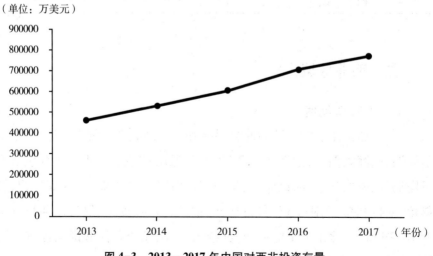

图 4-3　2013—2017 年中国对西非投资存量

（二）重点国家分析

1. 尼日利亚

尼日利亚，处于西非东南部，非洲几内亚湾西岸的顶点，西邻贝宁，北靠尼日尔，东北部与乍得接壤，东和东南与喀麦隆毗连，南濒大西洋几内亚湾，地理位置优越。首都阿布贾是全国的政治、文化和地理中心。

尼日利亚是西非地区的"领头羊"，在非洲具有重要地位。尼日利亚的主要收入来源是油气产业，可为尼日利亚带来94%的外汇收入和62%的财政收入。农业、制造业、旅游业、金融业也是尼日利亚经济发展的重要支撑行业。

（1）经济发展总况

尼日利亚有1.91亿人口，占非洲总人口的16%，居非洲首位。同时，尼日利亚也是非洲第一大经济体，一直以来经济保持着7%的平均增长率。因受大宗商品价格下跌影响，尼日利亚经济受到严重影响，2015年仅增长2.8%，2016年更是低至-1.54%。2017年，尼日利亚经济回暖，全年GDP增速为0.83%，总量达到3764亿美元，第一、二、三产业分布的比例约为25∶22∶53。世界经济论坛《全球竞争力报告2018》显示，尼日利亚在全球最具竞争力的137个国家和地区中，排第115位（见表4-6）。

表4-6　尼日利亚经济发展概况

	指　标	数值
经济发展关键指标（2017年）	人口（千人）	190886
	GDP（百万美元）	376385
	人均GDP（美元）	1962
各行业附加值占GDP比重（2016年）	农业（%）	21.2
	工业（%）	18.5
	制造业（%）	8.8
	服务业（%）	60.4
2018年全球竞争力指数4.0排名		115

资料来源：《非洲统计年鉴2018》和《全球竞争力报告2018》。

（2）投资环境评价

①自然资源丰富

尼日利亚能源资源丰富，是非洲第一大石油生产和出口大国。截至 2014 年，已探明具有商业开采价值的矿产资源包括天然气、煤、矾土、钽铁矿、黄金、铁矿石、石灰石、锡、铌、石墨和锌等 30 多种；已探明石油储量 371 亿桶，居非洲第二位、世界第十一位；已探明天然气储量达 5.3 万亿立方米，居非洲第一位、世界第十位；优质煤矿预测储量 27.5 亿吨，为西非唯一产煤国。

②政局基本保持稳定

2015 年 3 月，尼日利亚大选有惊无险，大选后形势总体稳定。但近年来，尼日利亚深受种族和宗教冲突困扰，出现多次恐怖爆炸事件以及恐怖威胁活动，存在诸多安全风险。2015 年新政府上台后，加大反恐力度，取得一定成效，伊斯兰宗教极端组织"博科圣地"遭受重创，活动范围不断缩小。

③投资政策优惠

根据尼日利亚投资促进委员会法案相关条款，尼日利亚对外资进入实行统一的优惠政策。对包括农业、制造业、矿业、基础设施等领域的 69 个细分产业/产品赋予更重要地位，给予免税待遇；对与农业相关的企业给予高额补贴；劳动密集型企业可以根据劳动力人数给予一定的税收减免；各类出口企业根据情况享受出口退税、出口补贴等。

④基础设施状况有待改善

近年来，尽管尼日利亚各级政府在基础设施建设领域投入了大量资金，但效果并不明显。公路方面，由于雨季影响和缺乏维护等原因，尼日利亚东南部和西北部公路段路面损毁严重，需要大面积修复；铁路方面，尼日利亚正在建设拉各斯轻轨和阿布贾城铁项目；港口方面，非洲撒哈拉以南最大港口拉各斯州莱基深水港于 2018 年 3 月开工建设；电力方面，尼日利亚电力供应严重不足，现有装机容量 1040 万千瓦，实际最大发电能力 507 万千瓦，不足家庭用电的 40%。

（3）目前与中国取得的投资成果

近年来,中国与尼日利亚关系日益紧密,中国对尼日利亚投资大幅增加,双方的经贸合作也硕果累累。目前,尼日利亚是中国在非洲的第一大承包工程市场和主要投资目的地。中资企业在尼日利亚投资领域也较为广泛,有道路修建、能源开采、工业园经营、水电开发、农业和通信建设等（见表4-7）。

表4-7　中国在尼日利亚投资项目一览表

领域	项目名称	相关简介
道路交通	尼日利亚阿布贾—卡杜纳铁路项目	中国土木工程集团有限公司（中土集团）承建并提供运营技术支持
	尼日利亚沿海铁路	中国铁路建设公司承建,价值120亿美元
	尼日利亚铁路现代化项目的第4标段	中土集团建设
	尼日利亚西线铁路修复项目	中国电建、美国通用公司、南非TRANSNET公司和荷兰APMT公司联营体
	阿布贾国际机场新航站楼	中国土木工程集团尼日利亚有限公司承建
港口	尼日利亚莱基港	中国港湾投资
	尼日利亚卡西深海港口	
制造业	大华纸业造纸厂	广东中山市华旺实业投资公司建设
通信	银河骨干有限公司（Galaxy Backbone Ltd.,尼日利亚政府的互联网公司）互联网项目	中国进出口银行提供贷款3.28亿美元
工业园	莱基自由贸易区	中国与尼日利亚合作开发,中方投资者包括南京江宁经济技术开发区、南京北亚投资集团、中国铁道建筑总公司和中国土木工程集团有限公司
	奥逊州工业园	江苏无锡太湖可可食品有限公司投资
	越美纺织工业园	越美集团投资
电力	尼日利亚Mambila地区水电站	中国土木工程集团建设有限公司
	尼日利亚蒙贝拉水电站项目	"葛洲坝—中国水电—中地海外"联营体中标

续表

领域	项目名称	相关简介
能源资源	尼日利亚大型三维 OBN 采集项目	中国石油东方物探公司
	尼日利亚 AKK 天然气管道工程 Kaduna—Kano 段管道的第三标段	中石油工程下属子公司中国石油管道局工程有限公司(管道局)与 Brentex 公司组成的联合体中标
	Egina 油田开采	中国海油石油有限公司
	尼日利亚丹格特石化公司栈桥和海底管线项目	中国港湾工程有限公司与海洋石油工程股份有限公司(海油工程)联合承建
农业	中尼南南农业合作项目	中国为尼日利亚提供农学、水利、水产、畜牧等相关技术培训
	尼日利亚农业高科技阿布贾产业园区	中地海外农业发展有限公司(由中地海外集团有限公司发起,与袁隆平农业高科技股份有限公司、中国农业机械化科学研究院等机构和团队共同出资设立)

2. 塞内加尔

塞内加尔共和国,简称塞内加尔,位于非洲大陆最西端,西濒大西洋,与毛里塔尼亚、马里、几内亚和几内亚比绍接壤,海岸线长约 700 千米,有"西非门户"之称。国土面积为 19.67 万平方千米,渔业、花生、磷酸盐出口和旅游是四大传统创汇产业。首都达喀尔是塞内加尔最大的城市,是泛大西洋和欧洲贸易的重要启运地。

(1)经济发展总况

2014 年塞内加尔政府推出振兴计划后,经济持续稳步增长。2013—2017 年,塞内加尔国内生产总值(GDP)增长率分别为 3.5%、4.1%、6.5%、6.7% 和 7.2%。其旅游、金融、教育、物流等服务业很有特色,第一、二、三产业产值分别占国内生产总值的 18%、24% 和 58%(2016 年)。世界经济论坛《全球竞争力报告 2018》显示,塞内加尔在全球最具竞争力的 137 个国家和地区中,排名第 113 位。世界银行《2018 年全球营商环境报告》中,塞内加尔在所列 190 个国家和地区中,排名第 143 位(见表4-8)。

表 4-8　塞内加尔经济发展概况

指　标		数值
经济发展关键指标(2017 年)	人口(千人)	14972.7
	GDP(百万美元)	14436
	人均 GDP(美元)	899
各行业附加值占 GDP 比重(2016 年)	农业(%)	18.0
	工业(%)	24.0
	制造业(%)	13.5
	服务业(%)	58.0
2018 年全球竞争力指数 4.0 排名		113

资料来源:《非洲统计年鉴 2018》和《全球竞争力报告 2018》。

(2)投资环境评价

①地理位置优越,劳动力充足

塞内加尔的首都达喀尔位于佛得角半岛的顶端,也是非洲大陆的最西端,大西洋的最东端,扼守着大西洋航线的要冲,是欧洲向美洲和南部非洲的航海要地。同时,塞内加尔劳动力充足且素质较高,2015 年就业人口为 5.69 万,接受过中等教育的人口高达 2.21 万,接受高等教育的劳动力达 2300 人。

②基础设施相对完善

塞内加尔国内运输以公路和铁路为主,围绕达喀尔区连接全国各地陆路交通干线。公路总长 16495 千米,其中柏油路 5956 千米、土路 10539 千米。74% 的柏油路和 47% 的土路处于良好状态。达喀尔—巴马科铁路目前正在修复,以提高该铁路货运能力。同时,达喀尔是非洲通往欧洲和美洲的海上交通要道,是西非重要的航空枢纽,交通便捷。通信方面,塞内加尔电信市场移动电话渗透率达 105%,互联网使用者约 870 万人,4G 用户约 4 万人。电力方面,塞内加尔主要依靠进口燃油火力发电、燃气发电和水力发电,首都通电率为 97.64%,其他城镇通电率为 90.93%,农村通电率达到 39%。

③优惠的投资政策

塞内加尔是西非经济共同体（CEDEAO）和西非经济货币联盟（UEMOA）成员，西共体 15 国自 2015 年 1 月 1 日起实行共同对外关税，2020 年起将采用统一的货币 ECO，商品出口西非 14 个国家都享受免税待遇。塞内加尔还是欧盟、日本、加拿大、韩国、土耳其、瑞士、摩洛哥、美国、中国等国家和地区的关税优惠受惠国，辐射西非、北非、欧洲、亚洲和美洲大片市场。此外，塞内加尔投资法还根据投资规模、地点和创造就业人数等条件分别给予不同的关税和税收优惠待遇。

（3）中国在塞内加尔投资成果

塞内加尔是中国在西非地区投资的热点国家。据中国商务部统计，2017 年中国对塞内加尔直接投资流量为 6541 万美元，累计直接投资 2.5 亿美元。截至 2017 年年底，中国企业与塞内加尔共签订工程承包合同额 65.3 亿美元，完成营业额 41.8 亿美元。2018 年，中国又与塞内加尔签订了 4 亿美元的工程承包合同，完成营业额 11.4 亿美元。

在中国大量投资下，一系列中塞大型合作项目相继落成或正在稳步实施。2012—2017 年，中方已累计为塞内加尔各类项目提供超过 1 万亿非洲法郎（约合 123 亿人民币）的融资，其中为"振兴塞内加尔计划"提供了 8849 亿非洲法郎（约合 109 亿人民币）融资，是该计划最大资金来源国。另外，中国为塞内加尔援建了国家大剧院、黑人文明博物馆、达喀尔大学孔子学院、国家竞技摔跤场等地标性建筑；由中国提供贷款实施的国家宽带网项目顺利完工；乡村打井、捷斯—图巴高速公路、新机场—姆布尔—捷斯高速公路、方久尼大桥等项目正在建设当中；由塞内加尔政府出资、中国中地海外公司承建的加姆尼亚久工业园也于 2017 年竣工，以引进外国资本和技术，快速发展出口型工业。总之，"一带一路"倡议与"振兴塞内加尔计划"有效对接，不断充实中塞全面战略合作伙伴关系的内涵。

三、南部非洲

（一）总况分析

南部非洲，即非洲南部地区，指非洲大陆南部地区及周围岛屿，通常包括南非、安哥拉、赞比亚、莫桑比克、津巴布韦、马拉维、博茨瓦纳、纳米比亚、斯威士兰、莱索托、马达加斯加、毛里求斯和科摩罗13个国家。面积661万平方千米,占非洲总面积的21.7%,目前人口约2.1亿(数据来源于联合国及各国统计局)。

南部非洲地区矿物资源种类十分丰富。南非的铂族金属、锰矿石、铬矿石、铝硅酸盐、黄金、钻石、氟石、钒、蛭石、锆族矿石、钛族矿石等多种矿产的储量、产量和出口量均位于世界前列;津巴布韦是世界上第二大钻石和铂金储量国;莫桑比克预计将成为世界第四或第五大天然气生产国,煤炭、钽、石墨、重砂、钛铁、铝矾土、大理石、石灰石、金矿等储量也比较丰富;安哥拉2017年已探明石油可采储量达60亿桶,是非洲第二大产油国,还蕴藏着钻石、铁、磷酸盐、铜、锰、铅、锡、锌、钨、黄金、石英、大理石和花岗岩等矿产资源。

南部非洲地区农业也比较发达。南非盛产花卉、水果、红酒等;津巴布韦曾被誉为南部非洲的"面包篮子",种植玉米、大豆、小麦、烟草等作物,是世界第三大烟草出口国。莫桑比克是农业国,70%的人口从事农业生产和加工,主要粮食作物有玉米、稻谷、大豆、木薯等,腰果、棉花、糖、剑麻是传统出口农产品;安哥拉独立前曾被誉为"南部非洲粮仓",其剑麻和咖啡出口量分别位居世界第三位和第四位。

南部非洲地区和东非一样,是海上丝绸之路的历史和自然延伸,南非、莫桑比克等南部非洲国家纷纷期待同中国对接"一带一路"倡议,吸引中国投资来促进本国发展。如图4-4所示,2013—2017年,中国对南部非洲地区的直接投资存量呈整体上升趋势,截至2017年年底,中国对南部非洲地区的直接投资存量达到181亿美元,约占中国对非洲投资存量的18%。

(二)重点国家分析

1.南非

南非,位于非洲大陆的最南端,有"彩虹之国"的美誉。陆地面积为121.9万平方千米,印度洋和大西洋环绕其东、西、南三面,紧邻纳米比亚、博茨瓦纳、莱索托、津巴布韦、莫桑比克和斯威士兰。东南隔印度洋和

（单位：亿美元）

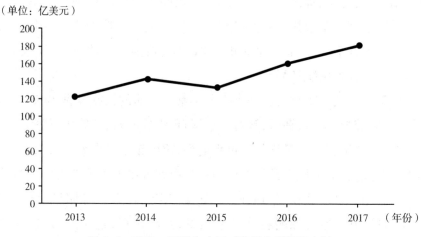

图 4-4　2013—2017 年中国对南部非洲投资存量

澳大利亚相望，西面与大西洋和巴西、阿根廷相望，具有重要的战略地位。此外，南非是"金砖五国"和南部非洲关税同盟（SACU）组织的成员，凭借优越地位吸引了众多投资者。

南非是非洲唯一的发达国家，经济发展具有较大潜力。其拥有丰富的石油天然气等能源，黄金、铁矿砂、锰、镍、铀、铬、煤炭等矿产资源储量也处于世界领先地位。因工业化起步早，制造业目前已成为南非经济支柱之一，相关基础设施也配套齐全，遥遥领先于其他非洲国家。放眼国际，南非已被确定为中等强国，有着较大的地区影响力，其国际竞争力、营商环境和国家信用评级得分都位于非洲前列。

（1）经济发展概况

作为非洲第二大经济体，南非人民生活水平较高，经济发展也优于其他国家。2017 年，南非总人口 5672 万人，GDP 约 3490 亿美元，约占非洲 1/5（见表 4-9）。从 20 世纪开始，南非开始了矿业开发和工业化进程，目前已经建成世界领先的矿业和门类比较齐全的制造业以及现代化农业。据国际货币基金组织预测，2019 年南非经济增长率为 1.7%。在世界经济论坛《全球竞争力报告 2018》中，南非名列第 67 位，是排名相对靠前的非洲国家之一。在世界银行《2018 全球营商环境报告》公布的 190 个国家和地区中，南非排名第 82 位。

表 4-9　南非经济发展概况

	指　标	数值
经济发展关键指标(2017 年)	人口(千人)	56717
	GDP(百万美元)	348971
	人均 GDP(美元)	6295
各行业附加值占 GDP 比重(2016 年)	农业(%)	2.4
	工业(%)	29.2
	制造业(%)	13.5
	服务业(%)	68.4
2018 年全球竞争力指数 4.0 排名		67

资料来源:《非洲统计年鉴 2018》和《全球竞争力报告 2018》。

(2)投资环境评价

①矿产资源丰富

南非地形复杂,孕育了惊人的矿产资源,资源总量占非洲的 50%,国内已发现矿产 60 多种。其中,储量排名居世界首位的有铂金、黄金、萤石、红柱石;锰、铬、锆、蛭石储量居世界第二;钒和磷酸盐储量居世界第三;金刚石、钛储量和钻石工业居世界第四;另有大量煤炭、铁、铅、铀、锑、镍矿资源。

②基础设施较发达

南非的基础设施现代化水平居非洲国家首位,有非洲最完善的交通运输系统。公路网与铁路网相辅相成,南非航空公司是全球最大的 50 家航空公司之一,港口年吞吐量高达 12 亿吨,领先的水陆空交通为南非经济发展提供了巨大便利。此外,南非是非洲电力大国,供应非洲电力的 40%。南非还是国际电信联盟和非洲电信联盟的成员,电信发展水平较高,在南非可以直拨接通 226 个国家和地区的电话。但近年来,南非基础设施发展缓慢,对经济增长形成一定制约。

③金融、法律体系健全

南非服务业较为发达,金融、法律体系健全,金融业贡献了 GDP 的

10%以上。南非联合银行、第一国民银行、莱利银行和标准银行占私营银行总资产的85%。南非JSE证券交易所为非洲最大,截至2017年年末,市值超过9510亿美元,世界排名前17位。律师事务所、会计师事务所等第三方专业服务能力也很强。

④优惠的吸引外资政策

为促进投资和经济增长,南非政府出台了一系列鼓励投资的计划,包括小型企业发展机构科技计划,技能支持计划,产业政策项目计划,汽车投资计划,基本项目可行性计划等,不同的计划下有不同的鼓励措施。工业开发区和特别经济区也有专门的鼓励政策,从而激励国内外投资,带动经济发展和增加就业机会。

⑤社会问题严重

南非虽然经济发展较快,但贫富差距大,社会矛盾频发。首先,南非工会势力强,劳资关系紧张,罢工频繁,2017年罢工次数高达132次,对企业发展有一定风险;其次,南非失业率和犯罪率高,社会治安形势严重,也会对企业用工方面带来一定挑战。

(2)中国在南非投资成果

南非是中国企业在非洲投资的重点国家之一。据中国商务部统计,2017年中国对南非直接投资流量3.17亿美元,新签承包工程合同54份,新签合同额为8.47亿美元,完成营业额5.69亿美元。截至2017年年底,中国对南非直接投资存量74.73亿美元,涵盖矿业、金融业、制造业和房地产业等领域,近年来在传媒、农业和新能源等领域也有新的发展。主要投资和承包项目如表4-10所示。

表4-10 中国在南非投资成果一览表

领域	投资成果	备注
金融	中国工商银行在南非的并购项目	2008年3月,中国工商银行就出资54.6亿美元,收购了非洲最大银行标准银行20%的股份;2014年,中国工商银行又收购了标准银行公众有限公司60%的股份
	中国国家开发银行在南非的金融合作项目	2011年9月,南非开发银行与中国国家开发银行签署价值25亿美元的金融合作协议

续表

领域	投资成果	备　注
通信	中兴通讯股份有限公司在南非的通信项目	2011年中兴通讯股份有限公司对南非运营商Cell C投资3.78亿美元
	华为技术有限公司承建南非电信	华为公司2008年对Telkom投资2.11亿美元。2012年华为公司率先将4G技术引入南非
矿业	中钢集团铬矿项目	2007年中钢集团在南非投资44亿元铬矿项目
	金川集团铂金矿项目	2010年中国金川集团在南非投资8.77亿美元开发铂金矿
	河北钢铁集团铜矿项目	2013年河北钢铁集团收购南非最大铜矿项目
	南非第一黄金公司	2011年甘肃白银集团收购南非第一黄金公司
能源	太阳能电站	2013年1月,合创智慧能源公司在北开普省建设两个共30兆瓦的太阳能电站;2013年9月,比亚迪电力在北开普省建设75兆瓦太阳能电站
	风能电站	2013年10月,龙源电力在北开普省建设244兆瓦风能电站
	太阳能电池板	2014年1月,晶澳太阳能有限公司在西开普省建设150兆瓦太阳能电池板工厂
	光伏	2014年6月,海润光伏科技股份有限公司在豪登省建设合资公司
基础设施	南非帕拉博拉冶炼有限公司熔炼炉改造EPC项目	北京矿冶科技集团有限公司承建
	南非物流项目	中国葛洲坝集团股份有限公司承建
	莫德方丹新城项目	中国房地产集团上海证大公司投资建设
制造业	海信集团家电项目	2013年3月,海信集团在南非投资海信家电产业园
	一汽南非汽车组装项目	2012年一汽集团在南非投资汽车组装厂,2014年南非库卡工厂正式投产
	北汽南非汽车工厂项目	2015年北汽集团与南非工业发展公司签订了总投资8亿美元、年产10万台的合资合作谅解备忘录。2018年7月,北汽集团在南非组装生产的汽车成功下线
	中车公司在南非铁路合作项目	中车公司与南非国有运输集团签订了232台、价值共计约9亿美元内燃机车订单

2. 赞比亚

赞比亚,地处非洲中南部内陆,是刚果河的发源地。北靠刚果民主共和国,东北邻坦桑尼亚,东面和马拉维接壤,东南和莫桑比克相连,南接津巴布韦、博茨瓦纳和纳米比亚,西面与安哥拉相邻。

赞比亚是撒哈拉南部城市化程度较高的国家,1000 万人口中约有一半的人口居住在城市内。经济发展主要包括农业、矿业和服务业,随着近年来经济的复苏和基础设施的不断完善,旅游业也迎来了发展的黄金期。

(1)经济发展概况

赞比亚经济已经连续多年实现正增长,但近年增长有所下滑。据赞比亚财政部数据,2013 年赞比亚经济增长率为 5.1%,2017 年经济增长率为 4.1%。2017 年总人口为 1840 万人,GDP 为 258 亿美元,第一产业、第二产业和第三产业占 GDP 的比例分别为 5.4%、35.6% 和 59%。在世界经济论坛发布的《全球竞争力报告 2018》的 137 个国家中,赞比亚位列118 名(见表 4-11)。在世界银行发布的《2018 年全球营商环境报告》的190 个国家中,赞比亚处于第 85 位,营商环境处于中上水平。

表 4-11　赞比亚经济发展概况

	指　　标	数值
经济发展关键指标(2017 年)	人口(千人)	18405
	GDP(百万美元)	25807
	人均 GDP(美元)	1497
各行业附加值占 GDP 比重(2017 年)	农业(%)	5.4
	工业(%)	34.0
	制造业(%)	7.6
	服务业(%)	59.0
2018 年全球竞争力指数 4.0 排名		118

资料来源:《非洲统计年鉴 2018》《对外投资合作国别(地区)指南(2018 年版)》《全球竞争力报告2018》。

(2)投资环境评价

①自然资源丰富

赞比亚铜蕴藏量 9 亿多吨,其北部有一条长 220 千米、宽 65 千米的

"铜带",是世界第七大产铜国,被誉为"铜矿之国"。除铜外,还有钴、铅、镉、镍、铁、金、银、锌、锡、铀、祖母绿、水晶、钒、石墨、云母等矿藏。其中,钴作为铜的伴生矿物,其储量居世界第二位。赞比亚境内河流众多,森林资源、水资源丰富,水力发电占全国发电总量的99%,森林覆盖率为45%。

②政治环境较稳定

赞比亚政治制度建设比较完善,政局相对稳定。其政治体制采用西方部长式管理模式,政府结构完善合理,同时法律体系健全,制定了比较完备的宪法、刑法、劳动法、投资法、税法、公司法、土地法、银行与金融法、专利法、商标法、贸易法等。外交上奉行不结盟、睦邻友好的外交政策,与周边国家一直保持良好的外交关系。

③外国投资政策优惠

赞比亚于2006年颁布的《赞比亚发展署法》对外国投资企业提供了很多优惠政策,包括补贴、税收免除和特别优惠。比如投资不低于1000万美元的投资者除了享受《赞比亚发展署法》规定的优惠政策外,还可与赞比亚政府商谈额外的优惠政策。在多功能经济区(MFEZ)和(或)优先行业或产品投资不低于50万美元的投资者,除了享受一般优惠政策外,还可享受所得税、关税以及增值税等各项优惠等。

④基础设施落后

赞比亚近年来虽然经济得到增长,但相应的交通、电力、通信等基础设施仍相对比较薄弱,既提高了企业运营成本,也不利于本国现代化工业进程,极大地限制了赞比亚的进一步发展。近年来,赞比亚政府积极与中国企业合作提升本国基础设施水平,也取得了一定成果。

(3)中国在赞比亚投资成果

目前,中国已成为赞比亚最主要的外资来源地之一。据中国商务部统计,2017年中国对赞比亚直接投资3.06亿美元,签订承包工程合同175份,金额达48.65亿美元。截至2017年年底,中国对赞比亚直接投资存量29.63亿美元,除采矿业、农业、建筑业等传统领域外,还涉及旅游、金融、电信和加工制造等行业。具体投资成果如表4-12所示。

表4-12 中国在赞比亚投资成果一览表

领域	投资成果	备 注
道路交通	赞比亚恩杜拉地区收费公路	中国江西国际经济技术合作公司承建
	钦萨利—伊索卡103公里道路项目	中国建筑集团有限公司承包
	赞比亚卡万布瓦—姆波罗科索公路项目	中国港湾工程有限责任公司承建
	赞比亚芒古—塔博公路项目	中国电建集团所属水电五局承建
	赞比亚奇帕塔经佩陶克至塞伦杰铁路（赞比亚东线铁路）	中国铁建下属中国土木工程集团有限公司承建
	界河卢阿普拉河的琴贝大桥	中国河南国际公司
	卡富埃大桥修复项目	中铁七局海外公司中标
	MATUMBO & KAMPEMBA 桥梁修建项目	
	赞比亚肯尼思·卡翁达国际机场升级扩建项目	江西国际赞比亚有限公司承建
电力	赞比亚全国水电市场开发勘察设计及技术服务项目	中国水利电力对外有限公司中标
	津巴布韦与赞比亚跨境水电项目	通用电气和中国电力建设公司联合承建
	赞比亚下凯富峡水电站项目	中国电建水电十一局承建
	赞比亚 PENSULO-KASAMA 和 PENSUL-OCHIPATA-WEST330KV 输变电项目	特变电工承建
	赞比亚埃米科煤矿及电站项目	中国五环及合作伙伴中非产能合作基金、EMCO 三方以 BOOT 模式承建
	赞比亚卡里巴北岸水电站扩机工程	中国水利水电第十一工程局有限公司参与承建
采矿	东南矿体项目	中国有色金属矿业集团
	孔科拉铜矿基建与采矿项目	金诚信矿业管理股份有限公司承建
工业园区	中赞经贸合作园区（包括铜带省谦比希园区与卢萨卡园区）	由中国有色矿业集团有限公司建设和经营,截至 2018 年 9 月已有入园企业 50 余家
	中国建材赞比亚工业园	中国建材公司建设
农业	赞比亚农业技术示范中心	吉林农业大学援建
	赞比亚农业部粮库建设项目	中国政府援建
	卡隆圭西农业产业园	中铁七局赞比亚有限公司承建

续表

领域	投资成果	备　注
通信	"万村通"项目	中国四达时代集团负责项目实施
	赞比亚国家信息安全项目合同	中国电科集团 15 所
服务业	Mansa Luapula(曼萨)大学城 EPC 项目	中国能源建设集团有限公司所属湖南省电力设计院中标
	赞比亚公共养老基金商业地产开发项目	中国建筑股份有限公司承建
	赞比亚保障房项目 45#地块	中国有色集团出资企业,中国十五冶金建设集团有限公司非洲公司承建
	赞比亚利维·姆瓦纳瓦萨医院项目	中国援助,山西建设投资集团有限公司
	赞比亚水井项目	中国援助,江西国际经济技术合作公司承建
	赞比亚卡夫拉夫塔供水项目	中国成套工程有限公司承建
	赞比亚乔马市供水及污水管线改扩建项目	中国建筑集团有限公司赞比亚分公司承包
	赞比亚卢萨卡南部居住社区道路及水网升级改造项目	
制造业	马可波罗瓷砖厂	中国万达集团建设
	赞比亚玉米粉加工厂项目	中国援助项目,中国机械工业建设集团有限公司承建

四、几内亚湾

几内亚湾地区水利水电资源丰富、港口海洋条件优越,科特迪瓦等国拥有西非最大天然良港,借助中非共建"一带一路"基础设施合作和中非合作"八大行动计划"的实施,几内亚湾地区的科特迪瓦、加纳、贝宁、尼日利亚和喀麦隆等重点国别及地区的水利水电开发、港口航道建设、基础设施建设、资源开发利用需求旺盛,是中国水电、中国港湾、中国土木和中铁等投资非洲和开展产能合作的最重要区域之一。

(一)总体概述

几内亚湾是非洲西部的大西洋海湾,西起利比里亚的帕尔马斯角,东至加蓬的洛佩斯角,利比里亚、科特迪瓦、加纳、多哥、贝宁、尼日利亚、喀麦隆、赤道几内亚、加蓬、圣多美和普林西比等国家分布在其沿岸。其中,喀麦隆、赤道几内亚、加蓬三国地处几内亚湾东部沿海,由于石油资源丰富,经济发展水平较高,构成"东几内亚湾经济圈"。

几内亚湾地区经济以矿业为主。其矿产资源非常丰富,其中不少矿产占世界重要地位,比如黄金、金刚石的储量和产量居世界第一位;铜矿、铁矿、铀矿和其他金属矿产的储量也多;已探明石油储量超过800亿桶,约占世界石油总储量的10%,代表国家有尼日利亚、安哥拉等,加纳和科特迪瓦等国也在逐步向产油国方向发展,所以未来几内亚湾地区的石油储量仍会增加。

几内亚湾地区的能源优势吸引了美国、欧盟、俄罗斯等大国的投资,包括美国的埃克森美孚公司、科斯莫斯能源公司等。中国企业也不例外,目前中国海洋石油总公司为尼日利亚的石油和天然气业务投资超170亿美元,以提高该国能源生产力。中国石化通过收购 Addax 公司(瑞士石油)间接获得在加蓬两个作业开发区块的产品分成合同(PSA)和两个油田项目参股权益,成为加蓬境内第四大石油公司。2019年,中化集团、中国石化和振华石油等企业也在积极投标赤道几内亚的石油天然气及采矿许可区块。

(二)重点国家

1. 科特迪瓦

科特迪瓦位于非洲西部,西邻利比里亚和几内亚,北挨马里和布基纳法索,东连加纳,南濒几内亚湾,地理位置优越,是非洲西海岸的交通要道和整个西非的贸易中心、金融中心、航运中心。

科特迪瓦分布有大量的矿物资源,如钻石、黄金、铁、镍、锰、石油和天然气等,森林资源也十分丰富,为其经济发展提供了条件。阿比让港,非洲最大的集装箱港口之一,既促进了科特迪瓦海运贸易、物流的发展,也辐射到马里、布基法纳索等内陆国家,加上非洲发展银行等机构总部设立在阿比让,首都阿比让成为西非地区的金融中心和贸易中心。

2. 经济发展现状

科特迪瓦国土面积322463平方千米,2017年总人口为2430万人,GDP总量为396亿美元,经济增长率为9.0%,第一、第二、第三产业对

GDP 增长的贡献分别为 1.9%、1.0%、3.8%。科特迪瓦在 138 个国家中排名第 99 位;《全球竞争力报告 2018》显示其排名第 114 位(见表 4-13)。在世界银行发布的《2018 年全球营商环境报告》的 190 个国家中,科特迪瓦处于第 139 位。

表 4-13 科特迪瓦经济发展概况

	指 标	数 值
经济发展关键指标(2017 年)	人口(千人)	24295
	人均 GDP(美元)	39567
	人均 GDP(美元)	1661
各行业附加值占 GDP 比重(2016 年)	农业(%)	23.7
	工业(%)	30.6
	制造业(%)	16.4
	服务业(%)	45.7
2018 年全球竞争力指数 4.0 排名		114

资料来源:《非洲统计年鉴 2018》和《全球竞争力报告 2018》。

(2)投资环境评价

①矿物、森林、渔业等自然资源丰富

科特迪瓦矿物资源丰富,主要矿藏有钻石、黄金、锰、镍、铀、铁、石油和天然气等。石油储量约 2.2 亿桶,天然气储量 1.1 万亿立方米,主要分布在沿海几内亚湾。林业方面,科特迪瓦森林资源十分丰富,木材一直作为其出口产品之一。因科特迪瓦海岸线长、湖泊数量众多,所以渔业资源比较丰富。

②政府制定相关政策,鼓励外来投资,并提供部分优惠政策

科特迪瓦将全国分为三个区:A 区为科特迪瓦经济首都阿比让区域,B 区为科特迪瓦其他人口超过 6 万人的城市地区,C 区为科特迪瓦其他人口不足 6 万人的城市地区。符合申报制的投资,其工商所得税、利润税和牌照税可以按照不同区域和不同年限享受递减免税。

③交通、通信设施有一定的基础,水、电供应充足

科特迪瓦公路四通八达,只有 1 条铁路,全国有大小机场 20 多个,阿比让机场是非洲法语国家最大的机场。科特迪瓦有阿比让和圣佩德罗两个港口,其中阿比让港是非洲第二大港,承担着该国 90% 以上的进出口任务,货物吞吐量 2100 万吨/年。目前,科特迪瓦有 3 家移动运营商(Orange、MTN、Moov),其中有 2 家同时提供固定电话服务(Orange、MTN),截至 2017 年 12 月 31 日,固网用户数约 30 万、移动用户数约 3175 万。科特迪瓦电力资源比较丰富,发电装机容量 2200MW,除满足国内基本需求外,还可出口到加纳、贝宁、布基纳法索、多哥等国,但电力设施陈旧老化,需要改造升级。因此,科特迪瓦政府近年来计划投资 250 亿美元用于基础设施建设,以营造更好的投资环境。

(3)中国在几内亚湾区投资成果

自建交以来,中国与科特迪瓦的双边友好关系一直稳定发展,经贸合作也在不断扩大。据中国商务部统计,2017 年中国向科特迪瓦直接投资 1.12 亿美元,签订承包工程合同 22 份,合同额达 4.63 亿美元,营业额完成 9.77 亿美元。截至 2017 年年末,中国对科特迪瓦直接投资存量达 3.04 亿美元,有 40 余家中资企业在科特迪瓦进行道路、能源、渔业、贸易和酒店等行业的经营。具体投资成果如表 4-14 所示。

表 4-14　中国在科特迪瓦的投资成果一览表

领域	投资成果	备　注
道路交通	科特迪瓦奥迭内贝利邦公路项目	中国路桥工程有限责任公司承建
	科特迪瓦铁比苏—布瓦凯高速公路项目	
	科特迪瓦阿比让—大巴萨姆高速公路项目	中国机械设备工程股份有限公司承建
	科特迪瓦阿比让四桥项目	中国建筑股份有限公司
	科特迪瓦阿比让科科迪斜拉桥项目	中国路桥工程有限责任公司承建
	阿比让港口改扩建项目	中国港湾工程有限责任公司承建
	科特迪瓦圣佩德罗港口项目	
	阿比让 FHB 国际机场扩建项目	中国中铁国际集团签署框架协议

续表

领域	投资成果	备 注
电力	苏布雷水电站	中国水利水电第五工程局有限公司承建
	圣佩德罗布鲁托燃煤电站	中国电力建设集团有限公司承建
	松贡燃气联合循环发电项目	中国能源建设集团有限公司承建
	科特迪瓦电网发展与改造项目	中国机械工业集团有限公司与所属中国电力工程有限公司联合体签署并授权所属中国机械设备工程股份有限公司负责项目执行
	科特迪瓦 225KV Treichvillegis 变电站项目	国家电力投资集团有限公司山东院中标
	科特迪瓦亚穆苏克罗电力调度中心项目	CMEC 总承包、中机国际工程设计研究院有限责任公司负责咨询及工程设计
工业园	科特迪瓦 PK24 工业园	中国港湾有限责任公司承建
农业	格格杜垦区	辽宁省国际经济技术合作集团有限责任公司负责
制造业	科特迪瓦水泥粉磨站项目	中工国际工程股份有限公司承建
服务业	阿比让供水一、二期项目	中地集团
	阿比让平安城市监控系统	中方融资,华为技术有限公司实施
	科特迪瓦阿比让艺术商务中心建设项目	威海国际经济技术合作有限公司承建
	科特迪瓦 200 公顷房地产项目	沈阳远大智能工业集团股份有限公司承包实施
	科特迪瓦阿比让海关总署住宅建筑项目	中国能源建设集团有限公司广西水电集团
	科特迪瓦税务联合会和国家高级教师(研究人员)住宅建筑项目	
	科特迪瓦 Port Bouet 新城项目	中国铁建国际集团建设
	科特迪瓦阿比让奥林匹克体育场项目	北京建工援建
	中科友谊精英学校	中国援建

2.几内亚

几内亚位于非洲西部,西濒大西洋,北邻几内亚比绍、塞内加尔和马里,东与科特迪瓦接壤,南与利比里亚和塞拉利昂接壤,国土面积 24.59

万平方千米,人口 1160 万。几内亚地理位置独特,是西非 3 条重要河流的发源地,因此成为邻边国家马里、尼日尔和布基纳法索的出海口,也便利了整个西非区域的海运交通。

(1)经济发展总况

矿业和农业是几内亚国民经济的主要支柱产业。受大宗商品价格影响,几内亚 2015 年 GDP 增长率仅为 1.3%,2016 年经济开始恢复增长,达到 5.2%,2017 年 GDP 为 91 亿美元,增长 6.7%(见表 4-15)。世界经济论坛《全球竞争力报告 2018》显示,几内亚在全球最具竞争力的 137 个国家和地区中,排第 126 位。根据世界银行发布的《2018 年全球营商环境报告》,几内亚在 190 个参评国家(地区)中排名第 153 位。

表 4-15　几内亚经济发展概况

	指　标	数值
经济发展关键指标(2017 年)	人口(千人)	11600
	GDP(百万美元)	9111
	人均 GDP(美元)	685
各行业附加值占 GDP 比重(2016 年)	农业(%)	19.7
	工业(%)	34.4
	制造业(%)	12.7
	服务业(%)	45.9
2018 年全球竞争力指数 4.0 排名		126

资料来源:《非洲统计年鉴 2018》和《全球竞争力报告 2018》。

(2)投资环境评价

①资源丰富

几内亚资源丰富,矿产资源品种多、储量大、分布广、开采价值高、开发潜力大,主要有铝矾土、铁、黄金、金刚石,以及镍、铜、钴、石油等。铝矾土已探明储量占全球的 30%,居世界第一位,铁矿、黄金和钻石等储量也比较大,品质很高,沿海大陆架还蕴藏有石油。同时,几内亚河流众多,淡水资源丰富,有"西非水塔"之称;海岸线长约 352 千米,沿海渔业资源较丰富,森林覆盖率居西非首位。

②优惠的吸引外资政策

为了吸引外资、技术和人才,几内亚于1987年颁布了《投资法》,支持和促进生产型投资,在农业、渔业、林业、电信业、矿产业、水力发电、服务业、建筑业等领域提供优惠政策,包括根据投资项目所在区域距离首都的远近程度免缴企业所得税3—8年;出口生产企业免缴5年所得税;矿业企业所得税降至30%;出口税降至6.5%;等等。

③基础设施不发达

几内亚交通设施不发达,已有的公路、铁路大部分路况较差,损毁严重。电信业和互联网近年来发展迅速,电话普及率不断上升,网络资费也大大下降,但仍待继续发展。电力供应非常紧张,全国约82%的人口使用不到电力,亟须加强电力建设。近几年,几内亚政府规划实施的基础设施建设项目较多,但因缺少资金投入,进度缓慢。

(3)中国在几内亚投资成果

据中国商务部统计,2017年中国对几内亚直接投资流量2.87亿美元,新签承包工程合同48份,新签合同额14.32亿美元,完成营业额6.15亿美元。截至2017年年末,中国对几内亚直接投资存量为6.75亿美元,涉及行业包括矿业开发、建材、渔业、农业、通信等。具体投资成果如表4-16所示。

表4-16 中国在几内亚投资成果一览表

领域	投资成果	备注
道路交通	几内亚1号国道Dabola-Cissela段公路项目	中国土木工程集团承建
	几内亚Cissela-Kouroussa公路项目	河南国际经济技术合作公司承建
	几内亚Gueckedou-Kondebadou公路项目	
	几内亚达比隆港—圣图矿区铁路工程项目	中铁十四局、中铁十八局共同参与建设
	几内亚首都科纳克里市区道路项目	安徽蚌埠国际经济技术合作公司承建
	Conakry(Coyah)-Mamou-Dabola(CMD)旧路改造工程项目	中国路桥承建
	几内亚科纳克里集装箱码头扩建项目	中交集团
	金波联合港口建设项目	由金波铝土矿开发有限公司运营
	卡姆萨(Kamsar)铝土矿出口专用港口项目	中国港湾工程公司承建

续表

领域	投资成果	备 注
矿业	几内亚 Boffa 铝土矿项目	中国铝业股份有限公司
	中国赢联盟几内亚矿业项目	中国赢联盟建设
军事	奥信几内亚民爆工业园	奥信几内亚公司
水利水电	几内亚林桑—弗米段 225KV 输电线路项目	中国水利电力对外有限公司承建
	苏阿皮蒂水利枢纽项目	中国水利电力对外有限公司
	几内亚 AMARIA 水电站	特变电工股份有限公司承建
	几内亚凯乐塔水电站	中国三峡集团下属中国水利电力对外公司承建
	几内亚库库塘巴水电站项目	中国电力建设集团有限公司
农业	几内亚农业技术及发展规划海外培训班	中国商务部培训中心主办,农业农村部对外经济合作中心承办
基础设施	中国国际基金与几内亚的合资企业	项目价值 79 亿美元,用于基础设施项目建设
服务业	几内亚科纳克里紧急供水工程项目	中国机械工程有限公司承建
	几内亚科纳克里供水项目	威海国际经济技术合作有限公司承建
	几内亚大学城修复和新建项目	蚌埠市国际经济技术合作有限公司承建
	几内亚首都科纳克里铂金广场项目	中国德瑞集团投资建设
	几内亚 5000 套房建 EPC 总承包项目	中国电建北京院
	社会公益项目	新加坡韦立、中国烟台港集团、中国宏桥集团、几内亚 UMS 公司 4 家企业组成联合体"中国赢联盟"
	"万村通"卫星数字电视项目	中国政府援助

总之,借助"一带一路"中非合作历史机遇和良好港口条件,近年来科特迪瓦、几内亚、加纳等国经济快速增长,交通基础设施大为改观。一大批中资企业集中投资阿比让港口城市,科特迪瓦成为西非经济新的"增长极"和中非产能合作示范区,同时也带动了科特迪瓦周边国家及几内亚湾区的经济增长。而且科特迪瓦作为西非重要的法语区国家,是中国与法国共同开拓的第三方市场重要国家。目前已在水利水电、港口建

设等重要领域与西非法语区国家进行密切合作。以几内亚水电站和科特迪瓦阿比让港口建设为重点的几内亚大湾地区正将水电开发、海洋经济与港口建设等视为满足其日益增长的能源需求的主要途径。与此同时，中国企业抓住中非共建"一带一路"合作机遇，借势而为，谋篇布局，与几内亚湾地区国家开展基础设施建设和能源开发合作，更好服务国家战略。

第三节　对非洲直接投资经验与案例分析

"一带一路"倡议提出至今，中国与沿线国家的投资合作发展迅速，在重点国家取得了不少显著成果，初步形成了中国与各国共建共享的合作双赢局面，为相关国家和地区注入了新的增长动力，并开辟出共同发展的巨大空间。2013—2019 年，中国企业抓住"一带一路"机遇，积极"走出去"参与国际产能合作，推动我国对外开放进入新阶段，推动装备、技术、标准、服务"走出去"，打造中国制造金字品牌，实现了从产品输出向产业输出的华丽转身，在非洲国家树立了良好的中国形象。

一、中国高铁"走出去"——中国中车

经过几年的发展，中国高铁已具备了较完善的技术和丰富的运营管理经验。目前，中国高铁技术已处于世界领先水平，可以承担多种状态下的铁路项目，在系统集成、施工、装备制造和运营管理等方面都拥有自主核心技术。李克强总理曾表示："中国高铁技术先进，安全可靠，成本具有竞争优势。"[①]这是对中国高铁竞争力优势的最凝练概括。目前，中国高铁对高寒、高温、大漠风沙等极端环境的适应性已处于世界领先水平，在集成、施工、装备制造和运营管理四大方面的技术优势也十分显著，凭借高技术、高速度和低成本的优势，中国高铁已成为我国"走出去"的亮丽"名片"。借助于"一带一路"中非产能合作和非洲"三网一化"基础设

---

① 《李克强亲自"推介"中国高铁：将推动地区互联互通建设》，新华网，2013 年 10 月 12 日。

施建设的重大机遇,中国高铁走向非洲的步伐不断加快。

(一)中国高铁走进非洲的现状

近年来,采用中国技术标准修建的铁路已逐步走进非洲,亚吉铁路、蒙内铁路、阿卡铁路、安哥拉本格拉铁路等多条铁路先后建成通车,"中国标准"和"中国制造"深入非洲人心,成为中非"铁路外交"的象征。

安哥拉本格拉铁路,2015年2月建成通车,全长1344千米,完全采用中国标准重新修建,并首次完成铁路客运连接大西洋和印度洋,实现了非洲版"两洋铁路"。阿布贾—卡杜纳铁路(阿卡铁路),全长186.5千米,2016年7月开始运营,是尼日利亚铁路现代化项目的一部分,是非洲首条由中国进出口银行提供优贷资金,采用中国铁路技术标准建设的铁路。亚的斯亚贝巴—吉布提铁路(亚吉铁路),全长752.7千米,2016年10月建成通车,是中国第一条从融资到设计到施工全产业链"走出去"的铁路。蒙巴萨—内罗毕标轨铁路(蒙内铁路),全长约480千米,2017年5月31日建成通车,是肯尼亚独立以来修建的第一条全线采用中国标准的标轨铁路,中车戚机公司负责了56台内燃机车的制造及维保项目。

中国高铁走进非洲,充分发挥了"拉动效应"和"溢出效应"。一方面,高铁的迅速发展对于非洲国家和地区的资源开发、产业发展、城镇建设及工业振兴等诸多方面都产生重要的促进作用;另一方面,这些铁路项目按照中国标准设计建设,形成了良好的品牌示范作用,不仅能够带动中国铁路机械设备、建筑材料、机车等相关产品、技术和服务的出口,也为中国企业更多地参与该区域铁路网络建设奠定良好基础。未来,纵横非洲的采用中国标准建造的中国高铁将北非、东非、南非和西非等沿线国家联系在一起,将在基础设施建设、产能合作、区域发展和人文交流方面起到重要作用,对于推动非洲区域一体化进程,打造人类命运共同体方面具有重要战略价值。

(二)中国高铁企业走进非洲面临的主要问题

1. 非洲高铁项目国际竞争激烈

世界老牌高铁企业不会甘心让中国企业抢占世界高铁市场,如印度尼西亚"雅加达—万隆"高铁项目、印度"孟买—艾哈迈达巴德"高铁项目、墨西哥国内首条高铁项目招标等,日本三菱、法国阿尔斯通、加拿大庞巴迪和德国西门子等著名企业均参与竞争。此外,非洲国家曾经是英、法、德等宗主国的前殖民地或附属国,中国的非洲高铁项目往往会引起这些国家的高度敏感和关注,也加剧了高铁项目的竞争程度。

2. 中国高铁标准难获国际认同

因欧洲高铁起步早,技术和经验都处于领先地位,所以国际市场上的高铁标准多以欧洲标准为主,中国高铁因发展较晚,虽技术领先但仍不被国际市场所认可,加上部分国家设置技术标准壁垒,阻碍了我国高铁技术"走出去",技术标准更难以得到推广和认同。非洲国家受西方殖民影响较深,对中国标准不熟悉,所以在项目争取和建设过程中也有难度,中国高铁标准"走出去"的目标任重而道远。

3. 高铁企业融资压力大

高铁建设因对资金需求大而需要东道国有足够的资金支持,而非洲大多数国家经济状况较差,难以负担修建高铁的资金,因此希望中国承建商能提供贷款或融资,而这种 BOT 方式对于高铁运营从亏损到盈利是一个非常漫长的过程,中国高铁企业融资压力很大。

4. 高铁投资风险大

高铁作为基础设施建设项目,周期长、成本高,企业从融资到施工到后期运营,都面临很大的不确定性因素,投资风险较大。除此以外,非洲许多国家政局不稳、社会治安条件差、部族和宗教冲突风险频发,恐怖主义活动也时有发生,还需面对非洲人口加速流动带来的"文明冲突"和安全风险。

5. 管理经验不足,缺乏相关人才

近年来中国高铁虽然逐步领跑国际高铁市场,但与日本、法国老牌高铁企业相比,仍缺乏国际管理经验,相关管理、法律等国际化人才培养也没适时跟上高铁"走出去"的步伐,高素质人才相对缺乏,严重阻碍了中国高铁在国际上的可持续发展。与此同时,现阶段铁路职工队伍整体文化水平和技术能力仍有待提高,高技术人才仍无法满足高铁建设的需求。

（三）中国高铁走进非洲的思考

1. 高度重视价值认同，促进共商共建共享

高铁关系东道国的经济发展大局和交通运输布局，同时，又具有高度的政治敏感度和公众关注度，为此，中国和东道国应凝聚高铁发展共识，坚持共商共建共享原则，促进非洲国家铁路基础设施的互联互通建设，以促进中非利益共同体和命运共同体建设。加强中国高铁外交优势，从思想和观念上增加东道国人们对中国的价值认同，立足长远发展。

2. 加强高铁"走出去"的顶层设计和统筹规划

面对未来，中国高铁将纵横"一带一路"、贯通非洲南北，应从国家战略和打造人类命运共同体的高度，谋划"一带一路"框架下高铁"走出去"的全球战略和海外布局，加强高铁出海的中非双边和多边外交、经贸与投资的合作与运筹，在高铁的中国标准、知识产权、全球品牌和竞争模式等方面加强全球统筹和布局，要求高铁央企和配套企业"抱团取暖、协调步调"，提升中国高铁全球竞争力。同时，需要发挥中国驻外机构和行业协会的指导协调作用，为高铁出海提供有力支持。

3. 高铁标准国际经验的互鉴互学，推动中国标准的国际互认

中国高铁凭借先进的技术水平、丰富的运营经验和公平的市场竞争走向世界，而不是过于依赖政治推动。高铁通过帮助东道国解决交通基础设施落后的现实问题，以赢得东道国人民的价值认同。借鉴德、日、法等高铁发达国家高铁标准和管理经验，推进中国与其他铁路发达国家高铁标准互认。

4. 加强培养高铁国际化人才

中国高铁"走出去"应同步推进铁路教育"走出去"，构建多层次国际化人才培养体系，开展国际项目交流合作人才计划，在"游泳中学会游泳"。同时，注重培养当地高铁人才，落实高铁标准本地化战略，为东道国培养储备本土铁路技术和管理人才，帮助东道国真正建好铁路、用好铁路、管好铁路。

5. 建立健全高铁投资风险防控体系和预警机制

政治风险和地缘风险是中国高铁出海的最大风险，为此，需要做好高铁项目的前期风险评估研究。重视高铁项目的潜在风险和不确定性因素,对各种政治风险和突发事件作出及时预判。建立和完善高铁投资风险管理制度,增设高铁风险应对专项基金,强化企业内部风险防控机制。构筑政府、行业、企业多级风险服务体系,提高中介服务机构的国际化服务能力,积极履行东道国的社会责任,树立良好的中国高铁企业形象。

二、中非产能合作的典范——埃塞俄比亚东方工业园

(一)东方工业园现状及发展

埃塞俄比亚东方工业园是埃塞俄比亚第一个现代化工业园区,是我国企业首次将工业园理念引入埃塞俄比亚,也是埃塞俄比亚境内唯一被中国商务部和财政部认可的国家级境外经贸合作区。

埃塞俄比亚东方工业园由我国民营企业江苏永元投资有限公司独资建设,其前身是张家港市中原制管有限公司,是一家集产品研发、生产、销售和售后服务于一体的江苏省高新技术企业,并与北美、东南亚、中东及非洲等地区的大型企业有着长期稳定的供货关系,产品出口达到80%以上。自2006年国家实施"走出去"战略后,公司便与国家战略同步,多次考察和论证非洲埃塞俄比亚的投资环境,先后在该地投资建设了东方水泥公司、中舜水泥公司、东方工业园有限公司等企业,并于2007年成功中标埃塞俄比亚东方工业园项目。

埃塞俄比亚东方工业园位于埃塞俄比亚奥罗米亚州,距离首都亚的斯亚贝巴和博莱国际机场约30千米,北侧大门紧连由亚的斯亚贝巴到阿达玛市的AA高速公路,以及通往埃塞俄比亚与吉布提两国首都的亚吉铁路。工业园两侧有60万人口的两个重镇——塔博尔赞提镇和杜卡姆镇。

东方工业园占地面积5平方千米,4平方千米已取得99年的土地使用权,其中一期2.33平方千米、二期1.67平方千米。仿照苏州工业园模式,东方工业园区开发建设采取"总体规划、分期实施,建设与招商同步、开发与使用同步,以及以园养园,滚动式发展"的市场化运作模式。目前,总投资2.5亿美元的一期已全部完成,配套了完整的厂房、办公楼、住房和水电等基础设施,入园企业可直接入驻经营。

目前,东方工业园已有 100 多家企业入园,总投资 6 亿美元(其中中资 5.8 亿美元),大部分是中国企业,主要集中于劳动密集型产业,比如制鞋、纺织、家纺等。总产值累计 15 亿美元,上缴税收共 9100 万美元,为埃塞俄比亚提供了 2 万个就业岗位,极大地促进了埃塞俄比亚的工业化进程,助力该国经济多元化发展战略。进入"一带一路"中非合作新时期,东方工业园的发展也步入提质增效的新阶段。

作为最早由中国民营企业承建和管理的埃塞俄比亚唯一国家级境外经贸合作区,东方工业园肩负着探索与试验的重任。经过 10 多年的发展,东方工业园的发展道路独具特色,无论是园区规模还是发展质量方面,东方工业园都取得了显著的成就。早在工业园启动建设之初,埃塞俄比亚政府就将东方工业园作为国家"持续性发展及脱贫计划(SDPRP)"的一部分,列为工业发展计划中重要的优先项目。十年多来,工业园得到中国和埃塞俄比亚两国政府领导的高度重视,两国领导人曾多次前往视察指导并对其发展给予了高度评价。东方工业园模式被原世界银行副行长、首席经济学家林毅夫誉为中非产能合作的典范。

目前,工业园已经成为中国在埃塞俄比亚的形象工程、中国企业走进东非国家的良好平台和中非产能合作的重要载体。当前在中非"一带一路"合作的发展趋势下,埃塞俄比亚作为中国在非洲四个"中非产能合作、产能转移"先行先试国家之一和"一带一路"重要承接点,将为东方工业园实现跨越式发展带来新的机遇。

(二)东方工业园投资优势分析

东方工业园的投资优势可从以下两个方面具体展开。

1. 埃塞俄比亚适宜的投资条件

(1)区位优势

埃塞俄比亚是非洲东北部内陆国,位于非洲之角的中心,东与吉布提和索马里相邻,南与肯尼亚接界,西与苏丹和南苏丹接壤,北与厄立特里亚交界。首都亚的斯亚贝巴被誉为"非洲的政治心脏",交通便利,便于东方工业园的发展。

埃塞俄比亚资源较丰富,有铂、铁、铜、镍、煤、石油和天然气等多种矿产资源。特别的,埃塞俄比亚清洁能源发展潜力巨大,水资源、风能和太阳能资源十分丰富。全国境内古迹及野生动物公园众多,旅游业发展潜力巨大。基础设施虽不发达,但近年来随着中国企业的投资,基础设施得到很大改善(见表4-17)。

表 4-17　埃塞俄比亚基础设施建设状况

项目	建设状况
铁路	埃塞俄比亚—吉布提铁路,即亚吉铁路全长 752.7 千米,是埃塞俄比亚乃至东非腹地物资出口、交通运输的主要通道,并辐射周边国家和非洲内陆地区,被非洲媒体誉为"非洲经济发展新引擎"。2019 年 1 月至 7 月,亚吉铁路就运送了 3.9 万名乘客,创造了 2000 多万美元的收入
市内交通	由中国承建的亚的斯亚贝巴轻轨全长 34.25 千米,设有 39 个车站,2015 年 9 月正式投入运行,目前,日均客流量达 10.1 万人次,单日最高客流量达 18.5 万人次
空运	共有 40 多个机场,其中亚的斯亚贝巴、迪雷达瓦和巴赫达尔为国际机场。截至 2018 年 6 月,埃塞俄比亚航空公司拥有 100 架飞机,国际航线 110 条,国内航线 21 条,安全系数、管理水平和经济效益均佳
水运	海运业务均由国有埃塞俄比亚船运物流公司经营,该公司现有 15 艘船,总吨位 48.69 万吨。进出口货物主要通过吉布提港,使用该港 90% 的吞吐能力
通信	埃塞俄比亚全国电信网项目已完成四期,大部分地区覆盖 3G 移动网络,但网速较低,所以 2G 网络仍是埃塞俄比亚移动市场的主力。到 2016 年第一季度,埃塞俄比亚的移动用户数量达到 4463.7 万,移动渗透率达到 44.3%
电力	截至 2017 年 3 月,埃塞俄比亚总装机容量为 4200 兆瓦,能够为其 40% 的人口提供电力,目前正在建设装机容量达 6450 兆瓦的复兴大坝水电项目。此外,埃塞俄比亚政府还积极开发地热、风电和太阳能等新能源。2019 年 3 月,覆盖 8 个城市的中低压配网升级改造完成,正式带电投运,实现安全供电和稳定运行

（2）经贸发展空间大

作为非洲第二大人口大国,埃塞俄比亚积极学习和借鉴中国改革开放的经验和做法,加强中埃两国经贸和产能合作,取得很大进展。近 10 年来,埃塞俄比亚经济发展迅速,经济平均增长率约为 10%,成为世界上经济增长最快的国家之一,也被称为"非洲四小龙"之一。目前,埃塞俄比亚已运营及在建的工业园区有 11 个,并计划在其第二个五年计划期间新建 14 个工业园区,希望通过制造业的繁荣带动国家的工业化发展。随着非洲自由贸易区的成立,埃塞俄比亚的经济发展会再上一个新台阶。

（3）双边关系友好

自"一带一路"倡议提出以来,中国与埃塞俄比亚发挥传统友好关系的优势,不断加强合作交流,埃塞俄比亚作为非洲联盟所在国,积极与中国开展经贸合作,为"一带一路"倡议在非洲的推进发挥作用。

2. 园区优惠政策

东方工业园目前享有的埃塞俄比亚优惠政策主要有以下几点。

（1）税收政策

在企业所得税方面,区内企业所得税享受5—10年免税期,比区外外资企业延长2—5年,产品出口占50%以上的享受更长时间免税期。在进口税方面,投资实物资本中的建设和生产设备(含自用建筑材料)免进口税,生产出口产品的原材料免进口税,进口相当于投资货物15%的零配件免进口税。在出口税方面,出口产品享受免税。还有"税收返还"等重大优惠政策正在积极争取中。

（2）金融政策

埃塞俄比亚国家银行是国家中央银行,负责埃塞俄比亚外汇管理。园区和入园企业外汇留存比区外企业多10%,达到30%;埃塞俄比亚共有15家银行(不包括埃塞俄比亚央行),其中3家为国有银行,分别是埃塞俄比亚商业银行、埃塞俄比亚开发银行、建设和商业银行,其余12家为私人银行。该园区目前正在积极与中国进出口银行等金融机构进行沟通,以为入园企业提供融资贷款等金融服务,解决中小企业海外投资项目融资难的问题。此外,中国国家开发银行、中非发展基金等也可提供金融支持。

（3）配套服务政策

埃塞俄比亚国家船运公司优先为区内企业提供海陆运输服务。同时,设立海陆联运目的港,实现点对点运输物资。工业园在园区内设立企业运营相关的直属办事机构,为入园企业提供投资政策和相关法律法规咨询、企业经营相关手续办理以及园区安保等便捷服务。工业园也已经与埃塞俄比亚政府签订政府订购合同,把工业园内的企业作为政府采购的合作单位。园区内商贸、医疗、消防、培训、餐饮、娱乐等设施配套均较为齐全。

（三）东方工业园投资面临的挑战

1. 国家政治动荡，潜在风险高

埃塞俄比亚政局总体稳定，但仍受民族、宗教以及地区矛盾等问题影响。多年来埃塞俄比亚小规模政变频发，部族冲突时有发生。尽管2018年开始以阿比为首的埃塞俄比亚政府全力推动该国三大民族之间的和解进程，但2019年6月22日突发的未遂兵变却证明这一过程任重而道远。同时，埃塞俄比亚与厄立特里亚、索马里接壤的边境地区偶有武装冲突，也加剧了其局势不稳定，严重阻碍了投资者的信心。

2. 出口型企业较少，创汇问题严峻

埃塞俄比亚主要靠出口和侨务创造外汇，其中出口创汇大多来源于农产品出口。但因近年来埃塞俄比亚农产品创汇能力降低，侨民汇款减少，埃塞俄比亚政府外汇储备严重不足。因此，埃塞俄比亚政府希望重点发展可以带来巨额外汇的出口型企业，而东方产业园区的企业主要在埃塞俄比亚境内销售产品，无法解决埃塞俄比亚的创汇问题。

3. 争取优惠难度大

尽管埃塞俄比亚极为重视工业园的开发建设，也给了中国企业很多的优惠待遇，但东方工业园由民营企业建设，在与埃塞俄比亚政府争取政策、商务谈判等事务上不对等，缺少较大发言权，争取优惠政策落实时存在劣势，涉及土地征用、税收返还政策等问题往往落实难度大、成效不大，类似政策问题有待进一步解决。

4. 境外融资难度大

工业园一期总投入超过2.5亿美元、总资产超过30亿元人民币，因资产在境外，难以通过资产抵押等方式解决资金短缺问题，得不到相应的金融支持。另外，企业从境内银行获取贷款，受到近年来国内资金成本居高不下的影响，融资成本过高，严重影响了工业园的发展速度。

5. 企业管理能力亟待改善

作为埃塞俄比亚国家的第一个工业园，东方工业园企业因对当地扶持政策争取、招商引资等方面缺乏了解，导致政府扶持较少、招商引资不合理等问题。同时,园区运营方缺乏国际化运作经验,对当地情况不熟悉,在运营过程中出现很多问题。另外,随着工业园的加速发展,工作的标准要求越来越高,而作为一家民营企业,人才储备量及其档次等都跟不上形势的发展,尤其是高层次人才远远不能适应发展的需求,亟须国内富有开发区建设、管理经验的专家、政府工作人员等进行具体而长期的研究、指导。

(四)东方工业园未来发展的思考

1. 加强政府协调,争取良好政策环境

加强中埃两国政府的协商和沟通,在与埃塞俄比亚政府商谈解决园区问题、争取优惠政策时,工业园可以争取中国政府的支持。请中国政府的商务代表或使领馆派相关部门人员前来磋商或协调工业园建设问题,协助工业园企业获得良好的优惠政策,实现可持续发展。

2. 搭建融资平台,提供工业园专项融资支持

为了促进工业园的长远发展,应争取政府政策支持,与进出口银行、国开行等政策性银行加强沟通,设立一个工业园专项融资平台,为工业园企业提供一个优惠、长期的融资渠道,助力中国企业"走出去",既解决了工业园企业融资难的问题,又可以促进中国国内产业结构的优化升级。

3. 企业"抱团取暖",协同发展

工业园招引国内"走出去",在埃塞俄比亚投资兴业,倡导企业"抱团取暖",以产业链方式招商引资。引导入园企业,聚焦优势产业和自身特色,找准自己的定位,采取"抱团式"或"产业链式""走出去"模式,准确定位园区发展方向,加强产业规划和优化空间布局,既可避免基础设施重复建设,也可避免企业间的恶性竞争,有利于工业园内企业增强凝聚力,减少投资风险,提高园区产业聚集水平和技术水平,实现互利共赢。

4. 完善投资发展平台,提升工业园运营管理水平

作为埃塞俄比亚政府产业园区的标杆,东方工业园致力于建设政府产能合作的聚集区和产业转移高地,充分利用埃塞俄比亚的成本优势和优惠政策,在建设园区服务平台和高质量发展服务中心方面,园区以及生产生活配套服务设施建设方面有待加强,以提供全方位"一站式"服务。

同时作为民营企业运营的工业园,调整引资政策,通过提高引资水平和质量,引进高水平外资企业和国企来增强园区的经营实力,保证工业园健康发展。同时加强产业引导和企业协调,提高入园企业的竞争力,引导企业规范发展、协同发展,避免在工业园建设、管理、招商等问题上走弯路,把东方工业园继续做大做强。

三、农业技术示范中心——"南南合作"下的农业合作

(一)建设背景

非洲农业资源十分充裕,农业发展的自然条件也非常优越,现有可耕地资源 7.7 亿公顷,农业发展潜力无穷。然而,虽然非洲可耕地面积大,实际利用土地却仅为 2.11 亿公顷,垦殖率仅有 27%。而且,由于传统农业较为落后,非洲国家一直面临粮食短缺的问题。世界银行统计数据显示,2007—2017 年,非洲大陆年均经济增长率维持在 3.49%,其中撒哈拉以南非洲地区的经济增长率为 3.86%。与此形成鲜明对比的是,同一时期该地区农业年均增长率仅维持在 2%—3%,不完善的农业基础设施、落后的农业生产技术、保守的农业发展思路等一系列问题使得非洲沦为全球粮食援助最多、缺粮最严重的地区。我国作为农业大国,拥有先进的农业生产技术,因此中非农业合作不谋而合。

近年来,结合非洲各国农业发展规划,中非农业合作不断探索形成新的发展模式(见表 4-18)。其中最为典型的就是通过建立农业技术示范中心,将先进农业技术带到非洲,支持非洲发展现代农业。截至 2017 年年底,中非农业科研机构已签订了多项合作协议,通过转让农业技术、构建中非农业合作产业链等措施来解决非洲国家农业问题,帮助其提高农业生产能力、发展现代化农业。

表4-18　中非农业合作发展创新模式

中非农业合作发展模式类型	代表性企业	项目所在地
"公司"+"农户"的订单农业合作发展模式	中非棉业	马拉维

续表

中非农业合作发展模式类型	代表性企业	项目所在地
基础设施项目+农业项目的农业合作发展模式	新疆北新集团	安哥拉
热带经济作物"种植+加工"的农业合作发展模式	浙江越美集团	尼日利亚、马里
农业技术示范中心/农业园区+非洲本土企业/科研院所/非政府组织的农业合作发展模式	重庆市中坦农业发展有限公司	坦桑尼亚
"手工艺品技术培训+企业+金融"合作的农业合作发展模式	浙江农林大学	肯尼亚
牧草种植+畜牧业养殖+畜产品加工的农业合作发展模式	中非洋皮业股份有限公司	埃塞俄比亚
矿业、能源项目+农业项目的农业合作发展模式	浙江华友钴业	刚果(金)
粮食作物+经济作物/林业/牧业/渔业的农业合作发展模式	辽宁国际合作集团	科特迪瓦
全产业链农业合作发展模式	湖北襄樊万宝粮油有限公司	莫桑比克

(二)农业技术示范中心

农业技术示范中心是 2006 年 11 月中非合作论坛北京峰会的成果，是中非农业合作的新形式、新创举。截至 2018 年年底,中国已经在非洲 22 个国家建立了 25 个农业技术示范中心,包括 11 个处于商业化运营期的莫桑比克农业技术示范中心、苏丹农业技术示范中心、利比里亚农业技术示范中心、贝宁农业技术示范中心、刚果(布)农业技术示范中心、赞比亚农业技术示范中心、津巴布韦农业技术示范中心、多哥农业技术示范中心、坦桑尼亚农业技术示范中心、卢旺达农业技术示范中心和乌干达农业技术示范中心,8 个处于技术合作期的南非农业技术示范中心、喀麦隆农业技术示范中心、埃塞俄比亚农业技术示范中心、毛里塔尼亚(种植业中心)农业技术示范中心、毛里塔尼亚(农业中心)农业技术示范中心、马拉维农业技术示范中心、刚果(金)农业技术示范中心和赤道几内亚农业技术示范中心,4 个处于在建和论证期的安哥拉农业技术示范中心、刚果(金)农业技术示范中心(第 2 个)、津巴布韦农业技术示范中心(第 2 个)

和尼日利亚农业技术示范中心,以及 2 个因内乱停工的马里农业技术示范中心和中非农业技术示范中心。其中,21 个示范中心由企业承担实施,4 个分别由科研机构、大学和新疆生产建设兵团承担,每个示范中心的实施单位都由省级政府选出或省级商务和农业部门联合推选,以更好地保证农业中心的运营和可持续发展。

农业技术示范中心的目标是通过推进适用技术应用,促进非洲国家粮食增产,提升粮食安全水平,同时引入企业利用政府援助资金负责示范中心的建设、初期运行和后期市场化经营,搭建企业境外发展平台,鼓励涉农企业参与对外农业援助,在当地进行农业投资开发,初步探索农业科技援助与投资合作结合的可持续发展路径。十余年来,农业技术示范中心试验研究和选育的农作物品种有 1400 多个,推广了近 130 项实用农业技术,培训了上万名技术人员。最有代表性的就是湖南省农科院援建的马达加斯加杂交水稻示范中心,经过中国专家不断试验最终选育的 M729 杂交水稻品种的平均单产比当地品种高出 1 倍以上。如今,马达加斯加已经成为非洲杂交水稻种植面积最大、产量也最高的国家,基本解决了人民温饱问题,袁隆平院士的两大梦想之一——让杂交水稻造福世界正一步步走向现实。

如今,农业技术示范中心已经推动近 60 家涉农企事业单位赴非洲投资开发。截至 2016 年年底,中国对非洲农业投资存量达到 12.7 亿美元。农业技术示范中心成效显著,有效带动了非洲国家农业发展,推动了对非洲的农业投资,促进了中非经济外交,成为我国优势外交资源和"南南合作"的"知名品牌"。

(三)农业技术示范中心存在的问题

1. 缺乏中非双方的政策支持

少数农业技术示范中心的建立并没有两国政府的相关文件支撑(如莫桑比克农业技术示范中心),导致示范中心在实际运作过程中因没有两国政府的支持而阻碍重重。同时部分受援国不能落实相关的优惠政策支持,在外企业办理国内相关手续时程序烦琐,缺少完工后的优惠政策,严重阻碍了中国企业对非洲农业投资的步伐,不利于农业技术示范中心的可持续发展。

2. 农业技术示范中心运营不善

农业技术示范中心在运营过程中存在一些问题:一是实施运营与设计方案不符。个别实施单位对相关要求、技术细节和工作程序不够理解,导致示范中心在实际运营过程中偏离最初方向。二是示范推广技术与受援国实际发展需求不对口。因每个受援国的农业生产条件不同,农业资源也不同,因个别实施单位调研不足,盲目推广,导致示范推广的农业技术并没有满足实际需求。三是选派的专业技术人员不够专业。个别实施单位选派的专家团队能力不足,不能帮助实施单位合理规划示范中心的发展。四是实施单位的能力不足。目前,实施单位主要由涉农单位或非涉农单位负责,前者不懂对外工程建设,后者又没有专业的农业技术和经验,难以承担实施单位这一重任。

3. 实施运营过程中缺乏必要的外部环境支撑

在农业示范中心建设期间,受援国应保证建设区域内空旷,并提供建设所需的供水、排水、电力、能源及通信等基础设施,为实施单位提供一定的外部环境支撑。但由于非洲国家资金缺乏,基础设施不完善,实施单位在实际建设运营过程中困难重重,打击了其投资建设农业示范中心的信心。

(四)促进农业技术示范中心可持续发展的建议

1. 积极争取中国和非洲两方的政策支持

中非双方应在示范中心建设之前对其之后的整体运行做一个长期规划,并签订相应的合作框架,从国家层面保证技术示范与合作的可持续发展。同时,实施企业要与受援国积极沟通协调,落实相关配套基础设施,确保项目顺利如期完成。国内也应根据项目性质和特点出台针对性管理政策,建立绿色通道,为实施单位提供支持与服务。

2. 加大对农业中心的扶持

第一,在建设铁路公路、港口码头、水利等基础设施时应考虑到农业投资开发方面,为农业中心的发展提供良好的条件;第二,在非洲的农业技术专家等人才应积极配合辅助农业中心的发展;最后,重点鼓励农业示范中心所在国的农业部门参加培训,使其在培训过程中逐步认可中国的农业发展理念,同时了解和掌握中国先进实用的农业技术,进而促进非洲农业发展。

3.综合考察选拔实施单位

农业技术示范中心在实施前要做好对实施单位的综合考察,包括实施方案、人才选派、运营管理方案等。在实施运营过程中,实施单位也应做好调研报告,充分了解受援国的农业技术水平和农业文化,并积极与当地科研院所开展技术合作,结合技术合作与技术援助以保证示范中心的可持续发展。

第五章 中国企业对非洲直接投资战略调整路径与治理对策

中国企业对非洲投资战略调整与质量提升,是和新时代深化中非经贸与投资关系息息相关,需要统筹全局、谋篇布局。目前中国在非洲直接投资还存在整体效率低、经营方式粗放、产业分散及投资风险频发等突出问题,在很大程度上影响了中国在非洲投资的质量与可持续发展,也难以适应新时代"一带一路"中非产能合作快速发展的需要。因此,探索和破解中国对非洲直接投资质量的制约瓶颈,实施中国企业对非洲投资战略调整实属必然。在中国经济进入新常态背景下,国内实施供给侧结构性改革和经济增长新旧动能转换,而"一带一路"倡议与非洲工业化实现无缝对接,把握好中非投资与产能合作的重大机遇,需要从全球价值链的重构和提升视角,更好地谋划中国对非洲投资的战略调整和实现路径,研究中国产业转移和国际产能合作发展的方向和重点,以点带面推进中国"一带一路"中非产能合作的全面实施,对提升中国全面开放水平、建设制造强国和创新型国家具有重要的战略意义。

第一节 重点国家对非洲直接投资战略对比分析

本节通过选取主要大国和新兴经济体对非洲战略的历史演变与调整情况,从贸易、投资、援助等角度,系统梳理其对非洲经贸战略的发展变化,期望能够对中国发展对非洲经贸关系有所启示和裨益。

一、主要大国与非洲经济合作在起伏中前进

近年来,世界主要大国对非洲经贸合作在既有平台基础上继续发展,

对非洲贸易、投资和援助等领域有一定的具体政策措施，但实际效果并不明显。

从 2016 年有关大国对非洲投资情况来看，中国对非洲投资最多，达到 361 亿美元。其次是美国，达 36 亿美元。日本、英国和法国分别为 34 亿美元、24 亿美元和 21 亿美元，印度对非洲投资较少，为 12 亿美元。德国仅有 4 亿美元。从投资项目数量来看，美国在非投资项目数量最多，为 91 项，其次是法国（81 项）、中国（66 项），英国、日本、印度、德国相对较少（见表 5-1）。

表 5-1　2016 年主要大国对非洲直接投资额及项目数量

国别	美国	法国	中国	英国	日本	印度	德国
投资额（亿美元）	36	21	361	24	34	12	4
项目数（个）	91	81	66	41	27	18	19

资料来源：EYs Attractiveness Program：Afica，May 2017，Connectivity redefined：ey.com/za。

（一）欧盟对非洲经贸合作总体成果可见，促贸援助占比最大

欧盟是非洲经贸合作的传统伙伴。根据 2017 年非盟—欧盟峰会提供的数据，近年来欧非在贸易和投资、基础设施建设、人力资源培训、和平与安全等领域合作都有重要成果。2015 年欧盟成员企业对非洲投资 310 亿欧元。截至当年，欧盟对非洲投资存量达到 2940 亿欧元；对欧盟的贸易占到非洲对外贸易总量的 5.9%。英国国际贸易部负责贸易政策的大臣格雷·汉兹（Greg Hands）表示，英国非常重视与非洲的贸易关系，随着英国脱欧进程的推进，英国将加强与非洲的经济合作，扩大与非洲的贸易。这与英国贸易政策规划文件的提法相一致，即脱欧后的英国将保持与发展中国家的贸易，其水平不低于英国在欧盟时的份额。2016 年英国对非洲贸易总额达到 287 亿英镑，其中英国从非洲进口额为 127 亿英镑。2014 年英国对非洲投资存量为 425 亿英镑，2005—2014 年英国对非洲投资从 208 亿英镑增加到 425 亿英镑。

对外贸易是促进非洲发展的重要途径，近年来，欧盟对非洲援助偏重促贸与投资，促贸援助已成为欧盟对外援助的重要领域。欧盟的促贸援

助领域包括:贸易政策和法规的培训;与贸易相关的基础设施建设,如建设仓库、通信及能源供应设备等;生产能力建设,包括贸易发展生产部门建设,如农业、林业、渔业、工业和矿产资源等产业。2015 年欧盟促贸援助的比例中,非洲占到最大份额,占欧盟促贸援助总额的 36%,其次是亚洲(26%)、欧洲(15%)、美洲(10%)。当年对外援助赠款比例分别是非洲 45%、欧洲 29%、亚洲 10%、美洲 5%,然后是大洋洲及其他地区;官方发展援助(ODA)贷款比例分别是欧洲 34%、亚洲 26%、非洲 24%、美洲 16%。

截至 2017 年 1 月,在欧盟财政预算支持(预算承诺)的地区中,非洲占比最大,为 42.5%;欧盟相邻地区占 29.2%;亚洲占 23%;拉美占 5.4%。从 2010—2017 年预算实际支付情况来看,对非洲援助实际共支付 65.74 亿欧元,明显高于其他地区。2015—2016 年,欧盟提供贷款等支持在非洲修建、改建或维护道路 3900 千米,使 150 万人受益;410 家中小微企业在非洲落地。此外,欧盟对外投资计划(External Investment Plan)是欧非伙伴关系的重要资金工具。欧盟认为该工具是用以替代传统国际援助形式的新途径,其特点就是很好地利用公共基金资源,推动欧盟与国际金融机构、国际援助国、公共权力部门和私有部门之间建立有机联系的合作框架,有效推动对象国的发展。欧盟的资金援助对促进非洲发展有积极意义。

(二)美国启用"新非洲战略",鼓励对非洲投资以加强经贸关系

第二次世界大战结束后,美国企业即开始进入非洲,便在油气、矿产资源开采勘探、社会性基础设施(如教育、医疗)行业抢占先机。20 世纪 70 年代,美国私营企业就参与了坦桑尼亚的大北公路建设。截至 2015 年年底,美国对非洲直接投资的前三大行业是采矿业、金融业和制造业,分别占 66%、14% 和 7%。美国经济分析数据局(BEA)的数据显示,近 20 年来,美国对非洲直接投资累计达 7458.7 亿美元。其中,最高峰出现在 2014 年,为 690.3 亿美元。2015 年后出现下滑,2018 年的最新数据仅为 478 亿美元。IBM、微软等美国大型企业都在非洲展开了数百亿美元的数字基础设施投资。仅在南非一个国家,就已经有600家美国公司投资。

2013年时任美国总统奥巴马(Obama)曾宣布并实施"贸易非洲"(Trade Africa)计划,旨在扩大美国与非洲的经济贸易关系,通过鼓励投资,更好地推动《非洲增长与机遇法案》的实施,并促进非洲国家间的贸易。根据"贸易非洲"2016年度报告,自2013年以来,美国通过"贸易非洲"和美国国际发展署(USAID)"投资中心国家"(Investment Hub Countries)计划帮助非洲国家增强贸易能力,两项计划共涉及西非和东南部非洲共28个国家。具体措施包括简化手续、消除技术壁垒、加强卫生检疫和提高竞争能力等。尽管之前有迹象表明美国可能修改《非洲增长与机遇法案》,但2017年8月美国贸易代表莱特希泽(Lighthizer)表示,美国将继续实施该法案,并拟深化与非洲的贸易关系。根据《非洲增长与机遇法案》有关报告,2010—2016年美国与非洲贸易额持续减少,由2010年的772.5亿美元减少到2016年的322.8亿美元。2017年美非贸易额有所回升,为340.1亿美元。2016年美国对非洲出口产品主要是重型设备、飞机部件、精炼油品、食品和电气设备等;从非洲主要进口鲜花和农产品等。2010—2017年,美国与非洲贸易额情况如表5-2所示。

表5-2　2010—2017 美国与非洲贸易额　　　(单位:亿美元)

年份	2010	2011	2012	2013	2014	2015	2016	2017
贸易额	772.5	920.8	683.3	600.6	484.4	355.6	322.8	340.1

资料来源:Statistics of United International Trade Commission。

2018年12月,美国公布特朗普(Trump)政府一项新的"非洲战略",重点关注经贸、安全、发展三大领域。通过新的"非洲繁荣"倡议,进一步促进美国与非洲的贸易与商业关系,支持非洲开放市场,改善营商环境,扩大双边贸易规模,壮大中产阶级力量,增加青年就业,通过非洲的经济增长建立美国与非洲互惠互利的伙伴关系。并充分利用《非洲增长与机遇法案》,实现美国与非洲之间的公平贸易。鼓励非洲领导人选择可持续的外国投资,提高自主发展能力。

同时美国将重新审视并调整对外援助计划,支持非洲稳定发展。重点加强支持经济增长、推进民主法治进步、提高社会治理水平的援助项目,确保援助取得实效。确定援助非洲国家的优先次序,将更多援助集中于支持发展民主政治、支持建立透明财政、承诺进行经济改革的国家。私营组织将继续成为美国政府向非洲提供发展援助的重要合作伙伴。

"新非洲战略"同时提出加强美国与非洲国家经贸合作,应对大国竞争对手即中国与俄罗斯在非洲日益增强影响力。从新非洲战略的执行角度来看,美国明确援助资金未来将"有选择性"地突出应用在重点国家和特定战略目标,鼓励对非洲投资加强经贸关系以充分发挥对当地的影响。政策的调整表明未来在地处战略位置和拥有战略资源的非洲国家,竞争程度将有上升的趋势。

该战略的提出表明美国政府对于非洲投资效益的关注,与近年来美国企业在非洲的投资项目受挫有一定关系。由于融资困难,近年来,包括私募股权公司 KKR 和百仕通集团在内的美国企业已相继撤出了非洲。虽然美国政府通过海外私营投资公司(OPIC)加大对企业投资包括非洲在内新兴市场的融资,但给出的融资级别仅仅在 2 亿—5 亿美元,并不能满足非洲国家在相关项目中对资金的需求。此外,美国的能源实现了自给自足,也是部分美国私营企业减少在非洲商业活动的原因之一。2018年 10 月,美国国会通过了一项最高可提供 600 亿美元,旨在扩大海外基建投资的融资法案。新非洲战略实施后,美国将在对非洲各国实行进口普惠制税务优惠基础上,增加对非洲石油、矿产品进入美国市场的准入优惠,而不要求受惠国给予对等税务优惠待遇,符合条件的撒哈拉以南国家在 8 年内都可享受这一待遇,一旦达成,实现零关税的非洲对美国出口产品类别将扩大到 4000 项以上。

总体来看,鉴于中非合作论坛、东京非洲发展国际会议、印非峰会等大国对非洲合作平台均在前后两三年召开会议,特别是美国对非洲政策处于调整时期,2017 年大国对非洲关系略显平淡。不过,美国对非洲政策初见端倪,政府更替后的法国继续重视非洲、非盟—欧盟峰会召开以及二十国集团与非洲建立伙伴关系等,都是非洲与大国关系的重要表现。值得关注的是,2017 年非盟—欧盟峰会的召开标志着以往欧盟与非洲国家的对话合作将转向非盟与欧盟两大区域组织间的对话合作,双方关系在组成架构层面趋于均衡;2017年英国再次成为索马里问题国际会议的主办地,英国对非洲安全关切再度吸引国际关注;印度、日本对非洲关系突出"印太战略"与"亚非增长走廊",印度和日本将非洲拉入印太地缘战略框架的企图开始付诸实施;2017年美非关系因美取消对苏丹制裁而引发注目;美国军事打击索马里"青年党"的行动说明特朗普政府重视消除在非恐怖主义对美国的威胁。经贸方面,2017年各国对非洲贸易和投资合作小有成绩,但总体进步不明显。欧盟对非洲促贸援助和基础设施援助值得关注。

总之,2017年大国对非洲关系在平稳中发展,大国对非洲合作各有特点;大国在非洲竞争有所体现,但并未形成热点。2018年,中非合作论坛已召开新一届峰会,大国对非洲和中非关系的关注再次成为焦点,大国对非洲关系继续凸显,且美国对非洲政策已完全成型。2018年3月美国国务卿蒂勒森(Tillerson)访问非洲时,并未在对非洲经济合作领域提出政策措施,而是不断强调有关国家的安全问题。联系2017年美国对非洲反恐的实际行动,可以看出,基于"美国优先"的外交理念,未来特朗普政府对非洲政策首要关注的将是事关美国安全的非洲反恐问题;日本与印度面向非洲的亚非增长走廊可能会有某种实质性进展;鉴于世界经济总体仍处于增长乏力的状态,大国与非洲经贸合作依然难有明显突破。

二、新兴大国与非洲经济合作进入快车道

21世纪以前,主要受到冷战格局的限制,各发展中大国对非洲政策少有自主和回旋的余地。进入21世纪后,新兴大国与非洲并肩进入发展快车道,彼此加强交往的战略意愿不断增强。有鉴于此,新兴大国普遍对其非洲政策进行了调整,并很大程度上将与非洲合作视为其获得大国地位的标志和保障。

近年来,新兴大国对各自的对非洲政策进行了最新调整。相较之前,调整后的对非洲政策更具战略性,有三方面突出特点:第一,自主性更强。自主性增强意味着对非洲政策的目标更加集中、明确。第二,战略效果更

加显著。其表现就是各国与非洲的合作力度连年增强。近年来，俄罗斯、巴西等新兴大国面临一系列内外困局，但值得注意的是，其对非洲政策并未因此受到明显影响，各国加强对非洲合作的战略方向得以保持。这与冷战时期的情况大有不同，表明新兴大国对非洲关系的战略属性得到了确立和加强。第三，各新兴大国通过对非洲战略的调整，增强了彼此间在对非洲合作上的战略协调和空间。这一点尤其体现在新兴大国在多边领域下对非洲的协调上。

（一）巴西对非洲经贸合作较快发展，对非洲发展援助形成特色

巴西与非洲之间有着紧密的历史、文化联系，巴西是除尼日利亚外，世界上非洲裔人口最多的国家。由于语言、文化以及既有多边机制的关系，巴西与非洲葡语国家的合作十分密切。虽然 21 世纪以来，巴西更多地从市场机遇和大国战略的角度看待与非洲的关系，有意识地在深度和广度上拓展其对非洲外交。但对非洲葡语国家的关系始终是巴西对非洲战略的基础和重心所在，主要呈现以下几个方面的特点。

第一，通过高层互动加强与非洲葡语国家的关系。2014 年 6 月 18 日，巴西总统罗塞夫（Rousseff）会见了来访的安哥拉总统多斯桑托斯（Dos Santos），双方就进一步深化双边关系达成了一系列共识和成果。2014 年 7 月底 8 月初，巴西分别接待来自坦桑尼亚和安哥拉的军事代表团，两国有意与巴西开展军事方面的相关合作。2015 年 3 月，巴西国防部部长塞尔索·阿莫林（Celso Amorim）访非，旨在加强其与安哥拉、莫桑比克和南非的双边防务关系。2015 年 11 月，安哥拉外长在安巴建交 40 周年之际访问巴西，就两国关系中的重要议题以及地区和多边事务与巴西外长举行会谈。2016 年 4 月，巴西外长回访安哥拉，并于 5 月对佛得角进行了正式访问。密集的互动，表明了巴西对非洲葡语国家的重视。

第二，开展对非洲葡语国家的"软实力"外交。基于历史、文化、语言的软实力外交是巴西开展对非洲（尤其是对非洲葡语国家）合作的特殊优势。2015 年 11 月，在巴西召开了拉美和加勒比地区非洲后裔国际会议（2015—2024 年）。会议发表了《巴西利亚宣言》，阐明反对种族主义和

种族歧视的立场,呼吁各国保障非洲裔人口的人权。这一会议的举办有助于提升巴西对非洲裔人口以及非洲国家的影响力。巴西外长向会议介绍了其在农业、科技、教育等领域开展对非洲合作取得的突出成就,强调巴西愿意推进并扩大其对非洲建设性合作,并将参考二十国集团的建议帮助非洲大陆实现发展和繁荣。

第三,利用多边平台加强对非洲合作。2016 年 4 月,首届"棉花四国计划+多哥"指导委员会会议在巴西举行。该计划启动于 2009 年,由巴西倡议并主导,旨在推动贝宁、布基纳法索、乍得、马里棉花生产部门的发展,多哥是最新加入的成员。该计划首届指导委员会会议的召开,有助于协调并加强各国棉花部门的合作,为巴西与非洲葡语国家开展更广泛的农业合作提供经验和借鉴。2017 年 2 月召开的二十国集团部长级会议第三次会议以"对非洲合作"(Cooperation With Africa)为主题。巴西外长在致辞中表示支持二十国集团关注对非洲合作议题,认为如果非洲无法深度融入世界经济,则全球繁荣难以真正实现。

经贸合作是良好国际关系的重要因素,推动对非洲贸易始终是巴西对非洲交往的重要战略目标。但由于国际格局、发展形势以及宏观战略等因素的影响,在整个 20 世纪下半期,巴西与非洲的经贸合作进展相对缓慢。但进入 21 世纪,巴西开展对非洲合作的条件进一步成熟,双方经贸合作实现较快发展,主要表现在以下几个方面。

第一,对非洲经贸总体规模快速扩大。21 世纪之前,巴西在非洲拥有重要的经济利益,视非洲为重要原料来源地、投资目的地和商品市场。但双边经贸规模并不大,在整个 20 世纪 90 年代,巴西与非洲每年的贸易额很少超过 20 亿美元。21 世纪以来,巴西与非洲的贸易规模迅速扩大。2002 年,巴西对非洲贸易额仅为 50 亿美元,占巴西外贸总额的 4.68%。到 2011 年,这一数字增长到 276 亿美元。十年间,巴西对非洲的出口和从非洲的进口分别增长 291%、322%,双边进出口贸易总额增长 307%。

第二,与非洲葡语国家经贸关系得到加强。发展与非洲葡语国家的关系是巴西对非洲关系的重要内容。巴西对非洲投资相对集中,安哥拉、莫桑比克、南非和尼日利亚为巴西在非洲的主要投资对象,其中,仅安哥拉一国就吸引了约40%的巴西对非洲的投资。早在2006年,巴西就与安哥拉合作乙醇加工厂项目并提供15亿美元贷款。2010年,巴西出口与投资促进局在安哥拉首都罗安达启动其第一个非洲商业中心,该中心作为巴西海外投资的第8个重要商业项目,意义非凡。同年,巴西还设立了预算额度达35亿美元的贷款项目,以资助在莫桑比克和加纳的巴西企业。

第三,对非洲投资重点领域进一步巩固、明确。巴西对非洲的投资主要集中在农业、生物能源开发、能矿资源开采、基础设施建设等领域。2006年,巴西合作署、外交部和巴西农业研究院同塞内加尔签署一个关于生物燃料生产项目的协议,由巴西提供科学和技术指导,并于2009年建立了一个价值20亿美元的石油提炼厂和生物燃料发电厂。2007年,巴西合作署和巴西外交部与刚果(布)签署两个协议,向该国提供从蔗糖块茎和棕榈油中提取生物燃料的技术、培训和资助。截至2007年,巴西开发银行面向全非洲为巴西人所从事的基础建设项目提供货物和服务的资助,开展了29个项目,总金额达7.42亿美元。2002—2011年,巴西与阿尔及利亚、安哥拉、佛得角等18个非洲国家签署了50多个农业合作协议。2012年,巴西国家经济与社会发展银行向巴西企业的非洲项目提供了6.82亿美元资金,较2011年增长了46%。

不仅巴西与非洲经贸合作取得较好成效,其对非洲发展援助也颇具特色。横向比较,巴西对非洲的发展援助在规模上并不算大,但巴西善于利用其自身优势,在援助领域、内涵以及范围等方面形成了一定的特色,取得了较好的效果。

首先,援助领域定位清晰。巴西与非洲具有极为相似的生态和地理环境。非洲对粮食、能源等高度关注,而巴西在热带农业、深海能源勘探和生物乙醇开发方面技术领先。为此,巴西向非洲无偿转让热带农业技术,推介和复制本国农业领域成功项目,比如稀树草原改造为可耕地的项目等。实践证明,巴西找准了对非洲援助领域,以加纳为例,在巴西的技术支持下,生物乙醇现已成为加纳第四大出口产品。此外,巴西还帮助非洲国家改良粮食品种、增加棉花产量等,其在非洲多国推动实施了"水稻发展项目""营养与粮食安全计划""棉花四国计划"等。

其次,援助内涵是以人为本。巴西与非洲在社会结构上具有一定的相似性,根据这一特点,巴西将其"零饥饿计划"和"家庭补助金计划"等引入非洲。这些减贫项目曾在巴西取得成功。实践证明,巴西的减贫经验和项目是可取的,其中最有名的是巴西推动实施的"光明计划"。该计划用十年时间让300万非洲农民用上了电,被联合国列为样板工程。此外,截至2011年,巴西与22个非洲国家在医疗领域签署了53个合作协议,主要集中在艾滋病和热带疾病(马来热、镰状细胞贫血症)的防治方面。

最后,援助范围重点突出。巴西利用语言、"血缘"上的优势,将非洲葡语国家作为重点和切入点,将援助拓展至其他重要非洲国家。巴西对非洲的经济援助主要包括债务免除和优惠贷款两种形式。在债务免除方面,卢拉政府先后免除了莫桑比克(3.15亿美元)、尼日利亚(0.83亿美元)、加蓬(0.36亿美元)以及佛得角群岛(400万美元)等的债务。罗塞夫则利用2013年5月出席"非统成立50周年非盟特别峰会"宣布免除12个非洲国家所欠的8.977亿美元的债务。另外,通过债务免除谈判,巴西获得向非洲国家提供贷款融资的机会,并为巴西企业进入这些国家创造了便利的条件。比如,巴西向佛得角群岛提供贷款,支持公共设施建设。巴西外贸局向加纳和津巴布韦分别提供9500万美元和9800万美元的贷款,以期进口巴西的农产品。巴西国家经济与社会发展银行已向安哥拉、加纳、莫桑比克和南非的交通基础设施、通信、输电、供水设施等项目提供了贷款,其中仅提供给安哥拉一国的贷款便达到了32亿美元。

(二)俄罗斯对非洲战略目标调整并积极付诸实践

冷战期间,苏联同非洲国家的关系,在很大程度上是从意识形态角度出发,把非洲作为同以美国为首的西方阵营对峙的阵地。苏联解体后,俄罗斯在"倒向西方"战略下曾执行"退出非洲"政策,致使其在非洲大陆的传统影响大大削弱。

21世纪前后,俄罗斯对其外交战略进行反思,开始执行"多头鹰"战略。该战略认为,俄罗斯应同世界所有国家发展关系,不能把力量放在某一点,否则就会失去政策灵活性。以此为基础,俄罗斯对其对非洲政策进行了相应调整,俄非在政治、经济与安全方面的合作呈现出渐趋发展的稳定势头。

1. 俄罗斯对非洲战略目标

恢复全球性大国地位,是进入 21 世纪后俄罗斯外交战略的根本目标和主要内容。随着非洲在全球地位的"水涨船高",俄罗斯要实现"大国振兴"的战略目标,增加在非洲的影响力不可或缺。非洲在俄罗斯对外战略中的重要性在于以下几个方面。

第一,对非洲政治合作是俄罗斯大国地位的倚重力量。在全球和地区问题上,非洲始终对俄罗斯的大国地位保有尊重,对俄罗斯承担相应的大国责任有较高的期待。在国际格局、国际秩序上,非洲国家普遍赞同俄罗斯关于多极世界的主张,认同俄罗斯对联合国地位的看法。此外,当俄罗斯面临来自西方的压力时,非洲国家也往往给予俄罗斯必要的政治支持。非洲的做法很大程度上契合了俄罗斯追求"大国振兴"的国家心理和战略目标。因此,俄罗斯将非洲确定为战略倚重力量,并相应地将对非洲合作视为其大国战略的重要支柱。

具体来说,俄罗斯十分重视与北非国家的交往合作,重视其兼具非洲国家和阿拉伯国家的地缘政治地位。在《俄罗斯联邦对外政策构想》中,北非与中东地区始终被划为同一地区,并享有更高的战略地位。其战略排序依次是:独联体—欧洲与大西洋地区—美国—北极地区—亚太地区—中东与北非地区—拉丁美洲—非洲等。关于撒哈拉以南非洲,俄罗斯将安哥拉、几内亚、纳米比亚、尼日利亚、埃塞俄比亚、南非等国视为基础。这些国家是俄罗斯(苏联)的传统友好合作伙伴,且拥有丰富的石油天然气资源,被俄罗斯视为加强对非洲合作的战略支点。

第二,对非洲经贸合作是俄罗斯经济独立的重要保障。布鲁金斯学会在其最新报告中指出:"2019 年世界上增长最快的经济体中约有一半将位于非洲大陆,有 20 个经济体在未来五年将以平均 5% 或更高的速度扩张,高于全球经济 3.6% 的增速。"俄罗斯早在 2008 年发布的《俄罗斯联邦对外政策构想》中表示,俄罗斯将依靠拓展出口商品、拓宽对外经济合作和投资交流的地理分布,为俄罗斯在世界市场的多样化经营创造良好的政策条件。与非洲的互利合作无疑符合 21 世纪俄罗斯的(战略)利益。

俄罗斯由于本身的制造业水平有限,20 世纪 80 年代,武器出口曾一度作为俄罗斯对非洲贸易的重点。时至今日,俄罗斯依然是北非和撒哈拉以南非洲的主要军火供应商。相较美国的军火,俄罗斯军火在非洲变得越来越受欢迎。2014 年以来俄罗斯已经与非洲国家签署了 19 个军事合作协议,包含尼日利亚、埃塞俄比亚、津巴布韦等几个在地区具有一定影响力的非洲国家。据国际战略研究中心的数据统计,2010—2016 年俄罗斯与非洲国家之间每年的贸易总额由 16 亿美元增长至 42 亿美元,这其中大部分交易为军火贸易,除此之外为钻石、铂金、铀矿等具有战略价值的矿产。进入 21 世纪后,双方逐步挖掘在矿产、石油、核能等领域合作的潜力。对非洲贸易的持续加强,将为俄罗斯大国振兴战略提供重要保障。

第三,对非洲安全合作是俄罗斯国家稳定的重要基础。自苏联解体以来,俄罗斯一直面临着严重的恐怖威胁。车臣非法武装、“基地”组织以及“伊斯兰国”等恐怖组织相互勾结,对俄国家安全、地缘安全构成了严峻挑战。21 世纪以来,非洲(北非、西非)成为国际恐怖主义新的中心,对非洲安全合作的重要性日益凸显。

此外,非洲之于俄罗斯安全的重要性还在于,非洲与中东等地的紧张局势将导致世界石油价格的波动,从而对俄罗斯的财政收入与预算预期产生影响。从长远的战略角度考察,安全合作将成为俄罗斯对非洲合作不断推进的重要动力。为巩固俄罗斯在非洲特别是北非以及伊斯兰世界的影响力,俄罗斯相继于 2001 年、2002 年与阿尔及利亚、摩洛哥建立了战略伙伴关系;2009 年,俄罗斯又与埃及签署了为期十年的战略合作协议。

俄罗斯对非洲战略目标调整并积极付诸实践与历史基础不无关系。首先,俄罗斯对非洲战略的历史基础。冷战时期,苏联曾在非洲反殖民主义运动中扮演积极支持者的角色,并直接或间接地帮助一些非洲国家赢得了独立。之后,非洲许多国家还获得了来自苏联的发展援助和经济支持。比如,苏联曾在埃及、阿尔及利亚、摩洛哥、尼日尔、索马里、赞比亚等国援建了一系列基础设施项目,埃及的阿斯旺水电站在其中最为著名。冷战时期,苏联出于与美国争霸的目的所采取的一系列对非洲政策,在客观上推动了非洲政治、经济等方面的发展,为21世纪俄罗斯对非洲战略的制定和实施打下了比较坚实的历史基础。

其次,俄罗斯对非洲战略的软实力基础。冷战时期,苏联在非洲积极推行人文合作项目,取得了较好的效果。苏联成功树立了非洲真正的朋友、非洲反殖民斗争盟友以及国家发展榜样的形象。据统计,冷战时期先后有10多万非洲人留学苏联(俄罗斯),他们中的许多人回国后在所在国政府、非政府组织、政党和商界任职,如南非前总统姆贝基、安哥拉前总统若泽·爱德华多·多斯桑托斯等就曾在苏联接受培训。先前在苏联接受培训与文化教育的非洲人士,是俄罗斯对非洲外交的特殊资源,俄罗斯视其为推动俄罗斯对非洲战略成功的软实力基础。

再次,俄罗斯对非洲战略的道义基础。俄罗斯是减免非洲国家外债最多的国家之一。根据俄罗斯外贸银行的数据,苏联解体时,非洲国家欠苏联债务总额为210亿美元,占当时发展中国家外债总额的17%。这些债务的2/3集中在埃塞俄比亚、阿尔及利亚、利比亚、安哥拉和莫桑比克等国家。其中,90%的债务为军事贷款。为发展俄非关系、帮助非洲穷国发展,1998—2002年,俄罗斯核减非洲最贫困国家所欠的112亿美元债务;截至2012年,已减免非洲国家超过200亿美元的债务。同年10月,俄罗斯还向世界银行提供了援助非洲资金5000万美元,主要用于支持撒哈拉以南非洲经济脆弱国家。

此外,俄罗斯并不像部分西方国家那样将减免外债与对外投资或政治改革相挂钩,为21世纪俄罗斯对非洲外交打下了道义基础。

2. 俄罗斯对非洲合作实践的发展

随着俄罗斯经济的复苏和国力的逐步恢复,其对非洲关注程度逐步提高。21世纪以来,俄罗斯对非洲合作持续深入,对非洲政策思维讲求务实、全面。特别是在外交、经贸以及安全等具体领域,俄、非合作实现了较快发展。相较于冷战结束初期,21世纪俄罗斯"回归非洲"的步伐逐渐加快,俄、非关系得到了快速恢复和初步改善。俄罗斯与几乎所有非洲国家均建立了正常的外交关系。

(1)对非洲政策凸显战略属性

《俄罗斯联邦对外政策构想》是俄罗斯领导人执政期间外交政策的纲领性文件。苏联解体后,俄罗斯于1993年发表了首份"对外政策构想"文件,表示将积极发展与非洲等地区欠发达国家的关系。这开启了俄罗斯对非洲战略调整的先声。进入21世纪后,俄罗斯又先后于2000年、2008年、2013年和2016年发布了四版"对外政策构想"文件,其中的对非洲政策表述基本稳定。

2000年颁布的《俄罗斯联邦对外政策构想》,是进入21世纪后俄罗斯首份外交政策文件。普京通过颁布该文件对俄罗斯外交政策进行了调整,把重振大国地位、实现国家复兴作为对外战略的最高目标。《俄罗斯联邦对外政策构想》表示,非洲是俄罗斯发展对外关系的优先地区,俄罗斯将扩大同非洲国家的协作,帮助非洲调解地区军事冲突。同时与非洲统一组织和次区域组织发展对话,使俄罗斯加入非洲的多边经济项目。

在此后历版"构想"文件中,俄罗斯对非洲的战略定位保持稳定,战略基调基本一致。2008年版的《俄罗斯联邦对外政策构想》明确了非洲在俄罗斯对外政策中的地位,其中强调俄罗斯将在双边和多边(包括"八国集团"框架)基础上扩大与非洲国家的相互协作,促进尽快解决非洲地区的冲突和危机。2013年的该文件表示,俄罗斯将在双边和多边基础上扩大同非洲国家的多种合作,重点是完善政治对话和推进互利经济合作。2016年的最新版本的文件指出,俄罗斯继续全面巩固与非洲国家的关系,继续完善和发展与非洲的政治对话和经贸联系,并致力于扩大与该地区多边组织及一体化机构的合作。上述对非洲政策文件的表述表明,俄罗斯对非洲政策保持了稳定,其战略属性得以巩固。

(2)对非洲外交实践高层引领

国家首脑是一国外交战略的最高决策者。首脑外交由国家领导人亲自推动(直接或间接参与),外交实践的效率更高,同时也体现了一国对特定外交关系的重视。2006—2009 年,俄罗斯国家首脑亲自推动俄—非关系进入快速恢复和发展的进程。

2006 年,普京一年内两次访问非洲,开启了俄罗斯对非洲外交的"高层引领"时期。普京也成为首位到访撒哈拉以南非洲的俄罗斯领导人。同年 3 月,普京首先对阿尔及利亚进行了访问,以北非为起点推动俄—非关系的恢复。5 月,普京在年度国情咨文中表示,俄罗斯需进一步改善同非洲国家的关系。7 月,八国集团峰会在俄罗斯圣彼得堡召开。作为当年轮值主席国,俄罗斯积极推动非洲议题进入峰会议程,普京还专门就非洲相关问题发表了声明。9 月,普京又访问南非和摩洛哥,签署了一系列重要合作协议。2007 年 3 月,普京访非后仅半年时间,俄罗斯总理弗拉德科夫"趁热打铁",对安哥拉、纳米比亚和南非三国进行了访问,并在多个领域与三国达成合作协议。

2009 年 6 月,时任俄罗斯总统梅德韦杰夫率领 400 人的代表团访问埃及、尼日利亚、纳米比亚、安哥拉非洲四国。除埃及外,其他 3 国均为俄罗斯国家元首首次到访。此访中,俄非达成了一系列重要成果。其中,俄罗斯与尼日利亚签署了 6 项重要合作协议,旨在推动双边战略伙伴关系的发展。2011 年,梅德韦杰夫任命联邦议会外交关系委员会主席米哈伊尔·马尔格洛夫为俄罗斯与非洲国家合作特使,负责俄—非关系的持续发展。外交特使直接代表最高领导人,是一种特殊的、更加灵活的首脑外交形式。在首脑外交的引领下,俄罗斯与非洲的关系稳步发展,非洲在俄罗斯外交战略中的地位愈加清晰。

(3)对非洲经贸成果显著

俄非贸易额在俄罗斯外贸总额中的比重较小,但其承载的战略重要性却较大。俄罗斯致力于通过对非洲经贸合作的加强,增加其在非洲的影响力。据俄罗斯联邦工商会在克拉斯诺亚尔斯克经济论坛期间公布的消息,2010—2017 年俄罗斯与非洲国家之间的贸易额增长近三倍,达到 148 亿美元。而 2014—2017 年俄罗斯对非洲的出口额增长 54 亿美元。过去 5 年来,俄罗斯和非洲大陆的双边贸易额增加了一倍以上,超过 200 亿美元。俄罗斯对非洲经贸成果主要体现在以下三个方面。

　　第一,建立相应机制,促进对非洲经贸。随着俄非关系的逐步发展,俄罗斯与非洲合作的机制建设也在逐步完善。其中,俄罗斯对非洲经贸机制的主要工作方向是:向成员提供信息咨询服务,开展针对非洲的经济研究项目,为俄罗斯对非洲企业提供一定的财政支持,组织俄非商业推介活动,等等。2007年,俄罗斯在原材料和全球国家项目工业潜力国际论坛框架下,设立了俄罗斯与亚非科学、技术、工业、能源和信息合作中心。2009年,俄罗斯建立了与撒哈拉以南非洲经济合作协调委员会,推动俄罗斯商业在非洲的发展。同年,俄罗斯通过特惠制协定,使许多非洲国家的商品进入俄罗斯市场享受关税优惠,部分商品甚至在俄罗斯享受免税的待遇。2019年秋季举办的俄罗斯—非洲首脑峰会,将进行非洲进出口银行股东大会和商业论坛。

　　第二,确立基础国家,深化对非洲贸易。在俄非合作中,北非国家以及撒哈拉以南的埃塞俄比亚、尼日利亚、南非、安哥拉、几内亚、纳米比亚等国是基础国家。这些国家是俄罗斯(苏联)的传统友好国家,且地缘政治地位突出。进入21世纪,俄罗斯致力于以上述国家为基础,深化对非洲贸易。2007年,俄罗斯发展及对外经济事务银行与南非标准银行签署协议,同意在支持两国贸易、经济、投资与科技合作等方面建立长期伙伴关系。2008年,俄罗斯与埃及签署了在亚历山大港附近建立俄罗斯工业区的谅解备忘录,俄罗斯天然气集团等公司成为首批进驻企业之一。2011年,在俄罗斯与埃塞俄比亚政府的组织下,首届俄罗斯非洲实业论坛在埃塞俄比亚首都亚的斯亚贝巴举办,250位非洲商界人士,以及俄罗斯天然气工业银行、俄罗斯卢克公司等30多家俄罗斯大型企业参会。

　　第三,借力优势产业,扩大对非洲贸易。俄罗斯继承了苏联时期雄厚的科技与产业实力。进入21世纪,俄罗斯致力于将其对非洲优势产业转化为商业关系的基础,扩大对非洲贸易。例如2006年,普京在南非和摩洛哥访问时,积极为俄罗斯能源公司游说,推动俄罗斯大型油气公司在非洲布局。此外,俄罗斯还通过债务减免等形式,维持其在非洲市场的优势。有的非洲国家甚至许诺将本国公司股份转让给俄罗斯企业,或授权俄罗斯管理本国矿产资源。俄罗斯还通过跨国并购、收购股份等形式,加大了在矿业、航天、核能等领域与非洲国家的合作力度。

对于俄罗斯来说,非洲是"经过时间考验,具有合作潜力的伙伴"。21世纪,俄罗斯对非洲战略的核心即旨在通过加强与非洲合作,为其世界大国地位的恢复提供助力。俄罗斯工商会表示,对非洲国家的出口可能成为俄罗斯经济某些非原料部门发展的因素之一,特别是铁路设备、运输设备、农业机械、农产品、医疗、无线电和数字技术。迄今为止,最受欢迎的俄罗斯商品是食品、农业原料、矿产品、化工产品、机械、设备和车辆。

尽管俄罗斯对非洲进行了巨额投资,但在美国、英国、法国和中国面前依旧黯然失色。与这些国家不同的是,俄罗斯自身拥有丰富的自然资源,这使得它可以将注意力放在对非洲军火出口上。由于军火贸易的特殊性和安全性,俄罗斯成为美国对非洲政策的长期重要参与者。

第二节　国外经验及思考

中国企业实施对非洲投资战略调整,必须深入学习和借鉴跨国公司尤其是欧美跨国企业对外投资和对非洲经营战略调整的有益经验和做法。

一、跨国公司对外直接投资与全球价值链分工

20世纪末至21世纪初,随着经济和社会全球化,全球生产和国际分工发生重要变化,各国经济和国家间的垂直分工日趋明显。在科技发展日新月异和经济全球化趋势下,由跨国公司主导的生产要素的国际流动,深刻地改变了各国国际分工地位和国际生产环节,通过跨国公司的国际贸易和对外投资活动,使得传统的国际生产分工转变为垂直化分工。跨国公司对外直接投资和参与全球价值链(GVC)分工的重要作用更加突出。波特(1990、1998)战略管理角度研究跨国公司竞争优势获取和战略调整。波特指出跨国公司可以通过价值链活动和价值链关系调整来实施其基本战略。跨国经营必须考虑两个重要的战略变量:一是全球价值链分工布局,跨国公司价值链上各个环节及其这些活动在世界各地的区位布局;二是跨国公司在不同国家开展价值链各环节的协调与重构情况,跨

国公司可基于这些价值链在战略方面形成"新"的竞争优势。

　　跨国公司正是基于产业链整合进行全球投资安排,将价值链的生产环节拆分,并分布到全球最合适的区位进行投资,从而形成全球产业链。在现有由发达国家主导的全球价值链分工格局中,中国目前在全球价值链分工中处于中低端环节,位于全球价值链"微笑"曲线底部(见图5-1)。

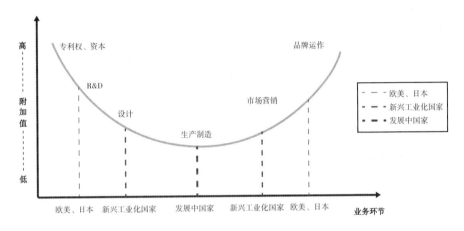

图 5-1　全球价值链"微笑"曲线

二、借鉴与思考

　　现有由发达国家主导的 GVC 治理下的中国企业,处于全球价值链低端和"依附"地位,很难实现全球价值链的高端攀升和产业升级。为此,需要进行中国外向型经济战略的调整,积极参与全球价值链重构,必须实施从嵌入 GVC 到融入 NVC(国家价值链)的战略转换(刘志彪,2010),重塑基于 NVC 的治理结构和模式。中国企业只有通过积极主动参与全球价值链重组和治理,建立中国自主发展型的价值网络,才能破解价值链被"俘获"的难题(芮明杰,2012)。中国企业积极嵌入全球价值链活动,通过多路径进行 GVC 的重构:嵌入生产者驱动型 GVC[①] 的企业可以采用绿地投资、跨国并购来获取发达国家的研发技术,而欲嵌入购买者驱动型 GVC 的企业

---

　　① 　生产者驱动型 GVC:指由生产者投资来推动市场需求,形成本地生产供应链的垂直分工体系。

一般通过跨国并购来获取营销能力。以上研究形成的共识,即强调了中国构建自己主导的全球价值链的重要性,中国企业通过对外直接投资调整促使全球价值链高端攀升的必要性,从而提供了有价值的思路与方法。

在全球价值链分工的大背景下,生产要素的国际流动改变了国际分工的形态,跨国公司对外投资和贸易活动深化了垂直专业化分工,其在空间布局上重塑了全球产品的价值链,深化了全球产品分工,将原先的产品分工进一步推向了要素分工。

我国成为贸易大国和对外投资大国参与全球价值链分工,是通过这种专业化分工和生产要素的国际流动完成的。而我国要实现从价值链分工低端向价值链高端攀升,需要尤其是在全球价值链分工中占据主导地位,引领全球价值链的分工,就需要继续扩大对外开放,吸引高质量外资,更为重要的是提高国内经济发展内涵和质量。一方面,不断促进国内产业结构升级,大力发展战略性新兴产业,在智能制造、云计算机、大数据和人工智能等未来产业中占据制高点,实现历史性跨越;另一方面,加大国内基础设施投入力度,减低国际物流成本,提升全球供应链的效率,从而提高国家竞争力和发挥全球经济的引擎作用。

更为重要的是,我国应紧紧抓住全球化带来的国际分工和价值链重整的机遇,培育一批世界级的跨国公司,提高中国企业跨国经营和全球资源配置能力,实施贸易与投资一体化战略,发挥市场竞争微观主体的重要作用,中国跨国企业可以通过积极嵌入全球价值链分工和价值链关系调整来实施全球战略。同时,充分利用我国深度参与国际分工和现有世界工厂的有利条件,加强中小企业的全球价值链参与度,形成大中型企业全球价值链分工的有序竞争和协同,从而进一步提高我国的国际分工地位和经济影响力。

第三节 中国企业对非洲直接投资
战略调整思路与架构

全球价值链攀升视角为中国对非洲投资战略调整提供了新思路,通过政府宏观、企业微观和行业中观三个层面进行框架设计,以加强对非洲投资决策和空间布局的顶层设计和统筹规划,从而更好地促进中国企业对非洲投资合作的高质量发展。

一、总体思路与战略聚焦

中国企业对非洲投资战略调整与高质量发展,应置于"一带一路"倡议和国际产能合作的大背景下,参与非洲"三网一化"以及中非约堡峰会提出和落实的中非"十大合作计划",以及中非合作北京峰会提出的"八大行动"。战略调整应立足长远和全球视野,基于全球价值链重构和空间经济学视角,进行对非洲直接投资的战略性、系统性和前瞻性思考和审视。凝聚总体思路和共识,实施中国对非洲直接投资的空间集聚与区位优化、中非境外园区和合作区布局与选择、进入模式与经营模式、重点国家和主导产业选择、直接投资规模(增资、减资和转资等)调整策略、国际化战略与本土化战略均衡、投资风险管控和平台建设等。

为此,首先,坚持以我国主导的全球价值链重构,遵循"政府宏观统筹—企业主导—市场引导"的思路,基于全球价值链视角构建中国对非洲投资战略调整与质量提升的架构设计;中非产能合作与对非洲直接投资调整符合我国全球价值链重构与分工需要,形成合理的"一带一路"中非经贸与投资合作网络关系。通过中国企业对非洲投资战略调整,积极参与全球价值链的重构与治理,并获得一定的竞争优势和战略优势(CCS范式)。其次,基于空间经济学视角,谋划和形成有效的对外直接投资空间集聚模型、动力机制及路径选择,形成中国资本输入输出双向投资全球格局,即形成了典型中国与非洲的"中心—外围"模式,形成"一带一路"中非经济走廊高地,把中国对非洲直接投资溢出效应与空间集聚效应结合起来,以及对非洲投资空间区位选择与当地经济增长内生关联机制等。

由此,坚持共商共建共享原则,谋划中国对非洲投资的高质量发展,加强对非洲投资的有效管理和提质增效,实现中国非洲经贸与投资健康持续发展。在剖析中国企业投资非洲现状问题的基础上,系统优化中国企业对非洲投资的产业结构与网络结构,优化对外直接投资空间布局和区位选择,建立全球价值链视角下中国"走出去"的投资风险管控机制与预警体系,并设计与提出中国对非洲投资提质增效的实现路径。

二、架构设计

中国企业对非洲直接投资战略调整与高质量发展的实现路径构架,从政府宏观层面、行业中观层面和企业微观层面进行框架设计(见图5-2)。

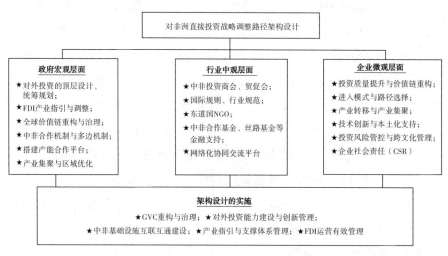

图 5-2 对非洲直接投资战略调整路径架构图

(一)政府宏观层面

政府宏观层面,重视中国参与全球投资规则制定能力,转变政府对外直接投资的管理职能,强化对外投资的服务功能。突出重点、有序推进,从制度设计和组织架构上统筹中国对外直接投资与企业"走出去"工作,进行全球价值链提升与治理。从战略高度对未来中国对非洲直接投资的战略调整与发展路径进行顶层设计、科学规划、统筹安排,构建中非合作机制和多边机制,搭建产能合作平台,以抓住"一带一路"中非产能合作的重要发展机遇,制定基于全球价值链治理的对非洲投资调整的战略方案与行动路线图。

(二)行业中观层面

加强平台建设,培育和完善国内的从事境外投资服务的中介服务机构。重视行业协会作为连接政府和企业之间的桥梁和纽带,在市场经济中发挥着重要作用,学习和借鉴发达国家以行业协会的力量拓展海外市场的做法。有效发挥中非投资商会和贸促会等对外投资商会、行业协会等咨询服务、协调联合、规范约束的作用,尤其是加强中国在非洲投资所在国的投资行业协会和中国非洲商会、中非投资协会等的建设,引导和规范涉外行业协会和国际商会行为,提高国际商会协会等机构的管理咨询服务能力。为企业提供对非洲投资的有关政策信息,为中国企业提供对非洲投资决策所需的详细信息和具体咨询服务。

(三)企业微观层面

企业微观层面,必须依托科学的技术管理工具,将企业内的管理层、技术层、市场层发展战略和开放创新网络中的创新资源有效地整合起来,找准对外投资战略调整的战略方向,克服转型升级"瓶颈"。加强价值链重构,重视技术创新与本土化支持,履行企业社会责任(CSR)。

第四节　中国企业对非洲直接投资
战略调整的实现路径

探寻中国企业对非洲直接投资战略调整的实现路径,可借鉴德国和日本等后进国家跨国公司通过实施境外投资和参与国际分工实现价值链攀升的实践经验。本节从中国对外投资的全球价值链重构和提升、对外投资产业链整合与组织实现模式、发展非洲物联网"赋能"与标准化全球网络协同制造和中非"产业链—产业群—产业基地"集群网络建设等方面加以分析。

一、中国对外投资的全球价值链重构和提升

德国和日本经济成功的实践证明,作为后进国家,企业可以借助境外投资和本国政府支持实现价值链的攀升。中国为改变价值链被"锁定"于全球价值链低端的处境,寻求价值链"突围"和攀升,就需要积极参与全球化国际投资和合作,提高中国跨国公司全球资源配置能力,通过嵌入

全球价值链活动,加强跨国并购和资产重组,参与全球竞争合作。在发达国家实施海外并购和获取技术外溢为目的的逆向直接投资,提高企业国际竞争力,积极嵌入发达国家全球价值链高端环节。但中国企业实施对亚非拉等发展中国家的顺向直接投资,在坚持共商共建共享的原则下,应积极嵌入非洲等国家全球价值链中低端环节。针对"一带一路"沿线国家开展以边际产业转移和资源开发为主的纵向一体化经营,参与东道国基础设施建设和产业园区开发,通过对外直接投资调整进行全球价值链的高低端重构和关系整合,发挥中国制造业完善配套的工业体系优势,进行跨国并购和资本重组,实现对外投资能力的提升和整体效益的提高。

二、对外投资产业链整合与组织实现模式

产业链的整合包括供需链、价值链和企业链方面的整合。产业链上的企业要能实现优势互补,取长补短,以赢得在全球市场上的竞争。中国企业首先要做好纵向整合,即与产业链上的主导企业结成战略联盟,进行产业链上下游一体化整合,延长产业链。产业价值链整合之后形成产业集群,形成国际战略同盟,主体企业和相关扶持产业构成一个共生生态经济圈。为此,企业应抓住机遇,整合全球资源,增强对外投资整体竞争力,促成中国企业全球价值链地位的不断攀升,并带动整个产业集群的升级。

三、发展非洲物联网"赋能"与标准化全球网络协同制造

在互联网和大数据时代,全球制造业扁平化趋势推动下越来越多具有内部"自行制造"倾向的企业加快了向全球网络协同制造的跨越步伐。为此,"一带一路"中非物联网与互联网集群网络建设,就为中国推动全球网络协同制造和国际产能合作提供了很好的舞台和机会。近年来,以中国阿里巴巴为代表的一批互联网企业走进非洲,参与一些重点国家的互联网和跨境电商投资经营活动,表现出很高的热情。未来非洲互联网"赋能"潜力巨大,前景可期,中国企业可以积极利用信息技术,通过推行全球生产线规格的统一化和标准化,实现具有弹性的全球同步制造。基于中非产业链进行弹性标准化改造,在此基础上进行自主的全球供应链

整合,从而支持以更广的视野和更高的协同化水平实现全球网络协同制造。中资企业还应通过价值网络重构和虚拟化实施跨越组织边界的开放式创新,通过对价值网络的拆分、延展和整合,实现内外部创新资源的有效整合。

四、中非"产业链—产业群—产业基地"集群网络建设

开放创新网络中构筑中国企业核心能力,在全球化产业集群网络体系中锻造中国企业对外投资产业集聚能力。在创新体系日益开放的全球组织变革趋势下,中资企业积极推进中非"产业链—产业群—产业基地"集群网络建设,形成一体化衔接的集群网络,以主导产业链和产业群的发展,促进以中国为核心的全球先进制造业基地的形成。通过对外投资高质量发展,促进我国先进制造业基地的转型升级,形成具有鲜明特色优势的产业集群和高附加值产业链。在此基础上,构筑中非跨区域的产业集群协同网络,强化中非地理空间制造业集群的功能分工和空间联系,实现全球跨区域的产业基础设施和资源共享。基于全球价值链视角构建"政府主导(NVC)—行业引导—企业参与"战略构架,进行对非洲直接投资的战略调整的总体设计、定位与空间布局,提出中国对非洲直接投资战略调整目标、路径依赖与实施步骤。中国对非洲直接投资战略的调整可以从空间经济学的"中心—外围"模型中寻找理论依据,该模型一般认为存在经济集聚效应的中心地区和被其辐射的外围地区。中国相比于非洲地区具有更高的要素质量优势和技术水平优势,规模经济水平相对更高,经济辐射能力强,对外投资技术溢出效应明显,非洲作为中国的外围地区,充分吸收中国的经济辐射,通过中非产能合作和直接投资,可以吸纳中国的经济产能,助推非洲工业化和一体化进程,有助于实现中非经济互利共赢和可持续发展目标。

通过中国对非洲直接投资战略调整和高质量发展,提升中非产能合作水平、提高对非洲投资产业集聚能力,通过中非价值链重构和整合,也利于提升全球价值链攀升水平。积极谋划和推进"一带一路"中非产能合作,加强中非境外产业园区和经贸合作区建设,提高产业集群能力。非

洲信息化和物联网建设可以助推非洲经济和工业化实现"弯道超越"，"物联网+互联网"建设可以提高信息的集约化和集成化，大大降低海外经营的信息成本，更利于发挥对外投资产业集群能力，并发挥协同效应，从而提高中国企业对非洲直接投资整体效益。

第五节　中国企业对非洲直接投资战略调整的治理对策与建议

　　进入 21 世纪以来，非洲经济取得持续增长。撒哈拉以南非洲国家是全球经济增长速度较快的地区，非洲国家政局稳定、资源丰富、市场潜力巨大，成为国际直接投资青睐的对象。随之，中非经贸与投资也呈现出快速增长的强劲势头，也吸引西方国家和新兴经济体国家关注非洲、投资非洲。同时，受非洲东道国基础设施落后、投资环境复杂等要素制约，在中国对非洲投资规模化增长的背后，还存在诸如投资盲目、经营粗放、风险频发和效率低下等突出问题。进入深化中非经贸全面合作新时代，中国实施对非洲直接投资的战略调整成为必然，为此，应立足现实，放眼世界，统筹谋划，科学决策，调整优化投资思路，应制定科学的投资策略，积极应对非洲投资面临的问题和各种风险。中非双方政府加强高层合作和协调，为投资企业提供有效的政策服务和产业指引，有序推进对非洲投资调整，实现中非经济与投资的高质量发展。

一、战略内核：关键控制点的三重战略聚焦

　　秉持中非互学互鉴、互利共赢、开放包容的理念，坚持因地制宜、循序渐进的原则，实施中国对非洲投资战略调整与提质增效，应聚焦战略内核关键控制点，非洲大陆是中非合作论坛机制、国际产能合作战略和"一带一路"倡议叠加交织的重要地区，战略内涵聚焦分析如下。

（一）中非合作论坛国际机制的创新与发展

　　成立于 2000 年的中非合作论坛，是我国与非洲国家开展合作和对话的重要协商机制，现已经成为"南南合作"的典范和有影响力的国际合作

机制。合作论坛自成立以来就一直受到中非双方国家高层领导的高度重视,伴随着中非合作论坛2015年约堡峰会和2018年北京峰会的陆续召开,中非合作关系不断迈上新的发展台阶。约堡峰会把中非关系提升为全面战略合作伙伴关系,我国在约堡峰会上提出了"十大合作计划",即通过中非工业化与农业现代化、基础设施、贸易和投资便利、减贫惠民等合作计划,推进非洲工业化和经济建设发展。"十大合作计划"实施以来,惠及非洲各国人民,对于解决当地民生问题、经济发展问题和基础设施建设起到明显效果。约堡峰会新设100亿美元的中非产能合作基金,为非洲国家提供了15万人次的专业技术人才培训。近年来除了试点和共建一批中非经贸合作园区外,中国铁路公司还兴建了亚吉铁路、蒙内铁路等一批标志性的交通基础设施。这些巨大成就的背后都得益于中非合作论坛机制的创建以及多年来中非双方友好关系的坚实基础。

(二)国际产能合作和装备制造战略

中非产能合作符合中非经济发展的现实需要,也是中国高端制造"走出去"的强大基础。现阶段我国制造业转型升级和完整配套的工业体系,形成了强大的产能输出能力和基础设施建设能力。现阶段大多数非洲国家处在工业化起步阶段,改善生活条件、发展经济需求强烈,对基本生产资料和生活资料用品需求潜力大。2015年非盟提出非洲《2063年议程》,谋求未来十年实现非洲经济发展和工业化目标,可以说现阶段中非产能合作对接的条件已经成熟。为此,中国应借鉴国际产业转移规律,统筹规划中非国际产能合作,明确产能合作重点方向和目标及实现路径。通过中国参与"一带一路"非洲基础设施互联互通建设,以及非洲"三网一化"建设,有利于提升中国国际产能合作水平,助推中国制造业向全球价值链高端攀升。

(三)"一带一路"重要经济走廊和战略支点

从发展历史来看,中非合作先于"一带一路"倡议与国际合作。作为发展中国家最集中的大陆,非洲无疑是"一带一路"建设海陆交会的战略支点国家,其地位和作用独特。随着"一带一路"倡议的推进,中国更加重视中非产能合作和基础设施建设。2015年,中国与非洲联盟签署了中非关于基础设施建设合作的谅解备忘录,2017年"一带一路"北京峰会期间非洲国家明确表示要加强中非合作共赢,推动基础设施建设、矿产开发、农业等领域的合作,促进双边贸易发展。中国企业在东非埃塞俄比亚、肯尼亚和坦桑尼亚等国有重要的交通基建工程项目,在西非尼日利亚及南部非洲安哥拉、赞比亚和津巴布韦等国承包铁路工程。可以说,中国参与"一带一路"沿线非洲国家基础设施互联互通建设,有力助推非洲"三网一化"建设,也将大幅提升非洲国家的自主增长能力和自我发展能力,对于解决非洲经济落后问题、贫困问题,创造就业机会和可持续发展具有重要意义。

二、中国对非洲直接投资的对策及建议

2018年5月,非洲大陆自由贸易区协议(AfCFTA)的签署,为中非合作提供了贸易机遇,非洲也期待与中国展开友好合作。中非开展多双边贸易与投资务实合作,加速融入经济全球化进程,不断寻找和扩大利益交会点,推进"一带一路"中非产能合作迈上新的台阶。

(一)政府宏观层面:加强统筹规划,重视全面顶层设计

中非双方政府应着眼中非区域协议协商,深化"一带一路"产能合作高层互动与紧密合作。通过有力推进中非产能合作,共建一批经贸合作区和工业园,增加投资力度,加强对非洲技术合作与转移力度,实现非洲经济腾飞和工业化发展。

1. 优化中非贸易结构,改善非洲营商环境

中国与非洲的资源禀赋差异较大,政府和经贸合作政策也有所不同,中国应根据自身的实际情况优化中非贸易结构,改变主要局限于初级品和工业制品的进口现状,丰富对非洲其他产品的进口,降低中国对非洲国家原油、铁砂矿的原料进口依赖。积极扩大机电、轻纺类、高科技产品出口比重,改进中非贸易结构。同时,非洲国家希望吸引外来经贸投资,通过借鉴中国的发展模式和成功经验,以改善当前营商环境,帮助东道国完善引资政策和经济特区管理及贸易法规,为中非共建产业园区提供政治保障。

2. 深化对外投资体制改革，加强政府宏观协调管理

快速变化的对外投资环境和复杂的国际形势对我国投资管理体制提出挑战，促使政府改革对外投资体制和机制创新。政府应该在投资目的地引导、投资便利化和产业基金支持等方面实施功能性政策。在对待"走出去"的投资者和中资企业方面，政府应该一视同仁，恪守竞争中立的投资政策和产业政策，坚持同等对待微观企业主体，提升非国有企业的对非洲直接投资水平，切实用好中非产能合作基金，鼓励中小民营企业参与中非产能合作与投资。

为减少"政出多门、多头管理"弊端，降低企业无序竞争、盲目投资等问题，需从战略层面，加强政府的统一协调管理，发挥宏观调控的重要作用，实现多部门协同，整合外事、商务、科技、教育、文化、侨办等部门各自条线驻外机构的优势和资源，提供服务解决中国企业在"走出去"过程中遇到的困难；建立"一带一路"等国际化资源和服务的统一信息化平台，实现"互联网+"服务，解决企业在"走出去"过程中的信息不对称问题，开拓渠道、提供力所能及的服务。

3. 加强规划引领和产业指导

面对未来，谋划"一带一路"框架下中国企业"走出去"的全球战略和海外布局，为规避对外投资风险和潜在损失，按照国际产业转移规律，提前布局重点项目，制定和分布对非洲投资产业指引和产业目录。以规划、引领和协调企业"走出去"的步伐，谋划中非工业园的规划与建设。需要发挥相应主管部门的宏观协调作用，以及中国驻外机构和行业协会的指导协调作用，为企业"借船出海"提供有力支持。引导国有企业和非国有企业"抱团取暖、步调一致"，提升中国企业国际竞争力。

4. 谋划重点国家，开展中非合作园区试点

当前，中非共建产业园区从开发试点到今天已经进入规模化快速发展阶段，目前中非已经共建各类产业园区一百多个，遍布绝大多数非洲国家。同时，中非合作园区建设也面临诸如粗放经营、产业分散、管理效率低以及资金匮乏等问题。为此，中非双方政府加强高层对话，统筹全局，合理布局，引导中资企业理性投资，追求高质量发展和集约化经营，避免一哄而起。

首先应优选重点国家,开展重点产业合作试点。通过合理定位产业方向,发展重点产业、特色产业。根据尼日利亚、埃及和埃塞俄比亚等国的资源优势和产业需求,进行"互联互通"的交通基础设施建设,在路网便利地区与东道国共同规划建设若干区域分工明晰、产业梯次合理的产业集聚带,统筹规划制造业投资和产能转移。通过优化对非洲投资重点国家,进行产业筛选,开展我国纺织服装、机械加工、农机与工程机械、资源开发、轨道交通、农业合作等传统产业转移对接非洲。

其次应进行中非产业园区合作的创新探索。产业园区作为我国改革开放的窗口和先行者,同样,非洲产业园区也是作为中非投资和产能合作的新探索和新模式。与非洲重点国家谋划共建中非工业园及示范园,以探索在投资目的地局部地区创造仿真的国际环境、仿真的市场环境、仿真的开放环境。先行示范,积累经验,再加以推广。园区制定中国企业产能合作投资序列与技术路线图。因地制宜,循序渐进,制定国际产能合作产业引导政策,有序开展产业转移与产能对接。

5. 提升对非洲投资全方位服务质量

我国对外投资管理的相关部门多,业务交叉,存在多头管理和协调不足等问题。为此,政府部门应统筹协调,积极服务企业"走出去",协调各相关部门积极参与,为企业开展"一带一路"投资提供全方位服务,不断提高服务质量,组织各类投资推介活动和赴东道国投资考察。不断深化与"一带一路"沿线国家的投资促进机构合作。加强"一带一路"国家间的互联网信息化建设,提升政府对外投资服务网络化水平。同时,统筹对外投资业务事项,在舆论引导、人才支持、项目融资、金融服务、境外投资事中事后监管、税收优惠、人员出国(境)和货物通关便利、中介服务、风险提示等方面,构筑服务"一张网",建立覆盖"走出去"综合服务平台,提升企业"走出去"的服务质量和水平。

(二)企业微观层面:战略优化,科学决策,提高国际竞争力

海外投资属于企业重大战略决策和战略行动,应慎重考虑,进行科学论证和决策,需要结合企业实际和竞争优势,进行详尽的调查研究,对对外直接投资项目进行可行性评估。充分了解东道国的政治环境、经济环境、法律环境和社会文化环境,分析东道国的外资政策、劳动法律及税收优惠政策等。

1.明确企业对外直接投资战略目标和区位选择

对投资国家与区位选择,加强可行性评估与论证,将中国企业跨国经营战略目标与区域选择结合起来,对外直接投资应利于发挥企业比较优势和竞争优势,利用好非洲东道国丰富而低廉的劳动力资源和市场潜力,通过开展"三来一补"和加工贸易,利用好东道国配额和关税减让优惠,出口到发达国家,实现贸易投资一体化经营目标。

2.投资风险预警机制,加强风险防范管控

非洲不少国家属于全球风险频发的高危地区,加强企业风险防范工作尤为重要。为此,应提前做好风险预警、防范及应对工作,是保证对非洲投资成功的基础。因此,企业在决定投资前就应该对项目进行充分论证,对项目所在国家的基本情况作全面深入的了解,对可能存在的经济风险、政治风险等进行预评估。及时关注中国政府驻外机构、使领馆等安全提醒与告知,对东道国政治风险进行实地调查和全面评估,严格把控对外投资风险各个环节,防患于未然。全面把握各种风险发生的可能性和风险程度,形成严密的境外投资风险评估流程,科学决策,规避风险(见图5-3)。

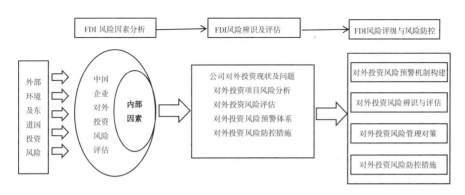

图5-3　对外直接投资风险评估的流程

同时,对非洲当地合作企业的资信状况、经营状况、偿债能力等作详细的调研和判断,由此在签署合同时就能够将风险因素纳入,并附加风险应对条款。在项目的投融资阶段,企业应在合同中明确业主未来的还款方式和资金来源,并对可能出现的突发事件做好应对预案。对于超出企业可控范围之外的风险,如政治风险等,可通过购买保险以防控此类风险,规避政局不稳定所造成的风险。

3. 因地制宜,选择适宜的投资进入方式

对外投资进入方式属于企业重大决策和选择之一,在考虑以何种方式进入国际市场和目的地时,对于中国企业,开展投资合作进入方式和路径安排主要包括独资经营、合资经营和技术合作,三种方式与路径选择的国际风险和进入门槛差异很大,其中,第一种独资经营投资,其风险较大;第二种方式具有明显的优势,合资经营方式在东道国更受欢迎。面对复杂多变的非洲投资环境,中国企业进入非洲市场时,需要科学评估和正确决断,基于综合考量,企业应因地制宜、精准施策、合理应用。对于中国企业而言,采取合资经营方式,既可以发挥中国企业的经营优势,又可以利用非洲当地企业的人脉资源和社会文化优势,进入当地销售市场,可降低投资的政治风险。尤其我国民营企业在尚不具备较强资本规模和实力时,合资进入和战略联盟更具现实性,通过参与中国大型企业的配套生产和分工合作,有利于规避投资风险,特别是进入能源资源、基础设施等敏感性领域。

4. 加强产业链治理,提高非洲投资的集聚效应

为克服中国企业对非洲投资过程中存在的投资分散化、无序竞争和粗放经营的问题,应加强投资和产能合作的产业链重构与治理。重视和引导对非洲投资项目的上、下游产业链的关系,鼓励中国企业抱团取暖,集中投资和集约化经营。尤其非洲国家需要更多的电信、桥梁、港口、机场、电厂等基础设施投资,以及在农业、制造业、教育、医疗、安全、商业及服务业、社会民生等领域投资。中国企业在加强产能合作和基础设施建设中,应高度重视项目原材料供应,以及与下游相关的深加工、物流、营销等服务环节。重视和引导民营企业为大型企业配套,通过融入大型企业

的生产链和价值链,在非洲投资项目中分工协作,以打造项目的产业协调力和产业链合力。如中国高铁参与非洲铁路、公路等交通基础设施建设,带动一批轨道交通企业走进非洲。还可以鼓励和引导中国企业参与中非境外园区平台建设,通过采取园区集群式投资和产业链配套协作,大大提高对非洲投资的产业集聚效应。

5. 实施本土化战略

面对纷繁复杂的非洲大陆,企业应熟悉非洲 54 个国家的多样性和差异性,因地制宜,实施本土化经营战略。为此,必须精准对焦东道国经济发展和市场需求,做实、做细和做透前期调研,充分了解东道国国情和面临的问题,以较快融入当地社会文化,降低政治敏感度,提升企业本土化适应能力。包括原料、产品、技术人才和资本的本土化。结合东道国的劳动用工政策,企业在高层管理的本土化、生产工人的本土化方面作出合理安排,提高员工本地化率。同时,重视本地员工能力的培养,以扩大就业、减少贫困。

6. 合规经营,履行企业社会责任(CSR)

中国企业应借鉴跨国公司合规管理有益经验,建立合规经管机制,企业规章制度的制定应充分考虑当地的法律法规、行业惯例等,了解员工的工资待遇、劳动保障、医疗和社会保险、工作习惯,尊重员工宗教信仰等,以及工作期间的交通、住宿、饮食等安排应细致周到。加强跨文化培训,以降低文化差异造成的分歧。

中国企业应树立"负责任、有担当"的良好企业形象,确保企业在非洲复杂多变的投资经营环境中守住商业道德和本土化底线,打造本土负责任企业。严格按照安全规范从事生产经营,妥善处理劳资矛盾或纠纷。增强生态保护意识、安全生产意识,重视劳资关系沟通协调等,积极参与当地的公益活动与公共事务等,并通过捐资助学、建设公共用水管网等方式参与当地公益事业,履行东道国企业社会责任(CSR),造福当地社会和人民,树立中国企业的良好形象。

7. 加快对非洲国际化人才培养

面对快速增长的对非洲投资与产能合作事业,中国企业的国际化技术人才、管理人才和法律人才严重不足,成为企业可持续发展的最重要制约瓶颈,对国际化人才尤其是涉非人才的渴求更加强烈。为此,"引进来"和"走出去"相结合,构建企业多层次人才培育体系,应多渠道多方式培育国际化人才。一是通过招揽全球海外人才,引进国际高级技术人才、经营管理人才和营销人才。二是加强企业人力资源开发与内部培训,通过公司大学或企业培训学院,进行国际化人才培育与人才储备。三是通过对外投资实践培育人才,在"干中学",通过外派计划培育具有国际视野和开拓能力的人才,使得国际化人才尽快成长起来。四是重视非洲本土化人才培养,实施当地人力资源开发,通过加强跨文化培训,提升中国企业的东道国文化适应能力。五是充分利用和吸收非洲国家来华留学生和交换生人才资源,这些非洲留学生了解中国文化,又熟悉本国国情,具有语言优势和本土化优势,中资企业应搭建人力资源开发平台,吸纳非洲留学生人才创新创业,在中非产能合作的舞台施展个人才干和贡献力量。

(三)行业层面:依托行会商会渠道,完善企业治理

行业协会介于政府和企业之间,具有"桥梁"和"纽带"作用,在规范企业经营行为、维护公平竞争和提供共享服务等方面发挥特殊作用。相对于投资企业而言,非洲各国的商会、行会等组织机构拥有更丰富的信息资源,能够发挥更大作用。因此,企业应积极加强与当地行业协会、各类商会和中介机构等组织的交流与合作,多形式与其建立项目经验、行业知识等信息共享机制,积极开展交流会、研讨会、培训会等活动。通过灵活有效的机制,支持其构建行业协调与调解机制,助推中国企业理顺在非投资关系,规范经营行为,避免无序竞争、恶性竞争,保护企业在非洲国家的整体利益。主动与投资所在国政府机构和同业行会保持密切联系,共建定期交流的沟通机制,跟踪并及时反馈非洲各国产业政策、法律法规、市场环境等动态变化,将相关信息向国内企业传达,充分发挥中介组织的桥梁和纽带作用。

三、建立中国对非洲投资的政策支持体系

面对复杂多变的国际经营环境和对非洲直接投资风险,应从战略高

度加以重视,加强投资风险的识别、预警与风险防控。为此,从国家层面建立投资风险预警机制和风险防控体系十分必要。

(一)顶层设计和构建国家对外投资风险预报中心

可以借鉴发达国家和国际机构对投资风险预警和防控的经验和做法,尤其是欧美、日本、澳大利亚等国应对国际风险的预警机制和经验。当前我国已经成为全球第二大对外直接投资国和第一大贸易国,为应对常态化的国际投资风险和贸易风险,尤其应对"一带一路"沿线国家复杂多变的投资经营环境,需要从国家宏观制度顶层设计考虑,充分利用政府信息资源高度集中和综合管理的优势,建立和完善国家对外投资风险预警管理体系,设立国家对外投资风险管理委员会和风险联席会议机制[1]。赋予该部门风险管理职能,从组织制度上加以保障。委员会下设国家对外投资风险预警预报中心,作为风险管理具体执行部门,负责投资风险预警的操作实务,开展对外投资风险的识别、分类、预警和监测,及时发布相关风险预警信息,为投资企业提供重要的指导和信息服务。

(二)构筑对非洲投资的多元协同性政府公共服务体系

第一,发挥中非合作论坛机制的特殊作用。在大数据时代和"互联网+"技术的背景下,发挥我国对非洲投资事务相关政府部门在中非合作论坛机制中的作用,与非盟、非洲区域组织和一些国际组织加强合作,有效参与中非产能合作和投资中产业协同、互联互通、规则制定和重大风险防控等。统筹协调国家商务部、国资委和国家发展改革委等政府职能部门,加强多元协同,统筹指导中国企业(尤其国有企业)在非洲的投资与贸易活动,有效推进中非重大项目合作,规范企业经营行为,促进对非洲投资高质量发展。

第二,探索建立政府对外投资"一站式"服务,统筹我国驻非各国使领馆经参处、中非商会、投资促进机构和国内各省市对外经贸与投资管理部门的协同联动机制。全面系统整合企业对非洲投资的项目报批、海关、商检、税务等业务手续,构筑对非洲投资"一站式"服务体系,打造全球化网络

---

[1]　田泽:《中国企业境外投资的风险评价及预警研究》,科学出版社 2014 年版,第 218 页。

信息平台,统一信息管理系统,简化业务流程,提高对非洲投资工作效率。

第三,鼓励和引导行业协会、商会及投资协会走进非洲。有效发挥行业协会和投资商会在对非洲投资中的咨询服务、协调联合、规范约束的作用,关注非洲、走进非洲,通过"走出去""走进去"多方式相结合,提高中介机构的管理咨询服务能力,进而增强我国中介机构对非洲投资的服务质量和保障作用。

(三)打造"互联网+"非洲投资信息网络平台

建设对非洲投资信息网络平台的设计与反馈机制,充分应用大数据技术和信息技术,整合国内外非洲投资与经贸信息资源,打造"互联网+"非洲投资信息平台。充分利用政府驻外使领馆、行业协会和中介机构等各种渠道和途径,利用全球华人组织网络,形成全息风险信息系统。建立安全高效的基础设施网络和互联网,为各国互惠互利、共赢发展带来了新机遇。

可以通过搭建"互联网+"非洲投资信息网络平台,发布对外直接投资信息指数,形成上下纵横交错的境外投资风险信息网络平台。信息源和数据库开发利用,需要借助于多元化多渠道方式获取。我国驻外机构和商会等承担一定的风险信息收集与反馈职能,鼓励和支持驻外机构和商会为我国企业境外投资提供丰富的风险信息收集服务工作,众多遍布全世界的驻外机构和华人社团和中介机构是十分宝贵的无形资源(见图5-4),均可通过"互联网+"非洲投资信息平台,共享对非洲投资数据信息。

还可以构建"互联网+"非洲投资组织网络平台。目前,已有超过一万家在非洲发展的中资企业和投资者形成了对非洲贸易与投资的信息源和组织网,还有具有国际化水平的法律、金融、会计、咨询等专业机构和中介组织等。织丝为网,以点带面,构建极为庞大交错的投资信息网络,通过先进的数据挖掘技术,强大的"互联网+"技术,整合和梳理成为规范有序、高效流畅的全球化"互联网+非洲投资"信息网络平台,提供优质高效信息服务,大大助力中非产能合作和直接投资快速健康发展。

(四)创新企业投融资体系

为破解企业海外投资"融资难、融资贵"问题,政府应急企业之所急,

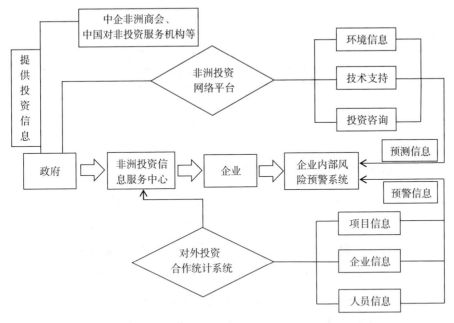

图 5-4　对非洲投资信息资源的收集与反馈机制

积极协调国内金融和保险机构对于企业"走出去"的支持。为此,积极服务引导企业申报各级政府对企业"走出去"扶持资金,在境外投资、贷款贴息、前期费用、承包工程、中介服务等方面为企业提供支持。此外,设立"走出去"专项扶持资金,给予扶持额上浮 30% 的重点扶持。与此同时,积极为相关企业争取亚洲基础设施投资银行(简称"亚投行")、国家开发银行、进出口银行等国内外政策性银行和丝路基金(400 亿美元)、中非发展基金(50 亿美元)、中非产能合作基金(100 亿美元)、金砖基金(100 亿美元)以及中国与东盟投资合作基金(100 亿美元)等相关基金以及各省市投资基金等专项合作资金。

　　利用好中非发展基金、中非产能合作基金和丝路基金以及省市专项扶持基金等资金,支持中国企业开拓非洲市场,投资制造业、资源开发和农业等。尤其对资金匮乏的民营企业而言,通过积极参与对非洲投资的重点工程项目及配套生产、中非产能合作和基础设施建设,争取获得必要的资金支持,破解融资难题,无疑具有非常重要的现实意义。

第六章 专题研究

　　本章聚焦非洲大陆自由贸易区启动及未来发展、中非产业园区建设和"一带一路"倡议下中非基础设施建设三大重要问题进行专题研究。基于本书前续内容中中国对非洲直接投资现实问题、投资效率与战略调整及路径的深入思考,本章将着眼于对非洲未来影响深远的重大问题。

　　2019年7月7日,非洲大陆自由贸易区协议的签署及其启动,成为非洲一体化进程中划时代事件和崭新里程碑,也将为中非合作增添新动力和开辟新前景。这将是一块富有活力、世界上最大的自由贸易区,其中蕴含的市场潜力和发展前景不言而喻,本书给予重点分析。产业园区及经贸合作示范区作为中非投资合作的新探索和新模式,对推动中非经济与贸易发展和非洲工业化及现代化进程,发挥了不可替代的重要作用。

　　同时,基础设施建设是非洲工业化和产能合作的基础和重要动力,也是近年来中非共建"一带一路"与中非产能合作的重要组成部分。中国在参与非洲"三网一化"基础设施联通建设方面成效显著,"中国建造"助力非洲发展,高速、高效和高质的中国基建不仅让非洲国家感受到了中国速度,也给非洲带来了持续的发展动力。本书从中非基础设施建设合作的发展现状与趋势入手,剖析面临的问题与挑战,提出中非基础设施投资合作的对策建议。

专题一　非洲大陆自由贸易区为中非
合作发展增添新动力

　　非洲国家长期以来主要依靠农产品与资源类产品的跨洲贸易,工业产品在全球竞争中处于劣势。目前,非洲地区平均关税税率高达 6.1%,再加上基础设施落后及边境程序烦琐等限制,严重制约了非洲内部贸易的发展。作为非洲联盟(African Union,以下简称"非盟")《2063 年议程》中最重要的项目之一——非洲大陆自由贸易区协议(AfCFTA),旨在通过进一步降低关税、消除贸易壁垒,以实现商品、服务、资金在非洲大陆内部的自由流动,从而形成非洲单一大市场。2012 年 1 月,非盟第十八届国家元首和政府首脑会议以"促进非洲区内贸易""加快一体化建设"为目标,规划于 2017 年完成非洲大陆自由贸易区建设,从而逐步取消非洲内部贸易关税,激发非洲区域内贸易活力。非洲大陆自由贸易区建成后可形成涵盖非盟 55 个成员、惠及 12 亿人口、区域内 GDP 达 250 万亿美元的巨大市场。据联合国非洲经济委员会(UNECA)预计,大陆自由贸易区可以推动非洲区域内贸易增长 52.3%。并就缔约国数量而言成为世界上最大的自由贸易区。随着非洲大陆自由贸易区的逐步推进和日渐活跃,2050 年非洲人口数量将达到 25 亿人,占比世界总劳动人口数的 26%,非洲大陆经济增速预计也将达到世界发达地区的两倍。历经 7 年多的磋商谈判,非洲大陆自由贸易区协议于 2019 年 5 月 30 日正式生效,于 7 月 7 日正式启动。该协议的签署是对当前逆全球化以及贸易保护主义的有力回击,凸显了非洲国家希望通过经济一体化迎接国际挑战的信心和决心。毫无疑问,非洲大陆自由贸易区协议的签署及其启动将成为非洲一体化进程中的划时代事件和崭新里程碑,也将为中非合作增添新动力和开辟新前景。

一、非洲大陆自由贸易区进程

传统上,非洲区域内贸易占对外贸易总额的比例低于其他区域。2017 年,非洲区域内贸易仅占其贸易总额的 17%,远低于亚洲的 59% 和欧洲的 69%。

(一)非洲各区域一体化进程

在非洲自由贸易区建立之前,非洲各国已相继建立了一系列相互竞争而重叠的非洲次区域一体化组织以促进区内贸易发展,如东非共同体

（东共体）、东南非共同市场、西非国家经济共同体（西共体）、南部非洲发展共同体（南共体）、中非共同体、萨赫勒国家共同体、东非政府间发展组织（伊加特）、马格里布联盟等。

其中，东共体和西共体的经济一体化发展较为突出。目前，西共体是非洲最大的区域性经济合作组织，已经建立了自由贸易区与关税同盟，并争取在 2020 年启动单一货币进程。东共体目前已完成了建立自由贸易区、关税同盟、共同市场等举措，并预计在 2024 年实现货币联盟，以统一货币取代各成员国本币。同时，东共体中大部分国家农副产品加工业发展迅速，传统制造业逐渐从进口替代型向出口导向型转变，在吸引外资、扩大出口、增加就业等诸多方面均取得了较快进展。

但是，除东共体和西共体外，非洲其他次区域一体化组织却进展缓慢、效率低下。究其原因，可能有如下几点：首先，非洲国家的经济结构较为单一，国家间的经济互补性不强，推动区域内国家合作的动力有限。这种单一经济结构的形成深受殖民时期宗主国影响，具有一定的历史性和顽固性。加之当前逆全球化浪潮和贸易保护主义抬头的不利外因，寻求改变绝非易事。其次，非洲整体上宏观经济失衡、外债负担较重、贸易融资缺乏，因而关税是财政收入的重要来源。一体化发展则意味着关税减免和更大的进口竞争，部分国家对此予以担忧和不满。再次，各个区域一体化组织发展程度不一，难以实现对一体化利益的公平合理分配。此外，非洲国家基础设施建设落后，交通运输、通信设备、能源供应不足等问题成为制约内部贸易发展的众多瓶颈。因此，虽然非洲大陆内区域组织数量众多，但规则重叠且运行不畅，对非洲一体化进程形成了严重制约。

（二）协议谈判与推进历程

虽然非洲各区域的一体化发展并非坦途，但非洲大陆自由贸易区协议的通过与自由贸易区的正式运行，仍是非洲推进一体化过程中里程碑式的事件。

2012 年，非盟首脑峰会上作出建立非洲大陆自由贸易区的决定，将其纳入 2063 年非洲工业化计划的一部分，以促进非洲内部贸易发展。2015 年 6 月，非洲大陆自由贸易区谈判正式开始。2016 年 2 月举行第一次磋商论坛。2016 年 5 月通过 12 条谈判指导原则。2017 年 2 月举行 7 个技术工作组的第一次会议。2017 年 7 月第六次磋商达成放开 90% 产品协议。2017 年 12 月达成大陆自由贸易区服务文本及协议。2018 年 3 月开始最终谈判第一阶段磋商，商讨成立相关事宜。在基加利召开的非洲国家首脑特别峰会上，由 44 个国家领导人签署了非洲大陆自由贸易区保留协议，43 个国家签署《基加利宣言》，27 个国家签署了人员自由流动协议。2018 年年底开始最终谈判第二阶段磋商。2019 年 4 月 2 日，冈比亚国会批准非洲大陆自由贸易区协议，成为第 22 个批准该协议的国家。至此，非洲大陆自由贸易区达到生效所需的最低门槛。

2019 年 5 月 30 日，非洲大陆自由贸易区协议正式生效。2019 年 7 月 7 日，非洲联盟非洲大陆自由贸易区特别峰会正式宣布非洲大陆自由贸易区成立。截至目前，非盟 55 个成员中，除厄立特里亚外，54 个成员已签署协议，其中 27 个成员按本国相关法律程序批准协议后向非盟委员会递交了协议批准书。

二、非洲大陆自由贸易区的目标与框架

根据非盟对外公布的信息，非洲大陆自由贸易区建设的主要目标包括四个方面：一是创建覆盖整个非洲大陆的单一货物和服务市场，允许商人和投资自由流动，并为加速建设非洲大陆关税同盟铺平道路；二是通过协调非洲大陆现有的贸易自由化、便利化制度和工具，扩大非洲内部贸易；三是理顺重叠复杂的区域组织成员关系，加速推进非洲区域和大陆一体化进程；四是通过发掘规模化生产、更宽松的市场准入条件和更好的资源配置机会，提高行业和企业层面的竞争力。

根据非洲大陆自由贸易区协议的安排，协议的实施分为两个阶段：第一阶段仅就货物贸易和服务贸易作出安排；第二阶段将开展有关投资、竞争和知识产权议定书的谈判。

目前，第一阶段的安排基本完成。已批准的非洲大陆自由贸易区协议中就包含有《货物贸易议定书》《服务贸易议定书》《争端解决程序和规则议定书》。在货物和服务贸易方面，非盟大会通过决议批准在 5 年内

（最不发达国家是 10 年内）逐步实现 90% 商品的零关税，将交通、通信、金融、旅游和商业服务作为服务业第一阶段自由化的优先考虑行业。协议成员可根据食品安全、国家安全、财政收入、民生和工业化等标准制定敏感商品和排除清单。各成员所确定的敏感商品的数量比例不得超过全部税号商品的 7%，排除贸易自由化的商品清单数量不得超过全部税号商品的 3%，且排除商品的价值不得超过来自其他成员的进口商品总价值的 10%。同时，非盟大会还同意对敏感商品适用 5 年的过渡期，在过渡期内成员对敏感商品仍可保留相关关税，但对于成员中的发展中国家和最不发达国家应分别在 10 年和 13 年内逐步取消此类产品的关税。

非洲大陆自由贸易区协议（以下简称"自贸协议"）的主要内容涉及货物贸易、服务贸易、投资、竞争、知识产权和贸易争端解决等方面。根据 2018 年 3 月 21 日签订的自贸协议，非洲自由贸易区建设具体有以下九个方面的内容：一是非洲企业、贸易商和消费者在进行非洲内部贸易时将免缴各种货物关税；二是为饱受非关税壁垒制约的非洲贸易商建立一种机制，有效消除如繁复的海关手续和文书工作等负担；三是通过强化缔约国海关在贸易便利化、产品标准以及制度法规方面的合作，促进货物在非洲区域内流通更高效；四是通过服务的逐步自由化，帮助服务提供商以不低于国内供应商的条件进入所有非洲国家市场；五是通过促进标准互认和服务供应商许可及认证，使企业和个人更容易满足别国市场监管需求；六是通过促进非洲国家间贸易发展，构建区域价值链；七是为防止未预料到的贸易激增，缔约国可以采取贸易救济措施，以确保必要时保护本国工业；八是争端解决机制为解决缔约国之间在适用协议时可能出现的任何争端提供了基于规则的途径；九是第二阶段谈判结束时，自由贸易区将为非洲知识产权保护、促进非洲内部投资和应对反竞争挑战提供更有利的环境。

联合国非洲经济委员会执行秘书松圭（Vera Songwe）对非洲自由贸易区充满信心，他认为到 2040 年，在去除非洲内部贸易壁垒后，非洲内部贸易额将增加 15%—25%。以人口和成员数量论定，这将是 WTO 成立以来，全球最大的自由贸易区。但目前，自贸协议的具体内容仍在细化和充实完善之中。该协议本身也存在部分缺陷,主要体现在以下几个方面。

首先,协议目前只是框架性文件,很多实质性的细节并未明确。尤其是秘书处、争端解决机构等涉及保障自由贸易区正常运转的相关机构还未设立。预计落户加纳的自由贸易区秘书处,与位于埃塞俄比亚首都亚的斯亚贝巴的非盟总部相隔两地,也将影响决策效率和政策协调。诸如关税减让表、原产地规则、服务贸易特别承诺表、投资与竞争政策、知识产权议定书等一些重要的制度尚未制定,谈判过程将艰难而漫长,实施还为时尚早。

其次,各非洲国家对协议的具体执行意愿和能力尚待实践考验,承诺力度亦参差不齐。54 个签署国当中,尚有一半国家未予批准。这无疑将影响自贸协议的实施范围和效果。

最后,非洲既有的内部区域经济组织彼此重叠,成员相互交叉,各国在自由贸易区问题上诉求迥异,不排除一些国家消极执行自贸协议,势必对整体非洲自由贸易区的实施效果产生冲击。

三、非洲大陆自由贸易区建设的意义与效益

建设非洲大陆自由贸易区对于帮助非洲各领域发展具有诸多现实意义,可以有效推进非洲区域经济一体化、促进非洲经济结构转型,并有助于非洲实现可持续发展目标。根据预估,自贸协议的实施有机会使得非洲到 2022 年区域内贸易对比 2010 年增加 52%。如果非关税壁垒同时减少,非洲内部贸易额有望提升一倍。此外,即便将 41 亿美元的关税收入损失计算在内,长期看来,自贸协议将为非洲带来约 161 亿美元的收益。

对非洲地区来说,这个自由贸易区的成立有利于非洲各国经济一体化,并对非洲内部贸易起到巨大的促进作用。卢旺达贸易与工业部长樊尚·蒙耶夏卡指出,非洲大陆自由贸易区将大幅提升非洲国家间的贸易份额,减少非洲内部的经商成本,创造商业机会,提升非洲工业化和产品生产水平。这一自由贸易区也能创造就业,支持经济可持续发展并改善全非洲民众生活水平。

对全球投资者来说，一个覆盖12亿人口的单一市场对各方的吸引力无疑是巨大的。非洲丰富的人力资源和原材料资源一旦有效地加入全球价值链分工，所产生的效益巨大。

（一）有助于推进非洲区域经济一体化

自独立以来，非洲人民从未停止一体化建设。非洲的团结与共同发展是全体非洲人民的理想。"率先实现经济一体化是实施非洲大陆一体化战略的重点，而建立自由贸易区无疑是重要抓手。"（姚桂梅，2016）尽管当前非各区域组织取得了一定进展，但就总体情况而言，非洲经济一体化水平仍然较低。各区域组织实际发展情况与对外宣布的发展目标存在较大差距。现阶段非洲区域内贸易只占非洲大陆贸易总额的16%，远远低于拉美、北美、亚洲和欧洲等50%—70%的比例。非洲各国都以出口初级产品为主，相互之间的贸易需求较少。例如，赞比亚的铜、加蓬的木材以及尼日利亚的石油，其主要出口目的地都是非洲大陆之外，非洲内部贸易额较少。此外，因为高额关税的存在，产品出口到非洲国家的费用反高于非洲以外地区。非洲大陆自由贸易区建成后，区域内关税和非关税壁垒将大大降低，区域内贸易规模将不断扩大，这必将加速非洲各国生产与服务多样化，同时助力工业化进程，最终推动区域内贸易自由化、经济多样化和工业加速化三方面的协调与良性发展。

另外，非洲大陆自由贸易区建立的主要目标之一就是"理顺重叠复杂的区域组织成员关系，加速推进非洲区域和大陆一体化进程"，这一目标的确立不仅涵盖经济一体化，更是非洲各领域共同发力、协同配合以推进一体化进程。例如，非洲大陆自由贸易区的建设可以提升非洲基础设施数量和质量、实现资源合理配置、推动工业化发展、促进区域内贸易投资便利化发展、促进各国间贸易标准统一等。

（二）有助于支持非洲经济结构转型

进入21世纪后，非洲经济发展取得了一定成效，但推动经济结构转型对非洲地区而言仍存在较多困难。非洲经济可持续发展的实现亟须经济结构调整甚至重塑。当前，非洲经济过度依赖对外贸易且经济结构单一。2005—2015年，非洲对外贸易总额平均占非洲经济总量一半的比重。虽然该比重自 2015 年国际大宗商品价格下跌开始下降,但仍占据非洲经济相当大的比重。而在贸易方面,大量非洲国家经济发展过度依赖出口,但非洲出口产品种类单一、附加值低。据非洲发展银行统计,2015 年,非洲整体出口前三位的产品依次是原油、未锻造金和未烤制的咖啡豆,其中原油出口额占非洲出口总额的将近一半,而且这三种产品都是初级产品,产品附加值很低。如前所述,推动非洲区域内贸易,发展是实现非洲经济可持续发展的关键。而推进非洲区域内贸易,需要各国出口产品多元化发展,同时提升非洲各国制造业水平。非洲大陆自由贸易区建成后将极大提升非洲的经济增长潜力,通过打破贸易壁垒,促进要素流动,从而活跃非洲区域内贸易,促进经济多元化发展,进而帮助非洲经济结构加速转型,激发经济发展内生动力。

同时,非洲的营商环境将进一步改善。当前大部分非洲国家均奉行高关税和非关税壁垒,并采取外汇管制,这极大地限制了外资进入非洲的热情。而非洲大陆自由贸易区建成后,非洲国家将加速市场化改革和经济结构转型,为外资提供便利。

(三)有助于非洲地区实现可持续发展目标

非洲大陆自由贸易区建设是非盟《2063 年议程》的重点项目和旗舰项目。非洲大陆自由贸易区的建设将对非洲宏观经济发展产生巨大效应。同时,这些效应的累积也最终将有助于联合国《2030 年可持续发展议程》中可持续发展目标的实现。非洲大陆自由贸易区的建立可以促进非洲制造业等劳动密集型产业发展,创造更多就业。这将最直接有助于实现目标 8——"促进持久、包容和可持续的经济增长,促进充分的生产性就业和人人获得体面工作"。

此外,非洲大陆自由贸易区的建立还将直接有助于目标 2——"消除饥饿,实现粮食安全,改善营养状况和促进可持续农业",目标 3——"确保健康的生活方式,促进各年龄段人群的福祉"的实现,以及目标 9——"促进具有包容性的可持续工业化,推动创新"。同时,通过支持非洲工业化和经济发展,非洲大陆自由贸易区还可以帮助非洲减少对外部资源的依赖,为其自身发展提供充足资金,同时有助于其可持续发展目标的实现。

四、非洲大陆自由贸易区建设的基础与挑战

非洲致力于一体化建设愿望强烈、热情很高,特别是 2012 年非盟首脑峰会上决定建立非洲大陆自由贸易区后,更是为此作出了积极不懈的努力和奠定了较有利的基础。

一是非洲一体化实践已积累了较丰富的经验。作为一体化建设的基石,非洲次区域一体化组织近年来发展卓有成效,例如东非共同体已形成共同市场,成为非洲一体化程度最高、进展最大的次区域组织。非洲各区域组织在推进一体化的过程中,达成的共识、制定的规划以及为消除贸易壁垒、促进人员往来所做的努力,都可以为非洲大陆自由贸易区建设提供助力。在削减非关税壁垒、简化海关通关程序、协调标准规范、通关便利化合作等方面也取得明显成效。同时,非洲各区域积极开展基础设施合作,合作领域涵盖交通、电力、卫生检疫、区域航空等。通过制定和执行运输物流共同协定,强化过境运输标准的统一和协调。金融一体化也在非洲各区域组织中逐步开展。可以说,非洲一体化实践取得的成效、遇到的困难,都可以为非洲大陆自由贸易区建设提供借鉴与参考。

二是非洲国家工业化水平差异可为内部贸易提供动力。尽管当前大多数非洲国家仍主要依赖于未加工资源类产品的出口,但非洲内部贸易结构较其外部贸易结构更为多样化。如埃及、肯尼亚、毛里求斯、摩洛哥、南非和突尼斯等国家已经可以出口一些制成品、半制成品以及某些高技术产品。这些国家的工业化水平在一定程度上高于其他非洲国家,而这种差异可为非洲区域内贸易提供动力。非洲大部分国家蕴藏丰富的自然资源,但长久以来,非洲并没有有效利用其资源优势生产其自身发展所需的产品。非洲国家间工业化水平差异所提供的内部贸易动力可以从内部助推非洲大陆自由贸易区发展,推动非洲区域内贸易,真正利用非洲资源为其自身发展提供动力。

三是非洲单一航空运输市场启动便利自由贸易区物流。"非洲大陆自由贸易区建设""非洲人员自由流动和商品自由流通""非洲单一航空运输市场发展"并列为非盟为促进非洲一体化而号召成员共同推动的三

大旗舰项目,三者互相促进、彼此通联。对于交通基础设施资源较为匮乏,公路、铁路建设耗时长且资金缺口巨大的非洲而言,首先发展航空市场无疑是更好的选择。非洲单一航空运输市场已于2018年1月底正式启动,对于进一步消除非洲国家之间的航空准入限制,推动非洲国家民航在各国之间航行自由,降低运输成本,促进人员、商品等合理流动方面具有积极作用。在此基础上,也将为非洲大陆自由贸易区提供便利的物流运输条件。

四是"一带一路"倡议对非洲发展提供重要推力。非洲是"一带一路"的重要方向和落脚点,也是中国最重要的"南南合作"伙伴之一。近年来,以"一带一路"建设为契机,中国大力支持非洲基础设施建设。例如,2016年10月通车的亚吉铁路,是非洲首条全线采用中国铁路技术标准和中国装备建造的跨国现代电气化铁路,将埃塞俄比亚首都亚的斯亚贝巴至吉布提的运输时间从原公路运输的3天降至10小时,大幅降低两国物流成本,推动两国工业化进程。2017年5月31日正式通车的蒙内铁路,未来计划连接肯尼亚、坦桑尼亚、乌干达、卢旺达、布隆迪和南苏丹等东非6国,将为完善东非铁路网络、提升东部非洲地区国家运力作出巨大贡献。当前,基础设施不足是制约非洲大陆自由贸易区发展的重要因素,而中非携手共商共建"一带一路",为非洲大陆自由贸易区向好发展提供了助力和机遇。

五是,世界其他国家关注与非洲共同发展。从外部条件来看,2016年,世界经济已逐步呈现复苏态势,国际大宗商品价格抬升。德国、日本、印度等国家都在积极寻求通过加强援助、促进多领域投资等方式,同非洲建立更加稳定持久的经贸关系。例如,日本和印度两国于2017年5月联合推出了"亚非增长走廊"(AAGC)计划,旨在以发展为导向、以人为中心,大力宣扬国际规范与高质量基础设施建设,促进南亚、东南亚与非洲的互联互通。非洲大陆自由贸易区可利用这些有利因素,实现自身发展。

当然,非洲大陆自由贸易区建设的有些条款对非洲经济发展来说,既是机遇也是挑战。税收目前依然是绝大多数非洲国家最重要的财政收入来源之一,非洲大陆自由贸易区建立后的进口零关税以及强化人员自由流动所带来的税收损失引发众多担忧。同时,非洲大陆自由贸易区建设需要基础设施投入,而基础设施投入的重要来源也是税收。税收降低也可能会导致基础设施建设放缓。此外,非洲国家间人力资源水平差异也较大,一些人口素质较低、在劳动力市场竞争中处于弱势地位的国家,其国民对他国劳动力流入本国与自身形成竞争也引发不满。因此,想要乘自由贸易的东风,非洲大陆自由贸易区建设面临的挑战巨大,路长且艰。

首先,区域内国家对非洲大陆自由贸易区建设态度不一致。当前非洲国家经济发展水平差异巨大,各国经济脆弱性强。即便是经济发展较好的国家,其支柱性产业出口产能仍不够强,无法有效抵御外部竞争。这使得经济发展较好的非洲国家也会对非洲大陆自由贸易区的建立持审慎态度,执行意愿有待考量。同时,非洲各国的发展水平和发展目标不同、成立非洲大陆自由贸易区的意愿和对非洲大陆自由贸易区的认识也不一,这从非洲大陆自由贸易区谈判过程中遇到不少挑战可以明显看出。此外,非洲基础设施水平落后、内部市场发育不足等,也是非洲大陆自由贸易区建立过程中需要面对的问题。非洲国家之间非关税壁垒众多,如法律和技术标准的差异、边境通关和交通基础设施的落后,以及官僚主义和腐败等。

其次,产品同质化现象严重。非洲大陆自由贸易区建设的一项重要任务是促进区域内贸易发展。然而,非洲国家之间经济同质性强、互补性差,这种局面难以立即改变。近年来,非洲内部贸易额还在呈下降趋势。以东非共同体为例,其成员之间贸易额从 2013 年的 35 亿美元降至 2017 年的 24 亿美元,降幅达 31.4%。非洲区域内贸易占比低,发展缓慢,一方面,历史上非洲国家更重视与西方发达国家进行经济交往,因此基础设施建设多侧重于本国重要城市和沿海地区,而忽略了地区之间经济交往的需求,导致大陆内部跨国基础设施缺乏;另一方面,非洲国家工业化程度低,产品同质化现象严重,国家间产业没有协同发展导致产业内贸易较少,这也是非洲区域内贸易发展缓慢的重要原因。当前非洲国家主要出口产品相似程度非常高,主要集中于能矿类初级产品和农产品。这种单一的经济结构引发对外贸易的高度依赖,欧美和亚洲等域外国家是非洲主要的贸易伙伴。

再次,基础设施严重不足。基础设施不足一直以来都困扰着非洲的经济发展和一体化进程。据 2016 年《全球贸易投资报告》的评估,当前非洲在交通和通信方面的基础设施"仍无法达到世界平均水平"。此外,非洲大陆供电严重不足,超过 6.45 亿人口完全没有电力供应。对此,世界银行《全球营商环境报告》认为"电力短缺"是影响非洲营商环境的最大不便因素。同时,《非洲经济展望 2017》指出:非洲基础设施在数量、价格和质量上仍落后于世界其他地区的重要原因是投资不足。当前,为改善基础设施薄弱的现状,非洲每年需要 1300 亿—1700 亿美元基础设施领域的投资。如此庞大的资金缺口,显然无论依靠非洲国家自身还是国际社会帮助,都无法在短期内得到弥补。

五、非洲大陆自由贸易区建设背景下的中非合作

在全球贸易保护主义抬头的背景下,非洲大陆却在建设自己的统一大市场。非洲大陆自由贸易区的建成旨在推动非洲国家间的贸易,这为中非合作增添了新动力和开辟了新前景。因而中国企业可针对非洲大陆拓展区域内贸易的发展需求和政策环境,立足非洲国家的资源禀赋加大投资力度,为非洲的减贫和现代化发展作出积极贡献。

(一)中国在非洲大陆自由贸易区建设中可发挥独特作用

中国历来支持泛非主义和非洲联合自强。近年来,在中非合作论坛、"一带一路"倡议等合作平台下,中非关系蓬勃发展。如今,非洲大陆自由贸易区的成立和一体化进程的推进将为中非经贸关系的扩展深入提供更多机会,进一步释放中非经贸关系的发展潜力。中国可加大对非洲各领域的投资力度,积极实行技术转让,帮助非洲发展制造业,增强非洲国家之间的经济互补性,深刻融入非洲大陆自由贸易区建设进程之中。

同时,非洲国家之间的互联互通能力和水平仍有较大提升空间,而中国基建能力已全球领先。非洲大陆的交通运输不畅,普通公路和高速公路的密度低,非洲铁路总长度占世界铁路总长度的比重仅为 7%,且运输价格高、效率低下。50% 左右的非洲国家依然面临严重的缺电情况,用电

成本高昂。伴随"一带一路"倡议的深入,中国企业可在铁路、公路、机场、桥梁、能源管线、水电站和信息通信等基础设施建设领域积极作为,帮助非洲破除非洲大陆自由贸易区建设的重大瓶颈,从而进一步打通和加强非洲国家之间的物理联结,帮助改善非洲落后的基础设施体系。

(二)中非合作面临的新机遇

中国与非洲的双边贸易近年来发展迅速,2018 年中非贸易额达2041.9 亿美元,同比增长 19.7%,中国已连续 10 年成为非洲最大的贸易伙伴。在中非贸易发展面临历史机遇的当下,非洲大陆自由贸易区的成立也为中非合作拓展了新空间。尤其是面对反全球化的逆流,中国同非洲国家和地区进一步加深贸易合作的前景可期。

第一,中非贸易商品结构将进一步优化。中国从非洲进口商品集中在矿产和能源,如矿物燃料,天然珍珠和宝石,矿石、矿渣和矿灰等,占全部对非洲进口额的 95%。中国对非洲主要出口的是机电产品、机械设备、交通运输工具等工业制成品,如"电气机械设备及其零部件""核反应堆,锅炉,机器及零件、机械器具""车辆机器零件和附件,但铁道及电车道车辆除外"等。长期以来,中非贸易结构始终较为单一。非洲大陆自由贸易区建成后,通过关税同盟等措施可促成贸易创造和贸易转移,在区域内实现资源的优化配置,提升生产效率,有利于扩大非洲国家对外贸易规模与出口产品的多样化。并且随着商品、人力、服务和资本在整个非洲大陆内的自由流通,非洲国家将提升劳动的专业化分工和产品的深加工能力,促进非洲高附加值产品生产和出口。这无疑有利于改善非洲单一的经济结构,从而优化中非贸易结构。

第二,中国对非洲投资势头或将更为积极。截至 2018 年年底,约有3700 家中国公司在非洲投资,对非洲全行业直接投资存量超过 460 亿美元,中国已成为非洲最重要的投资来源国之一。非洲大陆自由贸易区的建立,意味着非洲投资市场的碎片化情况得到改善,12 亿人口的覆盖以及 3.5 万亿美元市场的份额进一步增加了非洲大陆对大规模投资的吸引力。同时,非洲一体化进程有利于扫除中国在非洲投资的障碍,降低中国产品、人员和资本进入非洲市场的成本。因此,中国有意向非洲投资的企业和人员无疑会上升。

第三,非洲一体化推动中非产能合作。非洲大陆自由贸易区的建立和一体化进程将推动非洲区域内产业的聚集、产业链的延伸以及逐渐壮大的规模经济,这也为中非在产能合作领域创造更多机遇。中国通过把国内的优势产能以产业链形式规模转移到非洲,不仅能缓解国内产业结构升级调整带来的压力,也能提升非洲的制造业水平和非洲在全球价值链的地位。目前,已有一批中国企业以工业园和自由贸易区为依托走进非洲。据统计,已投入运营的中非共建产业园区目前已超过 30 个,它们对促进非洲国家产业升级和中非经贸关系发展发挥了积极作用。

(三)非洲大陆自由贸易区背景下的中国企业对非洲投资风险

一般来说,区域自由贸易协议通常有助于深化本区域内部的投资与贸易,而对外部投资和贸易,比如来自中国的投资贸易产生溢出效应。也就是说,一旦自贸协议实质性地全面落地,中资企业将面临更团结致力于内部统一市场的新非洲。一旦形成更高效低廉的非洲内部统一市场,非洲内部贸易的主要商品将对来自中国的同类商品形成挤出效应。首先,自由贸易区背景下的中国企业对非洲投资面临较大环境风险。非洲作为人口大洲、资源大洲和地理大洲,内部各国差异巨大。政治局势、经济环境、法治情况以及政策法规等诸多方面存在不稳定和短期性。由于环境善变,朝令夕改,不仅可能导致交易成本增加,投资利润损失,甚至可能致使投资彻底失败。这样的案例在非洲屡见不鲜,令国际投资者望而却步,在很大程度上影响了外国直接投资流入非洲的数量和速度。近年来,中国企业在非投资也面临着各方面考验与困难,必须对投资环境风险进行全面评估。

此外,非洲投资面临较大法律风险。当前,对于中国投资者来说,非洲法律过于繁杂,法律文化差异大,法律查明难度高,适用非洲法的成本巨大。其次,非洲的司法效率低,部分非洲国家的法院案件审限极长,不能有效保障中国投资者的合法权益。因而中国投资者应在条件允许情况下尽量在合同中适用中国法,并能在谈判中坚持选择仲裁作为争端解决的方式。

（四）非洲大陆自由贸易区背景下中非合作的路径选择与对策建议

面对非洲大陆自由贸易区带来的巨大机遇、非洲正逐步改善的投资环境以及日益扩大的区域市场潜力，中非合作前景可期，应在部分重点领域加大投资力度，并选取合适投资方式，真正融入非洲大陆自由贸易区发展与一体化进程。

1. 合理选择中非合作重点领域

商务部和海关总署的相关统计报告显示，中国在非洲的主要贸易伙伴是南非、安哥拉、埃及、尼日利亚、阿尔及利亚、加纳、肯尼亚、坦桑尼亚、埃塞俄比亚、摩洛哥。中国对非洲出口的前十大商品均为制成品。与此同时，随着非洲一体化、工业化、城市化的发展与中产阶级的壮大形成良性循环，非洲国家众多方面亟待建设，这更为在非洲投资的中国企业带来商机与利好。由于非洲大陆自由贸易区不局限于传统的商品贸易，所以采矿业、建筑业、制造业、消费、金融、电子商务、房地产等领域都可成为中非合作的重点领域。尤其可加大对非洲制造业的投入，提升货物贸易供给能力。较低的劳动力成本、丰富的自然资源、便利的过境贸易区位、巨大的消费市场，都将助力非洲成为低成本和资源密集型制造业的中心。在行业领域的甄别方面，可进一步发挥中国企业的资金、技术和专业管理能力优势，以及非洲的资源、劳动力、政策及区位优势，充分利用中非市场互补性，优先选择钢铁、水泥、平板玻璃、电解铝、基础化工、船舶、车辆机具和家用电器等领域开展对非洲直接投资，注重发展能源、矿产、农业加工业，向下游产业链延伸，提高非洲原料产品附加值，将自身资源优势切实转化为发展优势，促进非洲工业化进程。

另外，中国企业可积极参与互联互通基础设施建设，进一步降低非洲大陆自由贸易区成立后的物流运输成本。据估计，非洲国家运输成本占出口总价值的 14%，内陆国家更是高达 70%，但这一数字在发达国家中仅为 8.6%。当前非洲国家的陆路运输成本很高，还有十几个国家没有铁路，而现有的铁路和公路的路况也不容乐观，海路运输的集装箱装卸能力不足，非洲国家之间又普遍没有直航。近年来，许多非洲国家都把新建或改善公路、铁路、机场、码头、供水、供电等基础设施作为振兴经济的优先领域,而这些都是中非合作可优先考虑的重点领域。

2. 加强中非合作项目的可行性研究

非洲各国之间存在明显差别,中国企业在投资的前期准备方面,要注重加强可行性研究。在投资前应充分预估诸如政党更迭带来的政策不连贯等政治风险,以及国内武装冲突导致的安全风险等。在加强对非洲各国政治、经济、社会综合调查研究的基础上,对非洲国家的发展水平、资源状况、生产条件、相关政策、法律法规、市场情况、市场容量等方面进行系统详尽的分析。在投资方式选择方面,由于中国企业进入非洲的直接投资大多是以合资的形式,所以选择一个合适的非洲合作方就变得异常重要。这需要考察对方的销售渠道、对当地政策以及商务环境的了解程度。而非洲合作方对当地经济环境的了解较中国企业而言,有其天然优势,可以帮助中国投资者更容易融入非洲市场,以适应当地的风俗习惯等。

3. 理性评估非洲各国投资环境

建立评估与区分非洲各国投资环境的相关体系与标准,从第一层次东道国的外国投资管理制度(市场监督管理机制、外商审批机制、法律的透明度和稳定性等)——第二层次东道国的投资风险考察(政治局势、恐怖活动、经济政策的稳定性、国际关系、生态环境、基础设施以及宗教文化冲突等)——第三层次东道国的具体法律制度(外国投资法律制度、与中国的外交关系、签署的双边或多边投资协定等)均作出较为理性和细致的评估与区分。依据以上三个层次的相关标准,对于非洲投资环境作以下细分。

(1)投资环境为优的区域

包括南非、毛里求斯、利比亚、突尼斯、埃及、博茨瓦纳等9个国家和地区,这些国家处于世界发展中国家的中上游水平,处于非洲国家前列,人均 GDP 均超过 3000 美元,基础设施和科教文化水平也均位于非洲国家前列。以毛里求斯为例,20 世纪 70 年代以来主动接受世界性产业转移,大力发展出口加工区,积极发展旅游业,产业结构不断得到升级,经济实力不断迈上新台阶。2018 年人均 GDP 已达 1.12 万美元,城市化水平超过 65%，制造业占 GDP 的比重已达 30%；基础设施和科教文化水平不断提高，每百人拥有电话机数、成人识字率、中小学净入学率等指标均已位于非洲国家前列，已被联合国开发计划署列为"国民发展高水平国家"。

（2）投资环境为良的区域

包括摩洛哥、尼日利亚、津巴布韦、喀麦隆、赞比亚等 21 个国家和地区，这些国家和地区处于世界发展中国家的中下游水平，而处于非洲国家中上游水平，人均 GDP 在 2500 美元左右，基础设施和科教文化水平也均位于非洲国家上游水平，不少国家是非洲资源丰富的国家。以摩洛哥为例，该国矿产资源丰富，磷酸盐探明储量占世界的 60%，其他矿产如铅、锌、铜、磁铁矿、无烟煤、油页岩等储量也很可观。早在 1983 年就开始实行经济改革，对国营企业进行了整顿，对部分国营企业分阶段实行私有化；修改投资法，吸引外资；建立自由贸易区。通过一系列改革，该国经济持续增长，产业结构趋于优化；工业水平在非洲名列前茅，采矿业是其工业支柱，农副食品加工业、水泥业、造纸业、纺织业、炼油业、汽车装配业也有较大发展。2018 年人均 GDP 已达 3237 美元，城市化水平为 55%，制造业占 GDP 的比重超过 20%，已成为非洲发展水平较高的国家之一。

（3）投资环境为差的区域

包括乌干达、马达加斯加、冈比亚、几内亚等 12 个国家和地区，大多属于世界最不发达国家，处于非洲国家下游水平，人均 GDP 普遍不足 1000 美元，基础设施和科教文化水平也较差。以乌干达为例，该国属于农业国，虽 20 世纪 80 年代新政府实施改革与开放政策一定程度上促进了经济增长，但由于基础差，目前经济发展水平及教育和基础设施水平依然十分落后，仍属于世界上最不发达的国家之一。2018 年人均 GDP 不足 700 美元，制造业占 GDP 比重只有 9%，城市化水平仅为 14%。

（4）投资环境为极差的区域

包括布隆迪、西撒哈拉、索马里等 13 个国家和地区，均属于世界最不发达国家，人均 GDP 低于 600 美元，基础设施和科教文化水平也十分落后。以布隆迪为例，连续多年的内战和经济危机使国家经济遭受严重影响，人民的生活状况直线倒退，2018 年人均 GDP 仅为 275 美元，制造业占

GDP 比重只有 9%，外债已高达 11 亿美元，外债利息计 5500 万美元，相当于其货物与服务贸易总额的 80%，被联合国列为世界最不发达的 10 个国家之一。

4. 支持建立非洲货币基金

面对非洲经济增长不平等与债务问题，探讨建立非洲货币基金（African Monetary Fund）的可行性将有助于非洲内部以及相关贸易伙伴之间建立更紧密、更有活力的贸易关系。通过建立非洲货币基金可以鼓励非洲国家更加积极地参与区域贸易，有效管控区域内的贸易风险。一旦某个国家出现经济问题，可通过区域财政安排（Regional Financial Arrangements），为区域内成员处理国际收支危机并提供财政支持，以减轻其他国家在经济增长、贸易、投资和就业方面的影响和风险。未来非洲货币基金的成立，将为非洲大陆自由贸易的深化带来更强动力，也为中非合作进一步保驾护航。

5. 积极推动服务贸易平台建设

非洲各国已普遍认识到发展电子商务对于推动非洲国家的包容性增长具有重要意义，以解决当前非洲电商平台建设不到位、非现金支付系统覆盖不足、互联网基础设施建设严重滞后等制约性问题。因而中国企业可积极投资非洲电子商务相关领域，推动服务贸易平台建设。第一，电子商务有助于将非洲最不发达国家纳入全球价值链；第二，电子商务有助于推动非洲中小企业参与全球贸易；第三，电子商务减少了面对面的交流频率，有助于降低非洲妇女迈入全球市场的门槛，克服部分制约妇女参与的消极因素。

基于此，在电商平台建设方面，中国电商企业可以与当地企业进行合作，通过参股、兼并、整合业务等多种方式，共同开发市场。这样既能为当地电商企业提供充足的资金，还能弥补它们在技术、经验上的不足。同时中国电商企业也可以借助它们在非洲地区已建立的客户认可度和现有市场，使整个市场得到更加充分开发，并拓展自身业务，增加平台营业额。在零售企业进入方式上，中国电商企业可考虑加入现有的中非跨境电商平台。由中国人创办的聚焦 B2B 市场的 Amanbo（中外跨境贸易平台）和聚焦 B2C 市场的 Kilimall(非洲电商平台)在非洲电商平台中表现优异。当然,非洲目前网络安全建设落后、跨境银行网络和金融服务不完善,导致其目前在线网点不足全球的 1%。因此,中企不妨依托基建支持扩大非洲的信息带宽,降低资费,将更多非洲民众接入互联网,同时通过建立联通中非的信息高速公路,为人民币支付和结算体系落地非洲打下基础。

专题二　中国在非洲产业园区建设

创办经济特区和开发区是中国实施改革开放的重要创举和重要经验,充分发挥了经济体制改革的"试验田"和示范区的重要作用,对促进中国国民经济持续发展和经济体制改革均发挥了重要作用。中国的创办经济特区和开发区的成功经验受到非洲国家的重视,一些非洲国家开始学习和借鉴中国举办开发区和经济特区的经验。一方面,非洲国家自己探索创建非洲产业园区和经济特区,开始招商引资,吸引中国企业和国际投资;另一方面,邀请中国政府和中国企业在东道国创建工业园,尤其是2000 年中非合作论坛设立以来,中非共建非洲产业园区计划启动建设,中非产业园区、经贸合作区进入快速增长阶段,2006—2009 年中国在非洲共建国家级境外产业园区及合作区达 7 个,随着 2015 年中非合作论坛"约堡峰会"和 2018 年"北京峰会"的先后举办,中国企业加快了投资非洲的步伐,中非工业园如雨后春笋般成长起来,各类工业园和经贸合作区达到近 100 个,目前,中非工业园发展进入了追求高质量发展的新阶段。

一、中非共建产业园区的发展演化与特点

(一)产业园区的发展演进

中非共建产业园区这一模式是由贸易企业创造的,大致经过了以下的发展演进阶段。

1. 第一阶段:初创阶段

中非共建产业园区这一模式是由贸易企业创造的。随着"走出去"战略的实施,中国在非投资的企业越来越多,市场竞争激烈和利润下降使

得企业只能在当地建厂。与此同时,纺织、轻工等技术含量低、利润率低的企业受到欧美国家对中国产品配额限制的影响经营困难,不受西方配额限制且关税减免的非洲吸引了一批中国制造商的进入。

另一些企业依托在非贸易促进中心形成工业园。20世纪八九十年代,中华人民共和国商务部在非洲11个国家建立了贸易促进中心。依托贸易促进中心,同一省份的企业同处一地,合作建厂,逐步形成工业园区。

此外,一些大型企业主导建立了工业园。大型企业进入非洲进行资源开发,但非洲缺少所需的上下游产业链,因此服务大型企业的上下游企业也会进入非洲,由此形成产业园区,如中赞经贸合作区。

还有一部分工业园是由非洲政府邀请中国企业建设的。20世纪90年代末以来,许多非洲国家领导人提出建设自己的"深圳"和"苏州",中国政府积极响应。例如,埃及总统穆巴拉克1994年访问天津开发区时,就提出中国与埃及共同建设埃及工业园区,探索建设埃及的"经济特区"。

2. 第二阶段:快速发展阶段

2006年,在中非合作论坛北京峰会上,中非双方确立了"促进非洲工业发展,增强非洲生产和出口能力"的目标。在《中非合作论坛——北京行动计划》中,中方宣布在2007—2009年支持中国企业在非洲设立3—5个境外经贸合作区。

此外,中非陆续签署了一系列促进投资和保护以及避免双重征税的协定。同时,中非共同努力改善投资环境,为双方投资企业在许可程序、货物通关、人员出入境等方面提供必要的便利,并为双方共同建设制定政策保证。此外,中国政府设立了中非发展基金,以鼓励和支持企业在非洲投资建设工厂。

中非合作论坛之后,更多的中国企业投资非洲工业园区建设。山东新光集团于2009年年底在南非建设纺织工业园区,天唐集团2009年年初开始在乌干达注册建设天唐工业园区,2010年中石油集团在乍得阳光建设国际工业园,2013年中国商人集团与坦桑尼亚政府规划和建设巴哈特·莫约林岗工业区签署协议,2016年,中国路桥工程有限公司与刚果共和国签署了 Pointe Noir 港口项目。

3. 第三阶段:特色发展阶段

2018 年中非论坛北京峰会宣布了中非合作的八大行动,提出实施产业促进行动。峰会还宣布将"一带一路"同联合国《2030 年可持续发展议程》、非盟《2063 年议程》和非洲各国发展战略紧密对接。共 37 个非洲国家签署了共建"一带一路"备忘录。同时,为解决中非生产能力合作中的融资问题,中国政府宣布将继续加强和非洲国家本币结算合作,中非决定在基础设施联通、贸易便利化和能力建设方面采取行动,以解决产能合作中基础设施、贸易便利化和公共服务不足的问题,发挥中非发展基金、中非产能基金作用,并向非洲提供 600 亿美元的支持。

在中非共建"一带一路"合作推动下,中非工业园进入特区建设新阶段,工业园区建设呈现出专业化、集聚化特点,包括各种类型的工业制造园区,物流园区和高科技园区等,大大增强了中非工业园区的经营规模和实力,提高了中非经贸与投资合作水平。

(二)建设现状

近年来,中非经济合作发展迅速,中国已经成为非洲最大的贸易合作伙伴和第三大投资来源地。据统计,2017 年中国对非洲直接投资流量为 31 亿美元,为 2003 年的 40 倍。投资领域涉及建筑、采矿、制造、科技、地质勘查、房地产、金融、批发零售和农业等领域。2018 年中国对非洲直接投资为 14 亿美元,同比降幅 67.44%。如表 6-1 所示,2009—2018 年中国对非投资额的同比增长速度波动变化,但总体呈现增长态势。

表 6-1　中国对非投资额增长速度　　　　(单位:%)

年份	2009	2010	2011	2012	2013
同比增长速度	-73.79	46.78	50.24	-20.69	33.93
年份	2014	2015	2016	2017	2018
同比增长速度	-5.01	6.90	-19.49	71.13	-67.44

虽然中国对外直接投资中对非直接投资所占比重并不大,但是增长

速度很快。非洲是"一带一路"倡议,尤其是"21世纪海上丝绸之路"的重要延伸,也是中国建立新型国际关系、人类命运共同体的重要伙伴。与此同时,"一带一路"倡议与非盟《2063年议程》深度对接,中非经贸合作区的水平不断提高,园区资产规模扩大,入驻企业增多,经济效益逐步提高。

近20年来,中国在非洲产业园区发展迅速,在原来7家国家级境外产业园区基础上,各级各类产业园区和经贸合作区不断涌现出来,目前已经建成、在建和筹建的产业园区近100个。中非园区发展由单纯的产业集聚区转变为多功能经贸合作区和示范区,产业链向配套化一体化发展,有些产业园区建设还呈现出产城融合发展趋势。现阶段,中非产业园区集约化、特色化和专业化趋势明显,中非产业园区发展进入了提挡升级2.0版时代。中非工业园在参与非洲"三网一化"基础设施建设、承载国际经贸投资和推动中非产能合作等方面发挥非常重要的作用,并在促进非洲经济增长和工业化进程中起到特殊重要作用。

(三)中非产业园区建设的特点

1. 中非园区创建具有"经济特区"和示范区探索的特色

中非共建产业园区的初衷,就是一些非洲国家学习借鉴中国创办经济特区和开发区的经验和尝试。一方面,非洲国家自己探索创建非洲产业园区和经济特区,开始招商引资,吸引中国企业和国际投资;另一方面,邀请中国政府和中国企业在东道国共建工业园和经贸合作区。通过园区"先试先行"、以点带面、产业集聚等方式,形成学习模仿和可复制的开发区样本和经验,并在所在国大范围加以推广。可见,中非产业园区建设在非洲国家被赋予"经济特区"探索和创新试验的使命,对促进东道国产业园区建设、工业化和城镇化发展发挥示范引领的重要作用,因而受到中非双方政府和当地社会的高度重视。

2. 产业园区是中非投资的产业聚集区和产能合作的重要平台

产业园区因基础设施完备、主导产业明确和服务便利以及集聚效应等作用和功能,成为一国或地区吸引外资和承载产业转移及承接外包业务的重要平台。中非产业园区建设使企业可以利用东道国资源禀赋和条件投资建厂,结合当地的产业优势,充分发挥经济"增长极"的经济带动作用。在中非产业园区创建初期,由于对入园企业设立的进入门槛较低,追求入园企业投资规模和数量的增长。进驻企业所属的行业十分庞杂,企业间产业关联度不强。随着产业园区和经贸合作区相关基础设施的进一步完善,园区建设进入规模化发展阶段,企业分工协作进一步明确,上下游产业集聚效应更加明显,形成有特色的产业集群。典型代表是赞比亚经贸合作区,中国有色矿业集团通过利用当地丰富的铜矿资源,园区形成了以铜冶炼为主的上下游产业链集群,最终实现了园区产业聚集效应和规模效益。经过近 20 年的发展,中非产业园区已成为吸引中国传统制造、高端装备、基础设施建设和现代农业合作的产业聚集区和重要载体,也是中非共建"一带一路"产能合作的重要平台。

3. 园区建设具有中非双方政府支持和政策引导的优势

中非友好合作关系源远流长,在 2000 年中非合作论坛成立之后,中非经贸合作区和产业园区应运而生,中非产业园区建设走出了一条特色鲜明的合作共赢之路。开展与非洲东道国政府的友好合作是中非共建产业园区建设的首要前提和制度保障。

与其他境外产业园区相比,中非产业园区的开发与建设更需要中非双方政府的支持和开展有效的国际合作。从最早的中埃苏伊士运河经济合作区的创建,到埃塞俄比亚东方工业园和中赞经贸合作区等一批中非产业园区的快速发展,都离不开双方政府和有关部门的政策支持和通力协作。中非产业园区以中国经济特区和开发区作为借鉴,以增长极理论和产业集群模式等为指导,由我国商务部牵头,选择有合作意向的非洲东道国家,两国达成合作建设协议,进行详细的合作规划设计。然后从国内选择适当的企业作为建设投资经营主体,该企业与园区所在国政府签订合作协议,开展产业园区的基本建设。该企业承担园区管委会职责,负责对外招商和维护、管理,吸引国内外相关企业入驻。可见,中非产业园区虽然以商业运作为基础,企业作为运营主体,但是产业园区的运营和发展始终离不开双方政府的支持和政策引导。尤其面对非洲复杂多变的经营环境和风险与挑战,中方园区管委会与东道国政府之间的地位和信息不对称,在管理运营中会遇到各种困难和风险,就需要东道国政府的帮助和沟通,并提供有效的政策法律及风险防控等服务保障,促进和推动双边经贸合作和产业园区的健康持续发展。

4. 中非产业园区发展呈现出特色化、专业化及多元化的特点

自 2000 年中非产业园区计划启动建设以来,中非产业园区和经贸合作区进入快速增长阶段,随着 2015 年中非合作论坛"约堡峰会"和 2018年"北京峰会"的先后举办,我国企业加快了投资非洲的步伐,中非产业园区如雨后春笋般成长起来,各类产业园区和经贸合作区达到近 100 个。目前,中非产业园区发展进入了提挡升级 2.0 版新阶段,中非产业园区集约化、特色化和专业化趋势明显,一大批纺织工业、机械工业、汽车工业、物流以及高科技产业等中非产业园区不断涌现出来。

借助于中非共建"一带一路"基础设施和产能合作机遇,中非产业园区进入聚集化和专业化发展新阶段。中非产业园区形成以龙头企业为引领,园区统一产业规划,通过产业链招商方式引资,吸引一大批国内企业以"抱团取暖"方式集中投资产业园区,形成以主导产业为核心,上下游一体化关联的产业链。园区(管委会)则负责提供"三通一平""五通一平"等配套基础设施和生产生活等保障服务,不断提高园区管理水平和专业化服务质量。通过推动中非产业园区建设的转型升级,进而推动中非经贸合作高质量发展,促进东道国的经济社会发展,达到互利共赢的目的。

二、中非产业园区建设存在的问题

中非产业园区得益于中非双方政府的支持和政策扶持,东道国资源禀赋优势、廉价的原料与人力等有利因素促进中非经贸合作区的发展,但中非共建产业园区仍面临非洲投资环境复杂多变、政局不稳、政策法律和社会文化不适应等问题。具体分析如下。

1. 非洲东道国方面

(1)投资风险问题

投资安全是决定产业园区建设的先决条件和重要因素。非洲一些国家政局不稳、政权更迭频繁、社会治安状况差及存在恐怖袭击等风险,东

道国如利比亚、安哥拉、索马里和南苏丹等国家属于全球高风险地区。而境外产业园区招商引资项目往往投入大、投资回报周期长等,如果发生重大投资安全风险,项目转移和撤出难度大,因此在非洲国家的境外产业园区对于投资安全的要求高、风险防控难度大。投资安全问题成为境外产业园区管理运营需要应对的重要问题。

(2)融资难问题

中非产业园区的开发建设一般投资额度大,需要大量的资金,而融资难问题成为非洲境外园区发展面临的重要制约瓶颈。非洲市场潜力虽大但是国别市场较小且碎片化,非洲国家经济基础薄弱,资金不足。东道国往往汇率变化大,外汇管理严格,非洲金融市场比较落后,规模小且不稳定。非洲当地的融资成本很高,部分地区的利率均超过15%。同时,非洲大多数国家的信用评级普遍较低,中非产业园区建设项目要到国际金融市场进行筹融资,其难度很大。

(3)基础设施建设薄弱

中非产业园区开发建设需要东道国公路、铁路、水电等交通运输的基础设施条件,而非洲国家基础设施建设都很落后,软硬件投资环境较差,成为制约非洲经济社会发展和工业化进程的瓶颈,也直接影响境外产业园区发展的质量和速度。软环境要素主要包括社会治安状况、法律和建设生产标准的适应性、劳动力素质、贸易便利化、关税减免政策的落实等,硬环境要素主要包括交通设施、电力供应、社会服务、建设材料供应、医疗覆盖等。非洲国家近年在基建方面的投入较大,非盟致力于推动非洲的"三网一化"建设,一些国家的交通运输基础设施得到很大改善,但要满足非洲国家经济可持续发展的需求仍须继续投入和不断完善。

(4)政策不稳定

非洲东道国的国家治理能力弱,政府部门对引进外资和产业园区发展大多缺乏长期规划和统筹协调。当境外产业园区经营面临各种问题时,东道国政府往往采取短视化应对策略而缺乏长远发展的谋略,一些政策朝令夕改,往往会改变或废止与外资企业签订的优惠协议。此外,由于一些非洲国家政治和经济命脉还会受制于西方国家,中方投资项目和产业园区建设会受到西方国家的阻挠和施压,东道国在政策制定方面缺乏自主性和独立性,与产业园区发展有关的政策也存在不稳定性,也是中非产业园区面对的主要挑战。

2. 投资管理运营方面

(1)园区投融资问题方面

境外经贸合作区开发建设需要的资金投入大要求高,而中非产业园区筹融资往往存在很大障碍和困难,国内的融资渠道不畅且融资方式单一,企业的境外投资若想从境内银行获得资金支持,只能通过境内投资主体对其增资的方式进行,且审批程序复杂,资金运作周期长,难以及时满足境外投资企业的融资需求。而中国企业要在从东道国当地银行获得贷款支持则更难。中非经贸合作区投资和收益上具有"初期投资大,直接回收慢"的特点,前期资金筹措方式单一,建设资金紧张,成为中非园区开发建设面临的重大挑战。

(2)东道国政治法律和经营环境方面

境外园区的经营者对非洲东道国的投资运营环境的认知不足,缺乏对东道国当地经济社会文化和宗教信仰等环境的深入了解和熟悉。非洲54个国家,其区域与国别在社会文化、宗教信仰和语言方面差异很大,而投资者在投资决策前往往对当地文化差异和沟通准备不足,结果在实际的运营管理和生产操作中这些问题都会凸显出来。

(3)园区管理和服务能力方面

非洲大陆环境复杂多变、社会文化多元且差异性大,对中非产业园区经营管理的要求高和挑战性强。中非产业园区的管理者往往是项目的投资者和建设者,在与东道国政府和入园企业打交道的过程中,园区管理者会因为运营和管理经验不足面临多种挑战和压力。同时,产业园区往往直接搬用国内开发区模式和管理经验,简单复制国内企业的一些做法,对园区规划设计、投资运营、招商引资、服务保障及规章制度等一概照搬,中非产业园区管理者还习惯于把国内开发区管理依靠政府政策支持和优惠条件的做法也搬用到非洲当地园区管理中,实际情况是,这些做法往往"水土不服",难以达到预期效果。

3.入园企业

(1)对非洲区域与国别的投资环境缺乏深入了解

企业"走出去"前缺少对非洲当地相关政治经济法律等方面的针对性培训,企业缺乏政治敏感度,风险意识薄弱,由于跨文化"功课"和训练准备不足,当中国企业进入非洲市场后,对于东道国关于外商投资政策、劳动用工和知识产权保护和环境保护等方面的情况不了解,也缺乏应对当地复杂风险事件和劳资矛盾与冲突的经验,往往在遇到由于中非经营环境差异性造成的问题时难以有效解决。

(2)国际化经营挑战

相对于西方国家跨国企业,中国企业进入非洲市场的时间短,国际化经营经验不足,国际化人才匮乏。尤其是面对复杂多样的非洲投资环境,企业面临经营本土化的挑战,包括管理属地化和员工本地化两个方面。大多数中国企业属于民营企业,在经营过程采取家族式集权管理方式,企业缺少属地化管理经验。一些企业大量派遣国内员工在当地进行经营和管理的做法,难以适应东道国对劳动用工方面的限制和规定。实际上多数国家制定了相关法律以保障外资企业雇佣一定比例的当地员工,一些中国企业对劳动用工和雇佣政策认识不足,甚至违反东道国的签证制度,不合法雇佣中国工人。

(3)合规经营问题

国际上对外资企业和跨国公司的投资经营行为都有严格要求和规范,要求在东道国生产经营中承担企业社会责任(CSR)和义务,企业在创造利润、对股东和员工承担法律责任的同时,也要对东道国当地环境保护、劳动用工等承担社会责任,强调合规经营。就非洲而言,由于一些东道国国家治理能力有限,法制法规不健全,对外资企业管理制度不完善,当地政府的管理制度和治理能力短时间难以适应快速发展的中非投资合作的形势。一些中资企业在非洲投资经营过程中存在着"捞一把"赚快钱的思想,一些中国企业存在急功近利、忽视东道国法规法纪,不重视环境保护,忽视当地法规和劳工权利问题,还由于不尊重当地宗教信仰和风俗习惯,引起当地社会的不满,甚至出现偷漏税、签订虚假合同、生产假冒伪劣产品、使用劣质材料等问题。企业社会责任的缺失会在一定程度上影响中国企业在非洲的形象和声誉。

三、政策思考与建议

中非共建产业园区顺应国际经济合作大势,符合双方的利益,符合中国提出的"一带一路"倡议和非盟《2063 年议程》的战略目标,为此,双方充分发挥各自优势,加强沟通和紧密合作,统筹协调,共同谋划中非产业园区未来产业发展大计,助力非洲经济可持续发展和工业化目标的实现。

1.政府管理层面

(1)促使中非产业园区提挡升级

随着"一带一路"中非产能合作的深入推进、非洲自由贸易区的启动与建设、非洲"三网一化"基础设施计划的实施,未来,中非园区合作继续受益于"一带一路"倡议。中非双方政府应立足长远,谋划大局,加强高层互动和政策协调,寻求双方需求、优势和利益的契合点,中非产业园区发展经历规模化快速增长后,面临转型升级和提质增效的挑战,由追求数量型增长方式转向质量效益型方式。中非产业园区通过投资战略调整和空间布局优化,提高园区产业集聚度和关联度,促使园区迈向产业分工明细化、特色化和专业化方向,引领中非产业园区发展进入 2.0 版时代。

(2)推动机制创新,提高行政管理效率

中非产业园区作为中国与非洲国家经贸与投资合作的新探索和先行示范,在参与非洲国家基础设施建设、吸引国际资本和促进中非产能合作以及拉动当地经济增长等方面发挥了重要作用。可见,中非产业园区在中非经贸全面合作中具有非常重要的地位和作用。然而,许多非洲国家政府机构对合作园区的管理理念、规制和机制都还不成熟,对中非产业园区的定位和战略地位存在着较大的认知差异。正是这种认知的差异导致当地政府的行政效率低,园区管理实际推进与原来计划差距大。为此,需要提高所在国政府高层对园区合作的认知和重视程度,坚持"共商共建共享"原则,增加共识和工作衔接,需要东道国成立园区协作机制,设置政府专门工作委员,作为与园区管委会对接的职能部门,负责园区合作工作的协调和服务。园区管委会加强与当地不同层级的政府交流沟通,积极落实好招商引资政策与各种配套政策,切实提高产业园区行政效率和管理水平,促进中非投资合作高质量发展。

2. 运营管理层面

(1)加强统筹规划与顶层设计

借鉴国内开发区建设树立整体观和"一盘棋"理念,重视系统设计和科学规划的有益做法,中非产业园区开发建设需要加强与东道国当地经济发展计划和城市规划的协调和衔接,谋划好园区合作的统筹协调,加强园区战略规划的顶层设计与空间布局优化布局。在园区规划方面,可以借鉴尼日利亚莱基自由贸易区和埃及泰达模式的规划先行方式,在园区的前期建设之前就考虑好园区的整体有机性与可持续性,并为后期园区2.0版升级留有发展余地。

园区开发商与运营商应当做好系统的产业定位与开发建议,一方面需要注重工业园区与周边城市发展相融合,将港口、机场等基础设施的开发与工业园区结合起来,将交通枢纽建设与具有保税物流性质的工业园区结合起来。另一方面在招商引资上需要引导"抱团式"或"产业链式"的协调发展,协助入园企业做好发展定位和产业配套,避免一哄而上和同质化竞争。

(2)为入园企业提供更完善的服务

在企业服务方面,为了让入园企业有更佳的体验,运营方应该建立园区政务服务中心,争取东道国政府相关部门如移民局、投资局、税务局等在园区内设办公室,为入园企业的项目落地提供全方位的"一站式"服务。成立医疗服务机构,为园区员工提供医疗服务,配备药具柜、病床和基本药物等,使得员工足不出户就可以享受到基本医疗服务。成立法律服务机构,聘请律师,签订法律顾问协议,为入园企业提供法律咨询服务,开展送法上门服务,为企业的最大项目决策、社会问题纠纷提供法律帮助。

3. 入园企业

(1)尊重当地法律,积极承担企业责任

中国企业做扎根非洲的企业公民,应重视跨文化管理和沟通,学习和研究东道国的法律法规,入乡随俗,理解、尊重和融入非洲东道国的社会环境。坚持正确的"义利观"和多赢的心态,处理好与政府、客户、商业伙伴和社区的关系。不断提高产品质量,改善生产条件,保护自然环境,加强与当地社区的沟通,主动参加社会公益活动,树立良好的中国企业形象。

（2）积极融入本地,实施有效的本土化经营

中资企业实施有效的本土化经营战略,在资本方面,中资企业积极开展与当地的资本和技术合作,吸引非洲资本投资,实现技术、知识的有效转移,提高产品与技术的本土化适应能力。管理者双方互相尊重、合作共事,打破单纯雇佣劳动的思想,增强非洲员工的企业认同感,真正做到融入当地就业环境重视国际人力资源开发,加强跨文化培训,树立多元文化理念,以提高本土劳动力技能和综合素质。

（3）练好内功,提高企业国际竞争力

中国企业学习借鉴欧美企业和印度、巴西企业在非洲投资兴业和本土经营经验,立足长远、深耕细作,练好内功。加强企业风险防范意识,建立健全投资风险预警机制和防控体系,提高企业自身抗风险能力。积极服务当地社会,将企业利益与东道国利益有机结合起来,实现互利共赢。发展全方位、多层次的公共关系,处理好与各社会阶层的关系。增加本土化技术研发投入和人力资源培训投入,不断提升中国企业跨文化管理能力和国际竞争力。

四、园区项目案例

（一）毛里求斯晋非经贸合作区

2006 年,中非合作论坛北京峰会宣布加强中非经贸合作的八项举措,计划与非洲共建 3—5 个经济贸易合作区,这其中就包括毛里求斯经贸合作区。2009 年,山西天利集团、山西国有企业太钢集团和山西焦煤集团合资成立山西晋非投资有限公司,成为毛里求斯经济贸易合作区的投资主体。2014 年,山西省政府变更投资主体为山西省投资集团。

该合作区位于毛里求斯首都路易港附近,距路易港市区约 3 公里,合

作区原面积为 211 公顷。路易港是毛里求斯的政治、经济、文化中心,但因西面临海,东南靠山,可开发区域有限。因此,毛里求斯政府计划新建8 座智能城市以扩建路易港,而毛里求斯晋非合作区是北扩的可选之地。晋非经贸合作区的发展充满机遇。

但由于毛里求斯面积小、人口少、资源缺乏,市场相比其他非洲国家来说较小,合作区招商面临很大的难题,2014 年入驻合作区的中资企业只有两家。为摆脱园区经营困境,2014 年后,园区明确了面向亚非欧开展国际化大招商策略,努力扩大国际化的"朋友圈",招商局面逐渐改善,一些国际知名公司陆续入驻晋非经贸合作区。

此外,晋非经贸合作区还重新规划了园区的发展路径,依托毛里求斯具有比较优势的金融业及旅游业,计划将现代服务业打造成主导产业,以金融为中心,辅之以旅游、文化、医疗、港口服务、教育等产业,并依据毛里求斯提倡的智慧城市标准规划、建设园区。2016 年 12 月,毛里求斯投资局为晋非经贸合作区颁发了智慧城市证书,表明其认可了合作区的规划调整。在毛里求斯政府发布的 2017—2018 年财政计划中,晋非经贸合作区被列为智慧城市的标杆项目。

(二)乌干达辽沈工业园

2015 年 12 月 4 日,国家主席习近平在中非合作论坛约翰内斯堡峰会开幕式上提出未来 3 年同非方重点实施的"十大合作计划"。习近平主席表示,中方将积极推进中非产业对接和产能合作,鼓励中国企业赴非洲投资,与东道国共建产业园区。乌干达总统穆塞韦尼同样提到,习近平主席提出的中非"十大合作计划",为乌干达实现国家转型和中长期发展提供了新机遇。2018 年中非合作论坛北京峰会于 9 月 3 日至 4 日举行,与中国建交的 53 个非洲国家以及非洲联盟委员会的领导人齐聚北京,共同商讨中国与非洲的共同发展。整个非洲大陆都在提倡促进工业化发展,兴建工业园,这是非洲未来发展的希望。

乌干达是东非共同体成员之一,位于共同体的中心。近年来,乌干达政府致力于改革,明确工业化为实现经济可持续发展的重要途径,预计开发 2 个工业合作园区,并给予园区一定的政策支持如税收优惠等。而辽宁作为中国的制造业和加工业大省,与乌干达建立合作有着显著的优势。

2015年12月,乌干达辽沈工业园正式奠基。园区建成后,充分结合当地市场需求,引进合适的产业。乌干达土壤肥沃,气候十分适合种植农作物,因此前期园区多开展农产品加工项目。此外,园区为配合乌干达加快工业化发展进程的目标,利用当地的区位、物产、土地优势,以及东非共同体的政策优势,积极发展电器制造、医药及配套、轻工业商品生产等项目。

园区内企业生产多采用当地原材料,运用现代化工艺,投入高科技设备,生产的产品不仅能满足本地市场的需求,打造相关产业,还能出口到国外市场,增加乌干达的外汇收入。此外,园区的建设带来了大量的就业机会,入园企业雇佣当地劳动力,可吸纳当地劳工超15000人,提高当地居民的收入。

乌干达辽沈工业园积极推进境外经贸合作区建设,实现了企业"走出去"过程中由单一项目向园区化的转变,乌干达辽沈工业园已经成为辽宁省"省级工业园"。园区历经了从无到有、从小到大、从散到聚、从弱到强的创业及发展历程,园区基础设施日臻完善、产业水平不断提升,即将成为乌干达服务优质、环境优美、产业集聚、特色鲜明、规模宏伟的现代化工业园区。截至目前,共开发建设一期逾2.6平方公里。建设初期,已经取得了较好的经济和社会效益。引进企业9家,投产企业3家,未来将逐步形成机械机电、建筑陶瓷、医药化工、纺织服装、科技光电、家电制造、食品深加工七大支柱产业。

(三)埃塞俄比亚华坚国际轻工业园

华坚国际轻工业园是由华坚集团与埃塞俄比亚共建的产业园区,位于埃塞俄比亚首都亚的斯亚贝巴Labu Lafto区,是中国在埃塞俄比亚投资建设的唯一位于首都的产业园区。2015年4月,总投资10亿美元的华坚国际轻工业园开工建设,预计2020年建成,建成后可带动当地超过3万劳动力就业,创造外汇收入超20亿美元。

华坚集团是中国最大的女鞋制造商之一,在接手季马工业园之前已有多年在埃的经营经验,并且在埃工厂每年出口500万双鞋至欧美市场,年产值超 3000 万美元。

埃塞俄比亚是非洲的人口大国,劳动力资源丰富,且盛产皮革,但工业发展水平有限,加工能力待提高。其资源优势能够满足服装业、鞋业工厂的发展需求,而服装业、鞋业的发展又能带来大量的就业机会,降低埃塞俄比亚的失业率,提高当地居民收入,创造外汇收入。因此发展服饰类的轻工业能帮助企业与国家达成双赢。

结合埃塞俄比亚的资源优势及华坚集团的在埃经营经验,华坚集团对产业园区的定位为以轻工业制造为主,以"科技、文明、高效、环保、和谐"为主题,拥有商贸、加工出口、服务等功能的智慧园区。

虽然有来自埃塞俄比亚与中方的政策支持和经验丰富的主管企业,华坚国际轻工业园在建设发展过程中仍面临众多的困难和挑战。首先,尽管埃塞俄比亚已经在基础设施建设中投入了大量的资金,但其基建水平依然较低,限制了园区的发展,如水电供应不足影响了园区的生产,道路不畅影响了园区的运输效率及运输成本。其次,劳动力素质较低,缺乏熟练工,技术人才匮乏,也会在很大程度上影响产能。此外,由于该轻工业园由民企自主建设,园区企业获得国内政策性投入和银企的金融投资难度较大。

依托"一带一路"倡议,华坚国际轻工业园区能享受更优惠的政策和更庞大的市场。带着对"一带一路"倡议的信心和期待,华坚集团积极面对各种挑战。华坚集团处于行业领先地位,拥有稳定的客户群体、健康的财务体系和优秀的人才队伍,可以充分利用埃塞俄比亚的生产要素成本优势。为解决劳动力素质低下的难题,华坚集团不仅积极引进高层次人才,而且计划与当地院校合作,通过联合办学、学生交流、定点培养等方式培养一批掌握当地语言的专业人才,为园区企业提供服务。为解决融资难问题,华坚集团积极争取与金融机构的紧密合作,拓展融资方式,创新融资途径,并与金融机构探讨差异化的融资政策,为园区企业摆脱融资困境。

2016 年,华坚国际轻工业园被列为"一带一路"重点项目,该轻工业园的建设能够助力中国企业"走出去",成为中国与非洲国际产能合作的新平台。

专题三　中非基础设施互联互通建设与合作

众所周知,一国经济振兴最重要的就是基础设施建设。非洲地区的道路、桥梁、机场、电力、通信和饮水等基础设施十分落后,已经成为制约非洲经济发展和实现工业化道路的瓶颈。因此,大力兴建基础设施,实现交通基础的互联互通已成为非洲国家经济振兴的首要任务。近年来,随着"一带一路"建设和国际产能合作的推进,中国与非洲各国在经贸、产能、民生等各方面的合作关系也越来越密切,中非基础设施互联互通建设是其中最重要的领域之一。中非基础设施互联互通既是实现非洲联盟《2063 年议程》和非洲基础设施发展规划的切实需要,也是中国"一带一路"合作的坚实基石。2014 年,李克强总理针对中非合作,提出建设非洲"三网一化",即高速公路网、高速铁路网、区域航空网以及工业化。2018年中非合作论坛北京峰会明确提出中非合作重点实施"八大行动","实施设施联通行动"就是其中重要行动计划之一,鼓励并支持中国企业"走出去"并积极参与建设非洲基础设施项目。

一、非洲基础设施建设现状及市场需求

《1994 年世界发展报告:为发展提供基础设施》中将基础设施定义为经济基础设施建设,是指为社会生产和居民生活提供公共服务的物质工程设施和保证国家或地区社会经济活动正常进行的公共服务系统,包括交通、邮电、供水供电、商业服务、科研与技术服务、园林绿化、环境保护、文化教育、卫生事业等。

基础设施建设不仅关乎非洲的基本发展目标,也关乎改善市场投资条件,而跨国跨区域基础设施更是解决非洲市场单一狭小及单个国家资源制约因素方面的重要问题。

(一)非洲基础设施建设项目

1. 交通设施建设项目

"非洲基础设施发展计划"中的交通基础设施建设主要有:(1)泛非

公路网规划,于 2010 年提出,设计公路里程 56683 公里,拟由非盟、非经委、非洲开发银行和各地区协会组织共同开发,包括"三纵六横"("三纵"指 TAH2 阿尔及尔—拉各斯,TAH3 黎波里—开普敦,TAH4 开罗—开普敦;"六横"指 TAH1 达喀尔—开罗,TAH5 达喀尔—恩贾梅纳,TAH6 恩贾梅纳—吉布提,TAH7 达喀尔—拉各斯,TAH8 拉各斯—蒙巴萨,TAH9 洛比托—贝拉)共 9 条跨国公路,在各国现有公路基础上实现所有国家的互联互通。(2)南北交通走廊计划,由东南非共同市场、南部非洲发展共同体和东非共同体于 2011 年联合提出,共分为铁路网和公路网两个部分。其中,铁路网将在现有铁路基础上形成"两纵四横"("两纵"指达累斯萨拉姆走廊和南北走廊;"四横"指卢萨卡—利隆圭线,卢萨卡—哈拉雷线,布拉瓦约—奎鲁线,马哈拉佩—彼得斯堡线)的铁路网,将非洲资源丰富地区、主要经济中心、重要港口连接起来。公路网则计划形成"两纵三横"("两纵"指达累斯萨拉姆—德班,姆贝亚—德班;"三横"指卢萨卡—利隆圭,卢萨卡—哈拉雷,弗朗西斯敦—马斯温戈)的网状布局。(3)达喀尔—吉布提铁路公路项目是纵贯非洲法语区的铁路网,也是横跨大陆铁路网规划中一条里程最长、造价最高的跨国铁路。(4)东非铁路网计划,由东非共同体以及埃塞俄比亚、苏丹于 2010 年提出,拟在该地区建设 10 余条铁路,改善东非地区各国间交通运输窘况,形成覆盖东非大部分国家的现代铁路网。

2. 通信设施建设项目

信息和通信基础设施计划的目的是通过光缆实现所有非洲国家的网络连接,并使非洲各国通过海底光缆与世界其他地方相连,从而最终帮助非洲跨越"数字鸿沟"。近年来,非洲建成或在建的主要电信光缆项目包括东非海底光缆系统(TEAMS)、东南非洲海底光缆项目(SEACOM)、GLO-1 海底通信光缆系统、东部非洲海底通信系统(EASSy)、MainOne 海底光缆系统、西非海岸至欧洲光缆系统(ACE)和西部非洲海底光缆系统(WACS)。在这些主干线的带动下,区域内部网络也在日益完善,比如南非两大电信公司 Neotel 和 MTN 联合投资铺设的连接南非国内主要城市的长达 5000 公里的光纤骨干网络、塞舌尔电缆系统公司负责建设的塞舌尔东非系统等。

3. 能源电力建设项目

非洲开发以各区域电力联合体为主要依托机构,包括非洲联盟成立的"非洲能源委员会"、马格里布电力委员会、南部非洲电力联营体、中部非洲电力联营体和东部非洲电力联营体等,以实现区域内电力互补和供应多元化。在能源建设方面,主要是对原有电源、电网的改造和建设新的跨国跨区域电力基础设施,具体有:

改造项目,主要是"地中海东南电网改造工程"和"撒哈拉以南非洲电网改造工程"。其中"地中海东南电网改造工程"包括:(1)2010—2015 年将利比亚—埃及的双回路 220 千伏线路增加至 400 千伏线路。(2)将埃及—约旦 400 千伏海底电缆增容为 100 千瓦。(3)黎巴嫩和叙利亚互联线路扩容工程。(4)叙利亚—埃及 400 千伏线路输送容量增加工程。埃及到摩洛哥互联线路的改造工程(ELTAM 工程)等。"撒哈拉以南非洲电网改造工程"包括:(1)民主刚果—赞比亚互联线路改造工程。(2)马拉维—莫桑比克互联线路工程,将建设 400 千伏输电线路。(3)赞比亚—坦桑尼亚—肯尼亚互联线路工程。(4)建设津巴布韦—博茨瓦纳—南非的第 2 条 400 千伏线路,输送容量增加到 650 千伏。(5)建设莫桑比克—津巴布韦的第 2 条 400 千伏线路。(6)建设赞比亚—纳米比亚 200 千伏互联线路。

开发项目,包括:(1)"南部非洲电网联网工程",目的是利用刚果(金)印加河和安哥拉盆地丰富的水电资源,建设 350 万千瓦的印加第三水电站和 2 条 400 千伏高压直流外送输电线路,实现南部非洲国家的电网互联。(2)"西部非洲电网计划",由西非电力联合体 1999 年 12 月提出,计划到 2020 年建成 5600 公里长的电缆,将所有西非国家连接起来,实现年输送电力 10000 兆瓦的目标。(3)西非"海岸传输骨干网",目标是到 2020 年显著提高从加纳西部的普雷斯特阿变电站到尼日利亚拉各斯的伊凯贾西变电站的跨境电力传输能力。(4)马格里布电力委员会成员国的电网联通及建造同欧洲相连的南部地中海电力环网。(5)西北非天然气项目,修建一条从尼日利亚经尼日尔至阿尔及利亚的全长 4400 公里的天然气管道。

4. 水资源基础设施建设

世界卫生组织、联合国秘书长与卫生顾问委员会、水供应和卫生合作委员会、非洲开发银行、非洲水资源部长理事会等组织极为关注非洲这一重要问题,出台了很多措施计划来建设水资源基础设施,以改善非洲人民的供水及卫生用水问题,主要计划有"德班宣言和行动计划""非洲水设施计划""桑行动计划"等。联合国国际小水电中心(ICSHP),在多双边合作方面,与60多个国家建立了水电规划、建设、投资的长期合作关系,积极参与国际水电协会等国际水电组织的重大活动,组织召开今日水电论坛等一系列重要会议,与世界各国共同分享中国水利水电发展的经验和智慧。在技术援助方面,积极发挥中国水利水电的技术优势,在全球100多个国家和地区承担了流域规划、水电站设计、施工建设、机组安装等任务,在非洲开展小水电"点亮非洲"行动,对外援建了赞比亚西瓦安度小水电站、几内亚凯乐塔水电站等一批水利水电项目。在人才培训方面,先后举办200余期小水电开发、流域规划等国际培训班,来自非洲、亚洲、拉丁美洲的数千名技术人员参加了相关培训活动。

另外,2016年大自然保护协会发布的"撒哈拉以南非洲的城市水蓝图"中,指出水基金(由大自然保护协会于2002年设立)是一种有效解决方案,即下游水用户直接或间接地补偿上游缔约方为支付人提供水利益的活动。从南美到东非,越来越多的公共和私营部门的受益者联合投资于水资源基金(The Nature Conservancy)。水基金建立了一个财政和治理机制,将资金科学、有针对性地用于流域保护。

(二)非洲基础设施建设现状评价

尽管近些年非洲极为重视基础设施的建设,基础设施建设得到了显著改善,但相较于其他国家仍比较薄弱,具体表现为以下几点。

1. 基础设施建设滞后

世界经济论坛《全球竞争力报告2018》对非洲国家基础设施指数排名显示,非洲大多数国家通信、交通等基础设施总体排名在第70—100位,排名全球100位之后的国家有19个,且细分为公路(15个)、铁路(13个)、港口(18个)、航空(20个)、电力(24个)、电话(25个)、互联网(24个)等,反映出非洲基础设施严重滞后。

交通方面,截至2016年,非洲大陆铁路总里程约8.9万公里,仅为世界铁路总里程(105万公里)的8%;公路里程约264万公里,并且大多质量不佳且运费昂贵;以2017年货物吞吐量超过1000万吨为标准,非洲共有29个港口,其中有15个港口集装箱吞吐量超过50万国际标准箱,总体具有一定规模,但存在专业化低、管理能力差等情况。电力方面,2014年撒哈拉以南非洲地区人均耗电量为484千瓦时,仅是世界人均耗电量(3130.71千瓦时)的15.46%;48个国家总共拥有输电线路不及巴西一国输电线路总长度。供水方面,尽管非洲水资源丰富,但因开发能力不足,大部分国家面临着严重的水短缺问题,而且水资源处理设施的不完善,使得饮用水卫生问题也成为一大问题,非洲人均每天用水量(20升)不足联合国提出的最低标准值(50升)的一半,接近一半的非洲国家饮用水供应率不到50%,很多地区饮水卫生不达标。通信方面,近年来非洲通信发展迅速,固定电话用户达7.8亿人,占比达76%,互联网连接率增长到22%,固定宽带用户有600万人,但与全球相比仍有较大差距。据国际电信联盟统计,截至2018年年底,非洲人民互联网使用率仅为24.4%,而发展中国家也平均达到45.3%,发达国家甚至达到了80.9%。

2.非洲基础设施融资缺口大,建设项目少

截至2018年6月,非洲70%的项目(共339项)集中在5000万—5亿美元最低项目金额区间;而100亿美元以上的项目仅有14项,占比不到3%,反映出非洲地区特大型项目面临融资、交付等诸多挑战;且仅有10%的项目能够得到非洲开发金融机构的资助。

中国为非洲五分之一的基础设施建设项目出资,但融资依然面临巨大缺口。非洲开发银行《非洲经济展望》估算,非洲的基础设施需求每年达1300亿—1700亿美元,存在68亿—1080亿美元缺口。从行业融资情况来看,能源和通信技术行业融资增长显著;饮水及卫生设施建设项目资金缺口最大,近三年年均融资承诺仅130亿美元,实际需求高达560亿—660亿美元[①]。从融资规模来看,2017年非洲基础设施融资总额达到816亿美元,较上年增长22%,而全球基础设施投资额达到9160亿美元,非洲

---

① 《2018年非洲基础设施融资趋势报告》。

占比较低,仅为8.9%。然而,多数非洲国家政府对基础设施投资不足,表现为固定资本形成总额占 GDP 比例低于30%。

3.基础设施技术水平低,运营管理能力弱

非洲基础设施建设和管理对国外公司的依赖度高,设施建设的装备设备几乎完全依赖进口,大多数国家的工程项目设计开发能力、建设能力不足,同时,对项目的运营管理水平较低,还受制于东道国本土化技术人才和管理人才缺乏等因素。

(三)非洲基础设施市场需求和发展潜力

1.基础设施市场需求分析

2017 年非洲建筑行业门户网站调查显示,四大基础设施建设在非洲的需求程度依次是水基础设施、能源基础设施、运输基础设施和住房基础设施。根据世界银行《国家发展指数》(见表6-2),2018 年撒哈拉以南非洲城市人口使用基本饮用水服务占比为84.1%,在世界各地区指数中最低,接近低收入国家水平(82.8%),农村基本饮水使用情况则更糟,仅为45.7%。实际上非洲很多国家拥有丰富的水力资源,如埃塞俄比亚、刚果(金)、尼日利亚、坦桑尼亚等,但因开发能力不足且水资源处理设施不完善,使得饮用水量严重缺乏,市场需求旺盛,合作空间广大。通信设备使用方面,撒哈拉以南非洲依旧是指数最低的地区,2018 年固定电话和移动电话每百人使用数分别仅为 0.8 和77.4,反映出通信设备基础设施的市场需求空间巨大。

表6-2 2018 年世界各地区水资源和通信设施指数

地区	至少使用基本饮用水服务的人		电话获得和使用	
	城市 (城市人口百分比)	农村 (农村人口百分比)	固定电话 (每百人使用数)	移动电话 (每百人使用数)
东亚及太平洋	97.5	85.9	15.2	121.5
欧洲和中亚	98.9	96.6	34.2	125.3
拉丁美洲及加勒比海	99.2	87.3	16.4	102.6
中东与北非	97.0	87.3	16.0	110.5

续表

地区	至少使用基本饮用水服务的人		电话获得和使用	
	城市 （城市人口百分比）	农村 （农村人口百分比）	固定电话 （每百人使用数）	移动电话 （每百人使用数）
北美洲	99.8	97.2	35.9	120.2
南亚	95.9	90.5	1.6	86.8
撒哈拉以南非洲	84.1	45.7	0.8	77.4
低收入	82.8	45.5	1.0	61.4
中等低收入	94.2	84.9	2.7	94.5
中等高收入	98.2	88.1	14.3	116.4
高收入	99.8	98.7	39.8	126.0
世界	96.4	81.1	12.7	104.9

数据来源：根据世界银行《国家发展指数》整理所得。

　　交通运输方面，中东和北非地区的铁路总里程数最低仅 30201 公里，其次是撒哈拉以南非洲（59634 公里），而世界中等低收入地区都达到 150972 公里；航空运输方面的指数显示，撒哈拉以南非洲最低，2018 年全球登记离港航班次（788 千次）和 2018 年航空运送旅客人数（63071 千人）明显低于世界其他地区（见表6-3）。

表6-3　世界各地区铁路和航运指数

地区	2017 年铁路 （总公里）	2018 年全球登记 离港航班（千次）	2018 年航空运送 旅客人数（千人）
东亚及太平洋	122156	10253	1363172
欧洲和中亚	377384	8485	1082810
拉丁美洲及加勒比海	102460	2819	292832
中东与北非	30201	1788	263132
北美洲	280349	11355	978402
南亚	79583	1513	189225
撒哈拉以南非洲	59634	788	63071
低收入	18879	348	22950
中等低收入	150972	3792	454264

续表

地区	2017 年铁路 （总公里）	2018 年全球登记 离港航班(千次)	2018 年航空运送 旅客人数(千人)
中等高收入	351313	10647	1313149
高收入	530604	22213	2442282
世界	1051768	37000	4232645

数据来源:根据世界银行《国家发展指数》整理所得。

电力供应方面,非洲有些地区的电站建于 20 世纪七八十年代,故障频发导致每天限电的时间过长,有时甚至长达 18 小时,对医院、电信、学校、供水等部门供电无法保障。有限的电力供应和频繁的停电严重制约非洲的经济发展,很多非洲国家表示急需大型水利水电项目以满足供电需求。此外,非洲大部分地区为经济落后的农村区域,基础设施薄弱、产业技术水平和管理水平低,分散式的小水电投资也具有广阔前景。

2. 宏观经济环境

国际货币基金组织(IMF)在 2019 年 10 月发布的《世界经济展望报告》中,对 2019—2020 年的世界经济增速均作出下调;将 2019 年的世界经济增速下调至 3.0%,是自 2008 年全球金融危机以来世界经济增速的最低水平;将 2020 年的世界经济增速调至 3.4%,相比 4 月预测下调 0.2个百分点。国际货币基金组织预计 2019—2020 年发达经济体的经济增速将放缓至 1.7%,相比较而言,发展中经济体和新兴市场增长率为4.6%和 3.9%。

在全球经济疲软的背景下,近十年以来,非洲渐渐成为全球经济增速最快的地区之一,更被视为全球经济增长新的一极。根据世界银行 2019年 6 月发布的《全球经济展望》中的数据,2019—2021 年平均增长率在7%以上的国家有 13 个,其中非洲地区就有 4 个国家,分别是埃塞俄比亚(8.1%)、卢旺达(7.8%)、吉布提(7.5%)、科特迪瓦(7.3%);平均增速在 6%以上的国家有 25 个,非洲国家有 13 个,占比 50%以上。随着需求的增长和石油产量的增加,撒哈拉以南非洲地区(SSA)经济开始复苏,增长率从 2018 年的 2.5%到 2019 年的 2.9%,预计 2020 年该地区增速加快至 3.3%①。从预测数据可以看出,外部环境较之前更加有利,虽然不确定因素依然存在,但非洲地区市场前景看好,发展潜力巨大。

3. 非洲自然资源禀赋

非洲很多国家拥有大量丰富的矿产资源,例如铜、锌、铁、黄金、钻石等,又是天然气、石油等能源在国际贸易市场的持续供应者,并且尚存在巨大的开发利用空间。此外,非洲部分地区水资源也较为丰富,依托区位优势进行水利水电开发,可缓解电力供应不足和内陆缺水问题;非洲日照充足,太阳能开发利用,属于清洁可再生能源,其发展潜力无穷,可满足市场需求,促进经济增长。

二、中非基础设施合作现状及合作机制

在"一带一路"建设和中非合作论坛的推动下,中非合作日益紧密,中非基础设施合作更是如火如荼。党的十八大以来,中国企业积极参与非洲"三网一化"建设,中国技术和标准走进非洲,达成了多项中非基础设施建设合作项目,为中非合作的深入发展打下了基础。

(一)中非基础设施合作现状

1. 投资规模现状

2010—2018 年间,中国对非洲直接投资流量从 2010 年的 21.12 亿美元波动性上升至 2018 年的 53.89 亿美元,直接投资存量从 130.42 亿美元增加至 461.04 亿美元②,如图 6-1 所示。中国对非洲基础设施投资,2017 年达到 194 亿美元③,2018 年融资承诺高于此前三年间平均水平65%④,并且大部分资金流向公路、铁路、港口运输和水力发电等基础设施建设领域。2018 年,对非洲承包工程完成营业额 4883888 万美元,派出 57436 人,年末在非人数 137353 人;对非劳务合作派出 23266 人,年末

---

① 数据来源:World Bank Group,Global Economic Prospects,June 2019。

② 数据来源:根据《2018 年度中国对外直接投资统计公报》整理所得,索马里和斯威士兰因数据缺失未统计在内。

③ 数据来源:根据《非洲基础设施融资趋势 2017》整理所得。

④ https://finance.sina.com.cn/roll/2019-11-20-doc-iihnzahi2096797.shtml。

在非人数 63705 人①。

截至 2018 年 6 月,中国在非洲设立的各类企业超过了 3700 家,中国企业出资的非洲基建项目 91 个,占比 18.9%,接近五分之一;作为非洲基建项目的主要承建方,中国总共负责建设了 160 个项目,相比 2017 年(85 项)增加了 33%,并且集中于运输基础设施建设。这些中非合作建设项目将帮助非洲新增和完善诸多基础设施,高速公路和铁路总里程分别达到 3 万公里和 2000 公里,港口吞吐量 8500 万吨/年;输变电线路长度超过 3 万公里,发电量达 2 万兆瓦;净水处理能力达到 900 万吨/日②。

(单位:亿美元)

图 6-1　2010—2018 年中国对非洲直接投资趋势

2. 中非各类基础设施合作项目

(1)交通运输方面

中国企业在非洲承建了许多铁路工程,代表性的有蒙内铁路、内马铁路、亚吉铁路和本格拉铁路,成为东非地区陆港联运大动脉,打通了东非与其他地区及国际联系的铁路通道;尼日利亚现代化铁路和沿海铁路实现了尼日利亚乃至西非地区的互联互通;公路方面,刚果(布)国家 1 号、

---

① 数据来源:《中国统计年鉴 2019》,根据"表 11-22　按国别(地区)分对外经济合作(2018 年)"整理所得。

② 数据来源:http://www.nbd.com.cn/articles/2018-09-03/1251687.html。

2 号公路由西向东贯穿刚果（布）南部地区，被誉为刚果（布）的"梦想之路"。此外，亚的斯亚贝巴—阿达玛高速路、内罗毕—锡卡高速公路等改善了当地的公路运输状况，促进了当地经济的发展。

以中国铁建股份有限公司（以下简称"中国铁建"）为例，在非洲铁路建设中发挥了重大作用，非洲的市场份额已经占到其公司总份额的 70% 以上。早在 1970 年，中国铁建中土集团就承建了坦赞铁路，实现了在非洲的长期扎根发展。

通过长期扎根非洲积累的优势，中国铁建深入推进以尼日利亚、阿尔及利亚、东非地区为代表的成熟支柱市场建设，承建了尼日利亚的拉各斯轻轨、尼铁现代化、阿布贾城铁、埃塞俄比亚的埃塞米艾索—达瓦利铁路、阿尔及利亚的阿尔及利亚东西高速路、贝佳亚至哈尼夫连接线高速公路等项目。其中阿卡铁路是中国铁建承接的尼日利亚铁路现代化项目分段实施的第一段，此后陆续签署实施了阿布贾—卡杜纳段、拉各斯—伊巴丹段、卡杜纳—卡诺段；2018 年 5 月签署的伊卡铁路（伊巴丹—卡杜纳），即该项目最后一段，标志着曾打破中国海外工程合同额纪录的尼铁现代化项目全面落地。中国铁建依托优势资源，塑造主业优势等有效措施，以埃塞俄比亚—吉布提地区为代表的支柱市场迅速崛起，并初具规模。2016 年 10 月，中国铁建中土集团施建的完全采用中国标准、中国装备的非洲第一条跨国电气化铁路——亚吉铁路（亚的斯亚贝巴—吉布提）正式通车，连接东非腹地及沿海港口，有效缓解了当地的物流瓶颈，促进埃塞俄比亚产品流向全球市场，铁路终点距中国海外唯一军事基地——吉布提保障基地仅 2 公里，对东非具有战略性意义。

此外，借助大型项目的签署，中国铁建力求孕育新的市场。在南部非洲领域，中国铁建承建的大型项目本格拉铁路于 2015 年通车，也是中国企业在海外修建的最长铁路；2015 年 4 月中国铁建再次拓展北非市场，与埃及国家铁路公司签约负责埃及国家铁路网轨道更新，合同金额 6 亿美元。

除了开拓新市场，中国铁建在深耕地区以突破寻发展。2019 年 8 月，中国铁建与坦桑尼亚国家公路局签约承建布西西跨湖大桥，位于坦桑尼亚北部姆万扎省。这将是非洲第一长桥,也将是中国铁建深耕坦桑尼亚38年的突破性建设,全长3200米的特大桥及1660米引桥,建成后超过百万居民受益,将大大提升维多利亚湖畔区的居民生活质量及经济发展。

(2)水利电力方面

中国企业在非洲大量承建水利电力设施,主要集中在西非,其次是东非和南非。吉布洛水电站,位于西非贯穿赤道几内亚境内的维勒河,2011年10月竣工投产后满足了赤道几内亚大陆境内90%以上的用电需要,通过巴塔电网的实施,推动了赤道几内亚全境工业和农业的发展,赤道几内亚成为实现基础设施大踏步改善的非洲国家之一。凯乐塔水电站,位于孔库雷河流域,距离几内亚首都科纳克里约120公里,2015年8月建成发电,拥有三台涡轮机组,装机容量24万千瓦。苏布雷水电站,位于科特迪瓦萨桑德拉河上纳瓦瀑布,2017年11月完工投产,总投资5.72亿美元,装机容量27.5万千瓦,预计年发电量1190千兆瓦时,被誉为科特迪瓦的"灯塔"工程。中国企业在西非承建的主要水电项目还有加纳布维水电站、马里古伊那水电站以及预计2021年建成发电的宗格鲁水电站。

在东非,埃塞俄比亚被称为"东非水塔",拥有丰富的水资源,但长期以来受电力匮乏困扰。中国企业依托埃塞俄比亚丰富的水资源,先后建设完成了特克泽水电站(2002—2010年)、吉布 III 水电站(2011—2016年)、复兴大坝(2011—2018年),使埃塞俄比亚彻底告别了缺电时代,并且从"东非水塔"变为"东非电塔"。此外,麦洛维水电站,位于尼罗河干流,2009年建成完工,被誉为苏丹的"三峡工程",对苏丹的经济、社会发展具有重大的战略意义。卡鲁玛水电站,位于乌干达北部白尼罗河上,由中国水电八局承建,于2013年开工,设计装机容量60万千瓦,是乌干达最大的水电站;此外,中国三峡在乌干达也正在建设伊辛巴水电站及输变电线路工程,将会是乌干达第三大水电站。

在南非,依托赞比亚和津巴布韦两国边界河——赞比西河资源,中国水电建设集团在河两岸先后承建了卡里巴北岸水电站(2008—2014年)和卡里巴南岸水电站(2014—2018年)。2017年8月,中国葛洲坝集团承建卡库洛卡巴萨水电站项目,位于安哥拉的宽扎河,装机容量达 217.2 万千瓦。

此外,考虑到小水电开发模式可以更好地适应非洲广阔的农村地区基础设施薄弱、产业技术水平和管理水平低的特点,2012 年,中国商务部、水利部和联合国工发组织及国际小水电中心共同实施"点亮非洲"项目,在 10 个非洲国家边远农村建设 100 个村级水电站,为非洲农村提供电力。

(3)网络及通信方面

中国企业正逐步带领非洲走向"信息高速路",中非合作的通信基础设施建设项目主要有安哥拉光缆骨干网、城域网和赞比亚广电网络、喀麦隆国家电信骨干网、刚果(布)全国电信覆盖网等。在非洲海陆光缆建设方面,中国电信投资总额约 5000 万美元,负责尼日利亚、埃及、肯尼亚、南非等骨干传输和业务节点建设,推动非洲信息化进程。目前承建和运营项目包括:马拉维国家光缆骨干项目、加蓬世行骨干网项目、刚果(金)国家光缆骨干网项目(2 期)、坦桑尼亚国家光缆骨干网项目(3 期)等。中国电信还发起并联合多家非洲运营商及通信规管部门,提出"八纵八横、三环一关",旨在规划建设多条纵向和横向跨越非洲的陆地光缆,覆盖 48 个非洲国家,连通 82 个大型城市,全长 15 万公里[①]。另外,华为为非洲实现无线基站过半,LTE 高速移动宽带网络超过 70%,以及超过 5 万公里的通信光纤。中兴协助规划建设覆盖南非全境的 1900 公里光纤网络,其产品和服务遍布 54 个非洲国家。浪潮为尼日利亚、南非、坦桑尼亚等非洲多国在医疗、教育、金融等行业提供云计算产品。

传音控股公司自 2006 年成立便瞄准非洲市场,创建自己的品牌,布局长期战略;2008 年打造专属品牌,推出旗下两大品牌 TECNO、itel;2009 年产品本土化,推出了商务手机、音乐手机等多款手机,并成立了售后服务品牌 Carlcare,迎合当地消费者的需求,市场份额得到提高;随着智能手机的出现和发展,传音手机 2012 年紧跟市场趋势,针对非洲不同消费群

---

① 数据来源:http://www.fzwzw.cn/news-103288.html。

体开发不同的智能机品牌;从 2016 年开始从东西非市场向乌干达、埃及等北非扩张;2018 年传音手机销售 1.2 亿部,占据非洲手机市场整体销售量的 48.7%。

(4)供水基础设施

中国为非洲建设的大型饮水项目,早期有位于尼日利亚的达丁科瓦水厂,距离州政府约 36 公里,从达丁科瓦大坝上游取水,经过水处理后送进州首府城外的加压泵站及高低位水池,向城内直接供水。项目完成移交后,中国还负责水厂的整体运营技术管理工作。此前,当地人饮水需要到几十公里之外的水源地取水,面临取水路程远、饮水污染、水质差等问题,该项目完成不仅有效解决取水难的问题,经过处理的水,极大地减少了水污染对当地居民身体健康的危害。

中国三峡集团负责建设多项供水项目,例如上阿特巴拉水利枢纽项目,使苏丹近 1/3 的人口直接受益,主要用以解决饮用供水和灌溉,同时兼顾发电;2017 年 6 月竣工的毛里求斯巴加泰勒大坝,受益区域覆盖毛里求斯约 20% 的面积,全国 30% 的人口受益,有效缓解了该国淡水短缺问题。

2017 年 7 月,中国土木工程集团东非公司承建的坦桑尼亚第二大城市供水项目顺利竣工并移交,将解决当地近 10 万人的卫生饮用水问题。2017 年 11 月,完成签约的塞内加尔吉耶尔湖供水项目第 5 标段建设工程。2019 年 9 月,在中国的资金支持与推动下,中国葛洲坝集团有限公司承建埃塞俄比亚一项价值 2.7 亿美元的大型供水项目,该项目建成后预计每天将提供 124300 立方米的清洁水,以满足埃塞俄比亚北部提格雷州首府麦克尔市约 40 万居民的用水需求,同时还将为当地工业、农业和畜牧业发展提供用水。

埃塞俄比亚—吉布提跨境供水项目是一项非洲跨境水资源开发合作地的经典案例。该项目是从埃塞俄比亚的 Kulen Valley 地区水源地向吉布提长距离供水的工程,是由埃塞俄比亚、吉布提及中国三方政府共同合作推进的东非区域内互联互通项目。

吉布提地处非洲东北部,亚丁湾西岸,受自然气候和地理环境影响,淡水资源十分匮乏。供水匮乏问题直接影响了吉布提人民生活水平的改善,制约了吉布提经济社会的发展。而吉布提与邻国埃塞俄比亚关系友好,埃塞俄比亚境内河流、湖泊较多,水资源相对丰富,有"东非水塔"之称。从埃塞俄比亚跨境引水不仅造价低,还能使沿途百姓受益。

2013年1月,吉布提与埃塞俄比亚两国政府签署协议,一致同意实施跨境引水项目。2013年2月3日,吉布提政府与中地海外集团公司签订EPC合同,确定中地海外集团作为项目的总承包商;2013年9月11日,中、吉签署项目贷款协议,中国进出口银行提供优惠买方信贷。2017年6月30日,项目完成并正式向业主方移交。中地海外集团历经两年多时间,建成数十口水源井和蓄水池,沿途铺设供水管道380公里,实现了从埃塞俄比亚水源地输送至吉布提港口的供水,为吉布提5个主要城镇每天提供10万立方米的优质饮用水,直接受益约75万人。项目有效地缓解了吉布提供水资源不足问题,对促进吉布提经济发展和社会稳定发挥了积极作用。该项目还作为吉布提、埃塞俄比亚和中国三方政府联合打造的非洲首个重要区域跨境供水项目,促进了中国、吉布提和埃塞俄比亚三方的交流与合作,也是中非合作更加开放、灵活、务实的体现。

(二)中非基础设施合作机制

中非基础设施合作机制是以双方顶层战略一致性为基础,在各自战略规划指导下达成融资合作;通过融资合作机制为基础设施项目筹建提供必要资金保障,同时项目建设过程中的技术和管理合作机制不仅有效保障项目的建设和运营,也为非洲自主发展提供内生动力(见图6-2)。

1. 战略一致性

中非基础设施合作是基于"一带一路"目标、非洲联盟《2063年议程》以及非洲基础设施发展规划的战略指导,中非双方在战略上具有一致性。《2063年议程》中指出的非洲亟须改变的地方,与中国为实现"一带一路"目标需要作出努力的地方相契合。基础设施薄弱一直制约着非洲国家的发展,中国在总结自身发展经验的基础上,本着非洲自主发展、可持续发展的原则,力求帮助非洲实现基础设施快速发展,从而带动其经济增长。同时,中国企业在国内也面临着产能过剩、内需不足的情况,需要在"一带一路"倡议指导下,实现"走出去"的跨越发展。

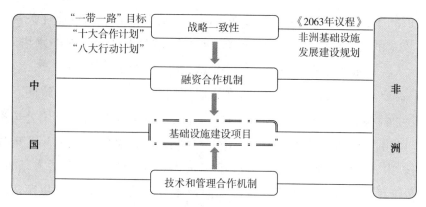

图 6-2　中非基础设施合作机制

2.融资合作机制

基础设施建设具有投资金额和规模大、回收周期较长的特点以及公共物品的属性,加之非洲经济发展相对落后、政府财力薄弱,因此融资成为一大难题。以往,很多中国承建的非洲基础设施项目都是以政府低息贷款或者是优惠贷款方式进行,但是这种方式并不是长久之计,可持续的应该是通过这种商业可回收的模式进行市场化的运作投资,因此需要不断拓展融资渠道、创新投融资模式。

(1)资金渠道

中非基础设施合作中,中方通过多层次、多元化的资金渠道,力求填补非洲基础设施融资缺口。首先,中国的政策性银行,即国家开发银行、中国进出口银行,可以为非洲基础设施建设项目提供优惠贷款,在资金融通上发挥着举足轻重的作用,不仅可以为融资方提供金融支持,而且还能更好地维护贷款方的权益。其次,中非发展基金(CAD Fund)是中非合作论坛的产物,由国家开发银行具体承办,2018 年 9 月四期 50 亿美元增资方案已经通过国务院批准,基金规模正式达到 100 亿美元。中非发展基金已为非洲地区 90 多个项目提供资金支持,超过 46 亿美元,资助范围已覆盖 36 个国家的能源资源开发、水利水电、农业民生等各领域。① 此外,

---

① 　李丹丹:《中非发展基金达到 100 亿美元规模》,2018 年 9 月 1 日,http://news.cnstock.com/news,bwkx-201809-4267327.htm。

中国大力支持非洲通过加入多边国际金融机构丰富融资手段,实现资金来源多元化、贷款条件优化,非洲国家踊跃加入亚洲基础设施投资银行。2018 年 12 月 19 日,亚投行再次针对非洲国家扩员,批准通过阿尔及利亚等五国的加入申请。

(2)融资模式

①EPC(Engineering Procurement Construction)及其延伸模式。EPC,即设计、采购、施工等若干阶段的工程总承包,承包商仅承担施工风险,不承担运营风险和低回报率,适用于无收益或低收益项目。由中国水电五局承建的苏布雷水电站目前是科特迪瓦最大的水电工程,该工程采用的就是 EPC 总承包模式,85% 的资金是由我国政府优惠买方信贷提供;此外,中国水电八局承建的卡鲁玛水电站项目、东方电气承建的吉布 III 水电站都采用 EPC 融资模式推进项目。"EPC+F"模式,即"工程总承包+融资",承包方根据自身掌握的资源或与银行等金融机构的合作协议,为业主解决部分融资或是帮助业主获得价格优惠的融资渠道,从而推动项目实施。例如,2018 年年初中国能建作为承建方,与尼日利亚签下了金额 5.5 亿美元的 Sagamu 400 兆瓦联合循环电厂项目,并负责协助解决项目的融资落地①。中国长江三峡集团公司,作为中国水电行业"走出去"的先行者和领军企业,从早期的经济援助到初级土建分包,逐步发展成为 EPC 模式、"EPC+O"模式、"EPC+F"模式。

②PPP(Public-Private Partnership)公私合营模式。对于基础设施建设,可以通过私营部门融资缓解公共部门财政资金缺口,这样不仅可以解决融资问题,还可以吸引人才、引进技术,有效改善公共设施服务质量和服务效率,降低基础设施运营成本。对于私营部门,在参与基础设施项目的过程中进入公共垄断领域,并通过整合上下游产业链实现业务多元化。

③整合基础设施项目与资产资源开发项目模式。对于那些难以实现自身赢利的非经营性或准经营性项目,政府可以通过整合基础设施项目与收益较高的资产项目或资源开放项目以增强企业投资积极性,解决资

---

① 数据来源:http://news.bjx.com.cn/html/20180223/881572.shtml。

金缺口。非洲自然资源禀赋优势突出,将低收益的非经营性或准经营性基础设施项目与高收益的矿产、油气等资源资产项目整合,中非共同出资组建项目公司、逐步以市场化方式投资、建设并运营非洲基础设施。

3. 技术和管理合作机制

在与非洲国家合作中,中国注重基础设施建设技术和经验的分享。在输出商品的同时,部分产品本地化生产,通过投资建厂、技术转让和转移等方式带动非洲制造业发展,为当地创造更多的就业岗位。2015 年年底,由华自科技股份有限公司总承包的卡山吉库水电站项目是赞比亚农村电力公司(REA)主导修建的第一个水电站项目。通过此项目,华自科技股份有限公司不仅仅是简单地帮助赞比亚当地人民修建一个水电站,更主要的是通过邀请 REA 工程师来华,前往国内水电站进行实地参观、考察主要设备的生产工厂,参加技术联络会,对相关人员进行培训等多种形式,使 REA 积累了水电站修建、运行、维护的经验,培养了一批水电方面的相关工程师,为后续更多个农村水电项目的建设实施迈出坚实的第一步。在此过程中,中国企业通过科学的设计方案、完善的工程管理、高效的建设施工、优质的产品设备以及全面的售后服务将中国先进成熟的水电技术向非洲国家进行传播。

此外,中国各类涉足非洲的企事业及行政单位,在非洲开展各种层次、各种类型的培训班,通过聚集更多力量,推行"中国标准""中国模式"的技术和先进的管理方式,为非洲可持续自主发展更换"发动机",为中非经贸长效发展培养更多的后备人才。

三、面临的问题与挑战

非洲基础设施建设除了东道国自身建设条件差、资金匮乏外,还存在着国家治理能力弱、技术装备不够和运营管理能力不足等问题。中国参与非洲基础设施建设也面临一系列问题和挑战,具体分析如下。

(一)政治风险

政治风险是中国企业对非洲投资面临的最大、最不可预期的风险。一些非洲国家政局不稳、政权更迭频繁,存在着爆发内战和军事冲突等极端的政治风险。马里、利比亚、刚果（金）、几内亚、索马里等国家深受恐怖主义、海盗、宗教斗争等因素影响。政局动荡，不仅给当地民众带来痛苦灾难，也给外国企业的项目实施带来巨大影响，阻碍了国家经济的正常运行和发展。马里北部地区一直存在宗教分裂势力和反叛武装，东非地区南苏丹、索马里等国家市场潜力巨大，但因安全形势严峻，经济建设至今未能走上正轨。一些国家政府干预工程项目，存在国家信用低、政府管理不规范、运营效率低下，甚至单方面终止工程合同的风险。严重影响外资企业的资金回收和经济效益。在当前中国企业积极开展非洲国家基础设施建设工作的趋势下，需要高度重视和防范基础设施建设存在的不确定性因素和政治风险。

（二）融资环境不完善、资金缺口大

由于经济发展落后，非洲国家政府收入低，尽管非洲各国对基础设施领域的投资以年均17%的速度增长，但仍有较大的资金缺口。中非基础设施建设合作中，除了无偿援助之外，绝大多数项目是"带资承包"或"资源换项目"的模式，并没有大量的初始资本投入，所以在实际建设过程中，融资成为许多项目签约或启动的先决条件，企业的投融资能力面临巨大挑战。在非洲当地，随着2015年以来国际油价的暴跌，尼日利亚等产油国经济受到重创，经济持续低迷，政府对大型基建项目的态度阴晴不定，当地富裕阶层投资信心不强。各类金融机构在非洲尚未形成规模，中方企业在融资过程中仍面临较大困难，大型基建项目面临的形势则更为严峻。

（三）非洲市场竞争日趋激烈

近年来，随着"一带一路"中非经贸合作不断深化，中国在非洲投资兴建的企业越来越多，美、日等国也日益重视非洲，欧洲企业也加大了对非洲国家的投资规模，来自俄罗斯、韩国、巴西、土耳其等国企业也开始进军非洲市场，参与非洲交通基础建设等工程项目招投标，从而加剧了非洲的市场竞争。

（四）基建材料缺乏、熟练劳动力不足

非洲大陆基础设施建设方兴未艾，需要大量建筑材料、施工材料等，

而目前非洲的建材行业为工程项目提供的建材产品的数量和质量远不能够满足现有基础建设和工程项目发展的需要。另外,在技术人才和劳动力供应方面,非洲基础设施投资建设需要大量的技术人才和劳动力予以支撑,但是非洲往往缺乏基建熟练劳动力,且当地劳动力工程技能及效率低下。由于受教育程度低,很多技术性工作当地员工无法完成,严重影响在非洲的基础设施建设和运营。

(五)西方媒体指责中国制造"债务陷阱"

在中非合作进程中,中国看到了非洲基础设施滞后带来的发展瓶颈,也深刻理解在发展建设中的融资困难,不断向非洲国家伸出援手,给予优惠的贷款资助。然而,一些西方媒体却指责中国是在对非洲制造"债务陷阱"。实际上,中国的贷款大多流向基础设施建设和实体经济发展,是推动非洲国家经济向更好方向发展,增强东道国的"造血功能",提高这些国家自身发展能力和偿还能力。作为经济发展基础和起点的基础设施建设,是中国援助非洲的重要内容,通过援助非洲亟待发展的基础设施建设,发掘了非洲禀赋资源,大大提升非洲自主发展能力,也是中非合作的重要宗旨。资料显示,2000—2008 年间,中国对非洲基础设施与发展的援助,已增长至与世界银行、国际货币基金组织等多边机构的贷款旗鼓相当的水平。实际上,当前非洲的累积债务主要来自西方国家和金融机构,并且大多数为金融债务。

四、中非基础设施建设合作对策

在当前深化"一带一路"中非经贸合作的形势下,中非双方协调推进基础设施建设运营,总结中非基础设施互联互通建设与合作的有益经验和做法,有效解决非洲基础设施联通建设中存在的问题,还应该从增强战略对接、健全协调机制、政策支持、风险评估、人才培养等多角度助力中非基础设施建设合作,提升非洲国家基础设施互联互通水平、服务运营品质和持续发展能力。

(一)增强战略对接,健全协调机制

中国支持非洲国家参与共建"一带一路",愿意加强同非洲全方位的

对接,推动政策沟通、设施联通、贸易畅通、资金融通和民心相通。中国尊重非洲东道国和地区间发展差异,通过加强"一带一路"倡议与非洲国际组织和东道国发展战略相衔接,对基础设施布局、走向、规模、方式和类型等不同诉求,因地制宜、分类施策。对于基建合作方面的成功经验、标准和有益做法,加以示范和推广,形成东道国的共识,以利于中非双方协调推进基础设施建设运营发展。

(二)建立健全基础设施投资风险识别与防范机制

做好风险管理是中国企业在非洲基础设施建设投资获得成功的重要保证。针对中国企业对非洲基础设施建设中所面临的主要风险、险因及其特征进行研究的基础上,加强中国对非洲基础设施建设项目风险识别、风险评估及预警研究,通过构建投资风险指标体系和评估模型进行综合评估,增强中国企业应对非洲基础设施投资风险的防控能力。另外,从国家层面,应建立起较为系统、完整、权威的投资风险评估预警机制,针对非洲复杂多样的区域和国别风险,宜因地制宜、因时制宜,开展精细化风险评估和精准服务,为企业提供风险评估、风险提示等服务,帮助企业规避和防范风险,以促进中国对非洲直接投资的高质量发展。

(三)重视培养非洲基础设施技能人才

由于非洲各国整体教育水平落后,相关工程和管理科目未设置,中国在非洲基础设施建设中急需相关专业人才,尤其是土木工程人才、高级技术人才和管理人才。因此中国应积极与非洲各国合作,加快培养非洲本土的基础设施建设专业人才。首先,加强中非人文教育交流,重视非洲高技能人才的培养。中国企业通过实施本土化战略,加强对东道国技术、人才和管理的本土化训练,可以派遣专业人才定期去非洲开展教学活动,对非洲基建人员直接进行培训。其次,在非洲国家设置中非基础设施建设合作的专职管理职位,负责当地企业员工的培训。最后,中国可以选拔非洲优秀基建人才到中国培训,加强中非双方专业技术人才的交流,增加非洲大陆本土基建技术人才的数量。

(四)创新投融资模式,开拓融资渠道

加大对非洲基础设施建设项目的投融资支持力度,需要创新投融资

模式,建立风险共担、利益共享机制。发挥亚投行、丝路基金、中非产能合作基金和金砖开发银行等金融机构的带动作用。对"三网一化"等特殊项目采取"特事特办"的贷款政策,特别是综合设计、采购、施工、后期运营等为一体的海外战略性重大项目,例如尼日利亚沿海铁路等项目,可以给予特殊的融资政策和运营利好政策,如加大优惠力度、降低利率、延长贷款期限等。此外,国内优惠贷款类金融机构应配合政府和企业,与商业银行、主权基金、企业自有资金、民间资本等多途径资金来源方面进行架构设计、商务谈判等支持,包括"资源换项目""资源换贷款"等模式的规范性指南,从根本上解决项目融资难的问题。积极推动非洲国家实现金融体系多元化,借助亚投行等国际金融平台,优化贷款条件,丰富资金来源,缩小基础设施资金需求缺口。

(五)企业"抱团出海",集聚竞争优势

中国企业长期以来积累了丰富的先进技术和成熟的工程经验,在规划、勘察设计、施工、投融资、装备制造等领域有很大优势。因此,中国企业应依托国内外优势企业,开展强强合作,抱团出海,充分发挥中方技术优势、资金优势和施工优势,组织有条件的工程企业开拓市场、占领市场、稳固市场。在有关国家部委的组织协调下,把商务能力强、施组水平高、装备技术自主性强并且国际经验丰富的各个企业重点统领起来,形成财力、物力、人力的有机结合。抱团"走出去",既可以有效避免国内企业的恶性竞争,也可以实现全产业链服务,带动装备技术、工程承包、运营管理等相关行业"走出去",增强中国企业的核心竞争力。

(六)创新国际合作与管理模式,推动标准和规范的互联互通

从国家层面应加强顶层设计和国际协调,结合"一带一路"沿线国家基础设施建设的需求,建立健全我国与非洲国家交通运输等基建行业领域的国际合作与协调机制。推进中国企业参与非洲基础设施工程建设的技术标准与国际接轨,推动双边多边统一标准、规范和规则体系的互联互通建设[①]。中国企业要本着诚实守信、合作共赢的理念,切实履行企业社

---

① 赵白鸽等主编:《"一带一路"年度发展报告 2018》,中国社会科学出版社 2019 年版。

会责任,在非洲基建市场不断创新国际合作与管理模式,加强跨文化管理整合;优化企业内部的管理机制,逐步实现制度化和规范化;充分学习国外先进的海外投资经营理念和经验,提升工程项目投资承建运营的国际水平;注重中国企业属地化经营,入乡随俗,提高企业本土化适应能力,以更好地规避风险。

总结与展望

中国经济已进入新常态，国内实施供给侧结构性改革和经济增长新旧动能转换，为我国对外开放新优势，促进对外投资高质量发展提供了良好契机。而"一带一路"倡议与非洲工业化实现无缝对接，为中非产能合作带来难得的历史机遇。同样，中国对非洲投资经过近 20 年快速增长后，也进入追求投资高质量发展和集约化经营的新时期。

中国企业对非洲直接投资战略调整与质量提升，与进入新时代中国对外开放全球战略息息相关，这就需要统筹全局，规划引领。应从全球价值链的重构视角，更好地谋划中国对非洲直接投资的战略调整和实现路径，研究中国产业转移和国际产能合作发展的方向和重点，促进对非洲投资高质量发展，以点带面推进中国"一带一路"中非产能合作的全面实施，对提升全面开放水平、建设制造强国和创新型国家具有重要的战略意义。

本书总结中国企业对非洲直接投资的现状、模式与经验，从理论视角剖析中国企业对非洲直接投资的动因，从实证分析角度，应用计量经济学方法多维度、多层次研究中国对非洲直接投资空间集聚效应及其特征，全面系统地开展中国对非洲直接投资的效率及时空演化规律评价，中国企业对非洲直接投资加成率问题，以及中国对非洲直接投资的贸易效应等研究，实证评价结果能够比较客观准确地反映中国对非洲直接投资的特征性事实和发展轨迹。

基于全球价值链视角提出对非洲直接投资战略调整的思路、设计和路径安排，较系统地提出了中国对非洲直接投资战略调整与治理的相关对策及建议。对促进中国对非洲直接投资向质量型转变，促进中非经济贸易健康持续发展具有重要的现实意义。

但由于非洲各国经济环境、政治制度、社会文化的多样性和差异性巨大，投资效率和空间分布表现的复杂性和不确定性也不同，这些投资效率又因时空条件变化而改变，这就为理论探索提供了更大的拓展空间。本书研究还存在一些不足与局限，非洲国别研究数据采集难度较大、调研时间短以及不确定因素多等，不少观点还缺乏深入细致的论证，对非洲重点国家投资问题研究的深度和专题研究方面存在不足之处，希望今后做进一步的深入研究。

（1）对中国企业对非洲投资进入方式和区位优化及相关性研究。关于中国对非洲投资的进入方式与产业集聚及空间优化相关关系等很少论及，不同的对外投资进入方式决策与东道国的产业发展和区位优化息息相关，其表现形式也不同，今后研究将拓宽与继续深化这一领域的研究。

（2）进一步深化非洲区域与国别的投资效率与空间集聚的专门研究。在本书基础上，将聚焦非洲五大区域和重点国别投资效率与空间集聚相关国别研究和专题研究，这一研究还可以扩展到中国对亚洲、拉美等发展中国家投资效率的比较研究，以丰富中国对外直接投资领域的理论创新与探索。

进入深化中非经贸合作关系新时期，随着"一带一路"倡议与非洲工业化的有机对接，中非基础设施建设和投资合作以及中非人文教育交流等方面还有很大发展潜力和提升空间，中非双方贸易与投资的双向流动也将成为未来发展趋势。相对而言，关于"中非投资和产能合作"的区域与国别研究尚处于初级阶段，作为国内学术研究的前沿领域，亟待开拓和探索。面对非洲经济发展中存在的各种难题和挑战，有待我国学术界攻坚克难，进行创新和突破，能够创造出一批有特色、有情怀和影响力大的研究成果，为中国对外直接投资理论体系的构建"添砖加瓦"和贡献力量。

参 考 文 献

[1]蔡锐、刘泉:《中国的国际直接投资与贸易是互补的吗? ——基于小岛清"边际产业理论"的实证分析》,《世界经济研究》2004 年第 8 期。

[2]柴庆春、胡添雨:《中国对外直接投资的贸易效应研究——基于对东盟和欧盟投资的差异性的考察》,《世界经济研究》2012 年第 6 期。

[3]柴学超:《中国对非洲交通基础设施投资的战略研究》,河北经贸大学 2018 年硕士学位论文。

[4]陈德铭:《加快对非投资　促进共同发展》,《国际经济合作》2011 年第 10 期。

[5]陈恩、陈博:《中国对发展中国家直接投资区位选择及影响因素》,《国际经济合作》2015 年第 8 期。

[6]陈华林:《坦桑尼亚:农业投资视野》,《中国投资》2018 年第 6 期。

[7]陈俊聪、黄繁华:《对外直接投资与贸易结构优化》,《国际贸易问题》2014 年第 3 期。

[8]陈玮冰、武晋:《对非基础设施援助与直接投资的传导机制研究——基于非洲 39 国面板数据》,《上海对外经贸大学学报》2019 年第 4 期。

[9]陈曦:《基于发展中国家海外投资研究综述》,《中国市场》2011 年第 13 期。

[10]陈岩、马利灵、钟昌标:《中国对非洲投资决定因素:整合资源与制度视角的经验分析》,《世界经济》2012 年第 10 期。

[11]程大中:《中国参与全球价值链分工的程度及演变趋势——基于跨国投入—产出分析》,《经济研究》2015 年第 9 期。

[12]程宏伟、冯茜颖、张永海:《资本与知识驱动的产业链整合研究——以攀钢钒钛产业链为例》,《中国工业经济》2008 年第 3 期。

[13]程叶青等:《中国能源消费碳排放强度及其影响因素的空间计量》,《地理学报》2013 年第 10 期。

[14]戴冠春:《"一带一路"海外投资项目中的问题及其应对》,《中国法律评论》2016 年第 2 期。

[15]董艳、张大永、蔡栋梁:《走进非洲——中国对非洲投资决定因素的实证研

究》,《经济学(季刊)》2011 年第 2 期。

[16]杜群阳、邓丹青:《中国对非洲直接投资的空间分布及其影响因素研究》,《地理科学》2015 年第 4 期。

[17]方远平、谢蔓、林彰平:《信息技术对服务业创新影响的空间计量分析》,《地理学报》2013 年第 8 期。

[18]方允秋:《赞比亚建筑工程市场开发及风险浅析》,《企业改革与管理》2018 年第 3 期。

[19]傅昌銮、潘伟康:《我国集群企业国际化典型模式和路径研究——基于全球价值链治理的理论拓展》,《苏州大学学报(哲学社会科学版)》2015 年第 6 期。

[20]高贵现:《我国对非直接投资现状与动因》,《商业研究》2015 年第 3 期。

[21]韩振国、于永达:《非盟〈2063 年议程〉与中非合作论坛背景下的中非农业合作》,《国际经济合作》2017 年第 12 期。

[22]何本芳、张祥:《我国企业对外直接投资区位选择模型探索》,《财贸经济》2009 年第 2 期。

[23]贺宁华:《我国对外直接投资国家战略规划研究》,《商业时代》2012 年第 27 期。

[24]贺文萍:《非洲大陆自贸区协议签署:非洲一体化进程的里程碑》,《21 世纪经济报道》2019 年 7 月 9 日。

[25]洪国志、胡华颖、李郇:《中国区域经济发展收敛的空间计量分析》,《地理学报》2010 年第 12 期。

[26]胡宗义、李鹏:《农村正规与非正规金融对城乡收入差距影响的空间计量分析——基于我国 31 省市面板数据的实证分析》,《当代经济科学》2013 年第 2 期。

[27]黄梅波、范修礼:《我国中小企业对非投资:现状、问题与对策》,《国际经济合作》2010 年第 12 期。

[28]黄梅波、卢冬艳:《中国对非洲基础设施的投资及评价》,《国际经济合作》2012 年第 12 期。

[29]黄梅波、任培强:《中国对非洲投资的现状和战略选择》,《国际经济合作》2012 年第 2 期。

[30]黄梅波、唐正明:《中非产能合作的金融需求及中非金融合作的推进》,《国际经济评论》2016 年第 4 期。

[31]黄梅波、张晓倩:《中非产能合作推动非洲"三网一化建设"》,《国际工程与劳务》2016 年第 4 期。

[32]黄启学:《中国对外直接投资区位选择决定因素的实证分析》,《知识经济》2011 年第 6 期。

[33]黄秋兰等:《四种空间回归模型在疾病空间数据影响因素筛选中的比较研

究》,《中国卫生统计》2013 年第 3 期。

[34]黄先海、诸竹君、宋学印:《中国出口企业阶段性低加成率陷阱》,《世界经济》2016 年第 3 期。

[35]黄先海、诸竹君、宋学印:《中国中间品进口企业"低加成率之谜"》,《管理世界》2016 年第 7 期。

[36]霍忻:《新时期下中国对非洲直接投资的贸易效应研究——基于大样本时间序列数据的实证考察》,《兰州财经大学学报》2016 年第 3 期。

[37]蒋冠宏、蒋殿春:《中国工业企业对外直接投资与企业生产率进步》,《世界经济》2014 年第 9 期。

[38]蒋冠宏、蒋殿春:《中国企业对外直接投资的"出口效应"》,《经济研究》2014 年第 5 期。

[39]金波:《中国对非投资促进非洲东道国经济增长的效率评价——基于DEA》,《技术经济》2011 年第 10 期。

[40]蓝庆新、姜峰:《"一带一路"与以中国为核心的国际价值链体系构建》,《人文杂志》2016 年第 5 期。

[41]黎明:《中国对非洲国家直接投资的时空演化及其影响因素》,载中国地理学会经济地理专业:《2017 年中国地理学会经济地理专业委员会学术年会论文摘要集》,2017 年。

[42]李逢春:《对外直接投资的母国产业升级效应——来自中国省际面板的实证研究》,《国际贸易问题》2012 年第 6 期。

[43]李逢春:《中国对外直接投资推动产业升级的区位和产业选择》,《国际经贸探索》2013 年第 2 期。

[44]李想、芮明杰:《模块化分工条件下的网络状产业链研究综述》,《外国经济与管理》2008 年第 8 期。

[45]连俊:《非洲自贸区利好全球》,《经济日报》2018 年 3 月 30 日。

[46]林桂军、何武:《中国装备制造业在全球价值链的地位及升级趋势》,《国际贸易问题》2015 年第 4 期。

[47]林毅夫:《中国改革开放给非洲带来三大机遇》,《中华工商时报》2018 年 9 月 4 日。

[48]刘爱兰、黄梅波:《中国对非洲直接投资的影响分析》,《国际经济合作》2012 年第 2 期。

[49]刘凤根:《FDI 投资区位的决定因素的实证研究——来自中国对外直接投资的经验数据》,《科学决策》2009 年第 7 期。

[50]刘佳、赵金金、张广海:《中国旅游产业集聚与旅游经济增长关系的空间计量分析》,《经济地理》2013 年第 4 期。

［51］刘啟仁、黄建忠：《异质出口倾向、学习效应与"低加成率陷阱"》，《经济研究》2015 年第 12 期。

［52］刘耀中：《埃塞俄比亚：走出去的实验潮》，《中国纺织》2015 年第 6 期。

［53］刘志彪、张杰：《全球代工体系下发展中国家俘获型网络的形成、突破与对策——基于 GVC 与 NVC 的比较视角》，《中国工业经济》2007 年第 5 期。

［54］鲁宇琛：《中国对非合作可持续发展：要素短板与政策优化》，《国际经济合作》2018 年第 7 期。

［55］毛其淋、许家云：《中国对外直接投资促进抑或抑制了企业出口？》，《数量经济技术经济研究》2014 年第 9 期。

［56］毛其淋、许家云：《中国对外直接投资如何影响了企业加成率：事实与机制》，《世界经济》2016 年第 6 期。

［57］毛其淋、许家云：《中国企业对外直接投资是否促进了企业创新》，《世界经济》2014 年第 8 期。

［58］倪红福、夏杰长：《中国区域在全球价值链中的作用及其变化》，《财贸经济》2016 年第 10 期。

［59］祁毓、王学超：《东道国劳工标准会影响中国对外直接投资吗？》，《财贸经济》2012 年第 4 期。

［60］任培强：《中国对非洲投资的就业效应研究》，《国际经济合作》2013 年第 5 期。

［61］任培强、黄梅波：《中国对非投资的出口效应分析》，《国际经贸探索》2013 年第 8 期。

［62］芮明杰、刘明宇、任江波：《论产业链整合》，上海复旦大学出版社 2006 年版。

［63］邵昶、李健：《产业链"波粒二象性"研究——论产业链的特性、结构及其整合》，《中国工业经济》2007 年第 9 期。

［64］申恩平、张青山：《用数据包络模型评价企业相对效率研究》，《沈阳工业大学学报》1998 年第 1 期。

［65］沈正平、简晓彬、赵洁：《"一带一路"沿线中国境外合作产业园区建设模式研究》，《国际城市规划》2018 年第 2 期。

［66］盛丹、王永进：《中国企业低价出口之谜——基于企业加成率的视角》，《管理世界》2012 年第 5 期。

［67］舒运国、张忠祥主编：《非洲经济发展报告（2014—2015）》，上海社会科学院出版社 2015 年版。

［68］宋维佳、许宏伟：《对外直接投资区位选择影响因素研究》，《财经问题研究》2012 年第 10 期。

[69]宋勇超:《中国对外直接投资目的效果检验——以资源寻求型 OFDI 为视角》,《经济问题探索》2013 年第 8 期。

[70]孙玉琴:《我国对非洲投资的发展及问题》,《管理现代化》2007 年第 5 期。

[71]田毕飞、邱艳琪:《中国企业跨国经营区位选择的影响因素分析》,《宏观经济研究》2010 年第 4 期。

[72]田伊霖:《建设非洲大陆自贸区的机遇与挑战》,《中国外资》2018 年第 13 期。

[73]田泽、董海燕:《我国对非洲直接投资的贸易效应及实证研究》,《开发研究》2015 年第 3 期。

[74]田泽、诸竹君、刘超:《中国企业对非洲直接投资提高了加成率吗?》,《现代经济探讨》2017 年第 7 期。

[75]汪文卿、赵忠秀:《中非合作对撒哈拉以南非洲国家经济增长的影响——贸易、直接投资与援助作用的实证分析》,《国际贸易问题》2014 年第 12 期。

[76]王炳焕、张云帆:《传音手机对非洲出口的发展与前景》,《对外经贸实务》2019 年第 5 期。

[77]王洪一:《大陆自贸区将深刻改变非洲》,《中国投资》2018 年第 8 期。

[78]王洪一:《中非共建产业园的现状和问题思考》,《国际工程与劳务》2019 年第 6 期。

[79]王坚强、阳建军:《基于 DEA 模型的企业投资效率评价》,《科研管理》2010 年第 4 期。

[80]王胜、田涛、谢润德:《中国对外直接投资的贸易效应研究》,《世界经济研究》2014 年第 10 期。

[81]王思语、孟庆强:《中国对非洲直接投资的影响因素研究——基于计数模型的实证检验》,《金融理论与实践》2016 年第 5 期。

[82]王向阳:《中国与埃塞俄比亚共建"一带一路"初探》,《国际研究参考》2018 年第 9 期。

[83]王英、周蕾:《我国对外直接投资的产业结构升级效应——基于省际面板数据的实证研究》,《中国地质大学学报(社会科学版)》2013 年第 6 期。

[84]王战、张秦:《"一带一路"倡议下中国企业投资非洲铁路建设的违约性风险与规避研究》,《理论月刊》2018 年第 4 期。

[85]闻璋:《投资非洲基础设施建设项目取得积极进展》,《中国招标》2018 年第 46 期。

[86]吴传华:《几内亚湾:即将成为最"热"的地区》,《世界知识》2012 年第 13 期。

[87]吴玉鸣:《中国区域能源消费的决定因素及空间溢出效应——基于空间面

板数据计量经济模型的实证》,《南京农业大学学报(社会科学版)》2012 年第 4 期。

[88]吴玉鸣、田斌:《省域环境库兹涅茨曲线的扩展及其决定因素——空间计量经济学模型实证》,《地理研究》2012 年第 4 期。

[89]项本武:《对外直接投资的贸易效应研究——基于中国经验的实证分析》,《中南财经政法大学学报》2006 年第 3 期。

[90]项本武:《中国对外直接投资的贸易效应研究——基于面板数据的协整分析》,《财贸经济》2009 年第 4 期。

[91]谢兰云:《中国省域 R&D 投入对经济增长作用途径的空间计量分析》,《中国软科学》2013 年第 9 期。

[92]熊洁敏:《对我国对外直接投资区位选择的思考》,《特区经济》2007 年第 5 期。

[93]徐飞:《纵横"一带一路"——中国高铁全球战略》,格致出版社、上海人民出版社 2017 年版。

[94]小岛清:《对外贸易论》,周宝廉译,南开大学出版社 1987 年版。

[95]杨宝荣:《非洲开放式自主发展与"一带一路"中非产能合作》,经济管理出版社 2018 年版。

[96]杨江、万科、黄新建:《中国企业对非洲直接投资问题研究》,《企业经济》2014 年第 12 期。

[97]杨立华:《中国与非洲:建设可持续的战略伙伴关系》,《西亚非洲》2008 年第 9 期。

[98]杨为勇:《"一带一路"背景下中肯经贸合作回顾与展望》,《对外经贸》2017 年第 12 期。

[99]杨晓云:《中国对非洲直接投资的出口效应分析》,《特区经济》2010 年第 5 期。

[100]姚桂梅:《非洲自贸区带来新希望,但需要耐心》,《世界知识》2019 年第 13 期。

[101]姚桂梅:《中国在非洲投资的新挑战及战略筹划》,《国际经济合作》2015 年第 5 期。

[102]郁义鸿:《产业链类型与产业链效率基准》,《中国工业经济》2005 年第 11 期。

[103]曾晖、杨平、朱建君:《城市住宅价格影响因素的空间非平稳性分析》,《湖南大学学报(自然科学版)》2012 年第 5 期。

[104]轧建勇:《基于引力模型实证分析我国对外直接投资对出口的影响》,浙江大学 2014 年硕士学位论文。

[105]詹晓宁:《后危机时代全球对外投资发展趋势》,《国际经济合作》2010 年

第 8 期。

[106]张晨、秦路:《我国农业援助项目可持续发展的路径分析与对策建议——以援非农业技术示范中心为例》,《国际经济合作》2018 年第 12 期。

[107]张春萍:《中国对外直接投资的贸易效应研究》,《数量经济技术经济研究》2012 年第 6 期。

[108]张宏明主编:《非洲发展报告 No.18(2015—2016)——中国企业在非洲:成效、问题与对策》,社会科学文献出版社 2016 年版。

[109]张伟伟、郜志雄:《中国向非洲直接投资的贸易效应实证研究——基于2003—2011 年面板数据》,《对外经贸》2014 年第 11 期。

[110]张哲:《我国对非洲直接投资对中非贸易影响的效应分析》,《现代财经(天津财经大学学报)》2011 年第 4 期。

[111]赵利娜:《中国对非洲直接投资问题研究》,浙江工业大学 2012 年硕士学位论文。

[112]赵志磊:《中国对非洲直接投资贸易效应实证研究》,中央民族大学2009 年。

[113]郑燕霞:《非洲基础设施建设的前景与中国因素分析》,《国际经济合作》2014 年第 6 期。

[114]智宇琛:《十八大以来中非基础设施建设合作成就》,《中国投资》2017 年第 22 期。

[115]智宇琛:《中国中央企业走进非洲》,社会科学文献出版社 2016 年版。

[116]周云亨、朱中博:《西方关于中非能源合作研究述评》,《西亚非洲》2012 年第 3 期。

[117]朱月季、周德翼、汪普庆:《援非农业技术示范中心运行的现状、问题及对策——以中国—莫桑比克农业技术示范中心为例》,《世界农业》2015 年第 9 期。

[118]朱增勇、陈加齐、李思经:《中非农业科技合作的可持续性研究》,《世界农业》2018 年第 9 期。

[119]诸竹君、黄先海、宋学印:《中国企业对外直接投资促进了加成率提升吗?》,《数量经济技术经济研究》2016 年第 6 期。

[120]A. Weisbrod, J. Whalley, "The Contribution of Chinese FDI to Africa's Pre Crisis Growth Surge", *Global Economy Journal*, 2012, 12.

[121]Adler N., Yazhemsky E. and Tarverdyan R., "A Framework to Measure the Relative Socio-economic Performance of Developing Countries", *Socio-Economic Planning Sciences*, Vol.44, No.2, 2010.

[122]Agosin M. R. and Machado R., "Foreign Investment in Developing Countries: Does it Crowd in Domestic Investment", *Oxford Development Studies*, Vol.33, No.2, 2005.

［123］Agovino M.and Parodi G.,"An Analysis of Italian Regional Social Expenditure on Disability and Other Social Measures:A Spatial Econometric Approach",*Applied Spatial Analysis & Policy*,Vol.17,2015.

［124］Al-Sadig A.,"The Effects of Foreign Direct Investment on Private Domestic Investment:Evidence from Developing Countries",*Empirical Economics*,Vol.44,No.3,2013.

［125］Arbia G.and Petrarca F.,"Effects of MAUP on Spatial Econometric Models",*Letters in Spatial and Resource Sciences*,Vol.4,No.3,2011.

［126］Bellone F.,Musso P.,Nesta L.and Warzynski F.,"International Trade and Firm-Level Markups When Location and Quality Matter",*Journal of Economic Geography*,Vol.16,No.1,2016.

［127］Brandt L.,Van Biesebroeck J.and Zhang Y.,"Creative Accounting or Creative Destruction? Firm-Level Productivity Growth in Chinese Manufacturing",*Journal of Development Economics*,Vol.97,No.2,2012.

［128］C. Claassen, E. Loots, H. Bezuidenhout. Chinese Foreign Direct Investment in Africa,Journal of Business Management,2012,6:11583-11597.

［129］C.K.Prahalad and Hamel G.,"The Core Competence of the Corporation",*Social Science Electronic Publishing*,Vol.68,No.3,2010.

［130］Cares Jeff,"Battle of the Networks",*Harvard Business Review*,Vol.84,No.2,2006.

［131］Chen W.and Tang H.,"The Dragon is Flying West:Micro-Level Evidence of Chinese Outward Direct Investment",Asian Development Review,Vol.31,No.2,2014.

［132］Chuai X.,Huang X.and Wang W.,et al.,"Spatial Econometric Analysis of Carbon Emissions from Energy Consumption in China",*Journal of Geographical Sciences*,Vol.22,No.4,2012.

［133］Cozza C.,Rabellotti R.and Sanfilippo M.,"The Impact of Outward FDI on the Performance of Chinese Firms",*China Economic Review*,Vol.36,2015.

［134］Delgado M.S.and Mccloud N.,"Foreign Direct Investment and the Domestic Capital Stock:the Good – bad Role of Higher Institutional Quality",*Empirical Economics*,2016.

［135］Gereffi G.,Humphrey J.and Sturgeon T.,"The Govern-ance of Global Value Chains",*Review of International Political Economy*,Vol.12,2005.

［136］Head C.,Riesand J.and Swenson D.,"Attracting Foreign Manufacturing:Investment Promotion and Agglomeration",*Regional Science and Urban Economics*,Vol.29,1999.

〔137〕Helpman E., Melitz M. J. and Yeaple S. R., "Export versus FDI with Heterogeneous Firms", *American Economic Review*, Vol.94, No.1, 2004.

〔138〕Horst T., "The Industrial Composition of US Exports and Subsidiary Sales to the Canadian Market", *The American Economic Review*, Vol.62, No.1/2, 1972.

〔139〕Huang C. H., Teng K. F. and Tsai P. L., "Inward and Outward Foreign Direct Investment and Poverty: East Asia vs. Latin America", *Review of World Economics*, Vol.146, No.4, 2010.

〔140〕John W. and Aaron W., "The Contribution of Chinese FDI to Africa's Precrisis Growth Surge", *Global Economy Journal*, Vol.12, No.4, 2012.

〔141〕Kolstad I. and Wiig A., "Better the Devil You Know? Chinese Foreign Direct Investment in Africa", *Journal of African Business*, Vol.12, No.1, 2011.

〔142〕Kugler M. and Verhoogen E., "Prices, Plant Size and Product Quality", *Review of Economic Studies*, Vol.79, No.1, 2012.

〔143〕Kunimitsu Y., Kudo R. and Iizumi T., "Technological Spillover in Japanese Rice Productivity under Long-term Climate Change: Evidence from the Spatial Econometric Model", *Paddy and Water Environment*, Vol.14, No.1, 2016.

〔144〕Lesage J. P. and Sheng Y., "A spatial Econometric Panel Data Examination of Endogenous versus Exogenous Interaction in Chinese Province-level Patenting", *Journal of Geographical Systems*, Vol.16, No.3, 2014.

〔145〕Liu Z., Griffin T. W. and Kirkpatrick T. L., et al., "Spatial Econometric Approaches to Developing Site-specific Nematode Management Strategies in Cotton Production", *Precision Agriculture*, Vol.16, No.5, 2015.

〔146〕M. Renard, "China's Trade and FDI in Africa", *Working Papers*, 2011.50(9): 20130C-20133A.

〔147〕Mahoney J. T. and Pandian J. R., "The Resource-Based View Within the Conversation of Strategic Management", *Strategic Management Journal*, Vol.15, No.5, 1992.

〔148〕Markusen J. R., "Factor Movements and Commodity Trade as Complements", *Journal of International Economics*, Vol.14, No.3-4, 1983.

〔149〕Martori J. C., Apparicio P. and Andre N., "Understanding Immigrant Population Growth Within Urban Areas: A Spatial Econometric Approach", *Journal of International Migration and Integration*, Vol.17, No.1, 2016.

〔150〕Meng L. and Huang B., "Shaping the Relationship between Economic Development and Carbon Dioxide Emissions at the Local Level: Evidence from Spatial Econometric Models", *Environmental and Resource Economics*, Vol.71, No.1, 2018.

〔151〕Mihir A. Desai, C. Fritz Foley, James R. Hines, "Foreign Direct Investment in a

World of Multiple Taxes", *Journal of Public Economics*, 2004, 88(12):2727-2744.

[152] Morck R., Yeung B. and Zhao M., "Perspectives on China's Outward Foreign Direct Investment", *Journal of International Business Studies*, Vol.39, No.3, 2008.

[153] Mundell R. A., "International Trade and Factor Mobility", *The American Economic Review*, Vol.47, No.3, 1957.

[154] Rosenberg N. and Trajtenberg M., "A General-Purpose Technology at Work: The Corliss Steam Engine in the Late-Nineteenth-Century United States", *Journal of Economic History*, Vol.64, No.1, 2004.

[155] V.D.L., Sanne, V.Hamblin, M.Burgess, et al., "Assessing China's role in foreign direct investment in Southern Africa", *Centre for Chinese Studies Oxfam*, 2011(03).

[156] Vernon R. International investment and international trade in the product cycle. The Quarterly Journal of Economics, 1966, 80(2):190-207。

[157] Wang C., Hong J., Kafouros M. and Boateng A., "What Drives Outward FDI of Chinese Firms? Testing the Explanatory Power of Three Theoretical Frameworks", *International Business Review*, Vol.21, No.3, 2012.

[158] Williamson O. E., *The Economic Institutions of Capitalism: Firms, Markets, Relational Contracting*, New York, The Free Press, 1985.

[159] Wlliamson O. E., "The Modern Corporation: Origins, Evolution, Attributes", *Journal of Economic Literature*, Vol.19, No.4, 1981.

后　记

　　本书是在笔者主持并完成的国家社会科学基金项目"空间经济学视角下中国企业对非洲海外投资的战略调整、引力集聚和治理研究"（批准号 13BJL047）成果的基础上修订、充实形成的。同时也是陕西省教育厅人文社科专项"中国对'一带一路'国家直接投资的产业选择研究（18JK1215）"和中央高校科研业务重点资助项目"中国与'一带一路'沿线国家能源合作效率、贸易潜力与经济增长效应研究"（项目号：2019B3514）的部分研究成果。

　　中非经贸合作经过了 20 多年持续快速增长，取得显著成效，尤其近年来在实施"一带一路"非洲基础设施建设、资源开发、产能合作以及共建中非产业园区及经贸合作示范区等方面取得举世瞩目的成就。当前，面对复杂多变的国际环境，当今世界正处于百年未有之大变局，世界经济结构和治理结构处于深度调整期。中非关系正站在新的历史起点，作为世界发展中国家最多的大陆，近年来非洲经济持续走强，非洲国家谋求联合自强和一体化进程取得重要进展，非洲大陆自由贸易区正式启动。同时，随着"一带一路"倡议同非洲联盟《2063 年议程》实现有效对接，中非合作双方发挥各自优势，形成共商共建共享的良好局面，来自中国的投资和基建助力非洲经济增长，为非洲大陆的复兴和发展提供了持续的发展动力。进入新时代，中非经贸合作关系正迈上新台阶新起点，而促进中国对非洲直接投资向更高质量发展、推动中非合作提质增效和转型升级成为必然趋势。

　　非洲是共建"一带一路"的重要参与方和建设高地。中国对非洲投资创建的互利共赢模式为"一带一路"建设积累了丰富的经验，也树立了"南南合作"的全球典范。在深化中非经贸合作关系和共建"一带一路"

合作背景下,中国企业如何更好地把握新机遇,如何更好地提高对非洲投资质量和效益,如何更大程度地规避投资风险是摆在中国投资者面前的重要难题,也是社会科学研究工作者攻克的重大课题。

近十年来笔者和课题组成员一直高度关注和跟踪中国对外直接投资和中非经贸合作领域研究前沿动态。笔者于 2011 年主持完成了教育部人文社科规划基金项目"后危机时代我国企业境外投资风险预警与避险机制研究"(批准号 11YJA790142),为本课题——国家社科基金项目的研究奠定了很好的研究基础。本课题研究于 2013 年立项启动,2018 年顺利结项。研究期间开展了大量调研访谈、案例分析和专题研讨等,并先后赴非洲埃塞俄比亚、苏丹和南非等国家实地考察,走访在非洲投资兴业的一些中资企业和产业园区。本书付梓之际,谨向在课题研究过程中给予关心、指导和帮助的各位专家与同人深表谢意。在此,感谢浙江师范大学非洲研究院院长、"非洲学"长江学者刘鸿武教授给予的鼓励,并为本书撰写前言;感谢中国社科院西亚非洲研究所安春英研究员、姚桂梅研究员以及人民出版社郑海燕编审对本书给予的重要指导。本书由本人负责总体设计、修改润色和定稿,并撰写绪论、第一、二章和其他部分章节。任芳容撰写第三、四、五、六章内容和其他部分章节,并负责本书统稿工作。肖钦文、张怀婧、张雅楠、王若梅等也参与了书稿的部分修改完善。

处在世界历史进程新的大变革时代,"一带一路"中非合作的伟大实践,将深刻地影响和改变世界发展面貌。时代呼唤理论创新,学者应站在大变革时代前沿,扎根现实大地,深刻理解新时代深化中非经贸合作关系的客观要求,探究实现"一带一路"中非产能合作路径、发展规律及方向,从人类社会发展和全球体系变革的深层意义,思考中非全面合作和构建中非命运共同体的战略价值和历史意义,必将推动现代经济学、世界经济和国际投资及国际合作理论等诸学科的变革与创新。

田泽

2020 年春季于南京